마음과 얼굴의 비밀을
평면적 · 입체적으로 분석한다

인상학 대전

人相

마음과 얼굴의 비밀을 평면적 · 입체적으로 분석한다

인상학 대전

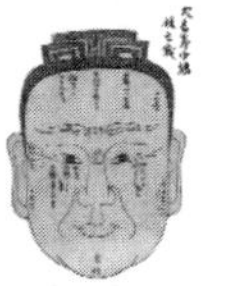

글쓴이 | 이시모토 유후 · 옮긴이 | 김영주

동학사

大全

인상학의 회상

중학교 2학년이던 14세 때의 일입니다. 아마가사키 역 앞의 상점가 한켠에 점을 보는 집이 있었습니다. 점술가의 말이 재미있어서 당시에 '열쇠소년'이던 저는 오사카 시내에 있는 학교에서 하교할 때면 매일 그곳에 들러서 점술가가 손님과 나누는 이야기를 옆에서 귀담아 듣곤 하였습니다.

"너도 손금을 좀 봐줄까?"

어느 날 손님의 발길이 끊어졌을 때 점술가가 말했습니다. 매일 흥미 있게 듣고 있던 저를 알고 있었던 것입니다. 주저주저하며 왼손을 내밀자 점술가는 손을 보면서 이렇게 말하였습니다.

"부모님이 건재하시고 화목한 가정에서 자라며, 형제도……"

그러나 나는 그가 말한 행복한 소년의 모습과 전혀 맞지 않았습니다. 태어난 지 6개월 만에 아버지가 돌아가시고, 형제들과도 생이별을 한 후 어머니와 둘이 살고 있었으니까요. 말도 안 된다는 표정을 짓는 제 얼굴을 보았는지 점술가는 손금을 좀더 자세히 들여다보고 상세하게 나의 운세를 이야기하려 했지만 조금도 맞지 않았습니다.

다음 날 다시 점술가를 찾아가자 머리를 갸우뚱하며, "밤새 생각해봐도 풀리지 않는 걸 보니, 너의 마음이나 네 조상님들의 영적인 힘이 강해서 손금에 나타나지 않는 것 같다."고 하였다.

이해하기 어려운 말이고 꺼림칙하기는 했지만, 한편으로는 '운명학'의 진수를 맛본 듯한 기분이 들기도 하였습니다.

이것이 계기가 되어 나는 점술가에게 손금 보는 법을 배우게 되었습니다.

왜 점술가가 내 인생을 맞추지 못했는지, 내 손금이 의미하는 것이 무엇인지가 매번 마음 속의 큰 숙제로 남았지만, 이후 인상학을 배우면서 차츰 풀리게 되었습니다.

이 책은 인상에 관해 오랫동안 연구한 성과와 경험들을 모두 소개한 것입니다. 기본이 되는 삼형질론(三形質論)에 대하여 자세한 해설과 실제 감정을 통한 해설은 물론, 인상의 연령별 변화, 복합인상 등 전문가의 비법을 담고 있습니다. 또한 인상의 역사, 동양인상학과 서양인상학의 비교 등 인상을 보는 데 필요한 지식도 함께 실었습니다. 아울러 점을 치는 사람의 자세와 마음가짐은 이래야 한다는 나의 생각도 정리해놓았습니다.

기초 · 응용 · 지식 · 실행편으로 구성하였기 때문에, 차례로 읽어가면 인상의 본질을 파악할 수 있을 것입니다.

결론적으로 말하면, 운세를 바꾸는 것은 마음입니다. 어떤 얼굴로 태어났든 살아갈 능력과 에너지는 갖고 있으며, 능력과 마음만 있으면 반드시 성공운을 내 것으로 만들 수 있습니다. 즉 능력을 좌우하는 중요한 요소가 성격이며, 성격으로 앞길을 열어 나가는 것입니다.

"의사나 스님이 되십시오. 이 직업들은 귀천을 불문하고 누구나 한번은 도움을 받는 직업입니다. 반드시 그런 직업을 가지십시오."

훗날 내가 운명학을 연구하는 계기가 되었던 이 점술가의 말은 아직도 내 마음 속에 남아 있습니다. 그리고 이만큼 의미 있는 조언을 해준 점술가를 지금까지 만나본 적이 없습니다.

나 역시 다른 사람들이 무슨 일이 있을 때 의지할 수 있는 사람이기를 항상 소망합니다.

이시모토 유후

차례

Part 1 인상의 기초

Part 2 부위별 인상

Part 3 운수별 인상

Part 7 인상 관련 칼럼

부록

인상의 기초

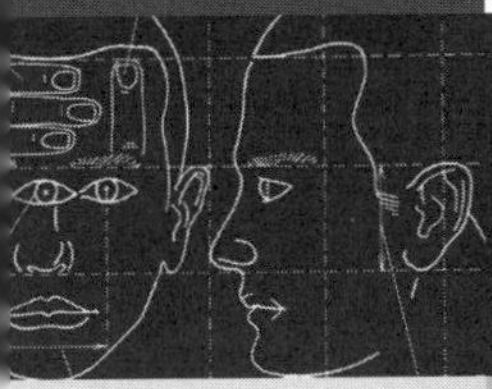

인상 체계와 비교 / 남녀의 차이 / 삼형질론 / 평면복합 / 입체복합 /
옆에서 본 얼굴 / 삼정론 /

Part 1

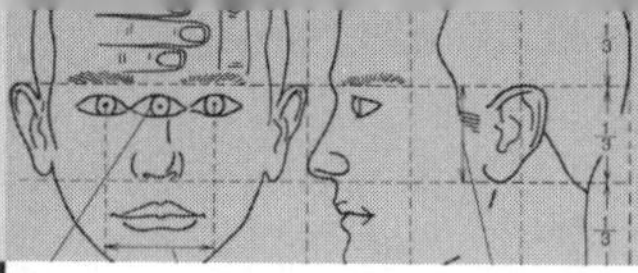

인상 체계와 비교

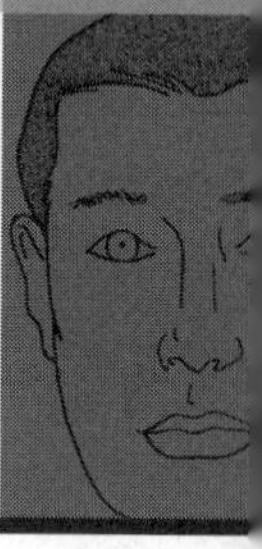

— 동일 부분의 비교 기준

인상이 얼굴만 보고 점치는 것이라고 생각하는데, 원래는 손금을 포함하여 몸 전체를 보고 성격과 운세를 판단하는 것이다. 단, 얼굴에는 여러 요소가 집약되어 있기 때문에 얼굴이 중요한 감정 기준이 된다.

인상을 보는 순서는 먼저 눈의 특징을 보고, 다음에 큰 특징에서부터 세부적인 특징 순서로 판단해 나간다. 마지막으로 첫인상에서 느꼈던 특징을 한 번 더 확인하는 것이 포인트이다.

>> 형태 비례

몸 전체의 특징을 정확하게 파악하기는 어렵지만, 그 특징을 비교적 쉽게 찾을 수 있는 기준이 있다. 이것을 '형태 비례' 라고 한다.

① **양팔의 길이** = 키

좌우로 팔을 쭉 폈을 때 두 손 끝에서 끝까지의 길이가 키와 같은데, 이 길이가 키보다 긴 경우에는 땅딸막한 체형이다. 이런 체형은 손재주가 좋고 다리 힘도 강하다.

② **두 뼘** = 허리까지의 길이

목 아래에 뼈가 오목하게 들어간 곳에서부터 두 손을 쫙 펴서 갖다 대면 (p.17 〈형태 비례2〉 그림 참조) 가장 아래쪽의 새끼손가락이 배꼽에 닿는다. 배꼽이 새끼손가락보다 위에 있는 사람은 재능이 있고 운도 좋으며, 다른 사람의 밑에서 일하지 않고 다른 사람을 고용한다. 반대로 배꼽이 새끼손가락보다 아래에 있는 사람은 마음이 좁고 고생을 많이 한다. 즉, 배꼽과 새끼손가락 사이의 간격이 멀어지거나 가까워지는 것에 따라 운세도 변한다.

③ **두 손의 엄지손가락과 가운뎃손가락으로 만드는 원, 팔목의 2배** = 목의 굵기

두 손의 엄지손가락과 가운뎃손가락으로 원을 만들면 목의 굵기와 같다. 목의 굵기는 팔목 굵기의 두 배이다. 보통 '자라목' 이라 하여 이 기준보다 목이 굵은 사람은 운이 강하다. 몸은 말랐는데 목이 굵은 사람은 운의 변화가 심하고, 목이 가는 사람은 운이 약하다.

④ **머리와 키의 기준** = 팔등신

머리 길이는 키의 $\frac{1}{8}$이다. 머리가 $\frac{1}{8}$이상으로 큰 사람은 운이 강하고, 작은 사람은 운이 약하다.

⑤ **손바닥** = 얼굴

손가락을 쫙 펴서 얼굴에 대면 손바닥과 얼굴의 크기가 같다. 얼굴이 손바닥보다 큰 사람은 성공할 가능성이 높다. 그러나 손에 비해 얼굴이 작은 사람은 열심히 일하지만 운이 약하다.

형태 비례 1

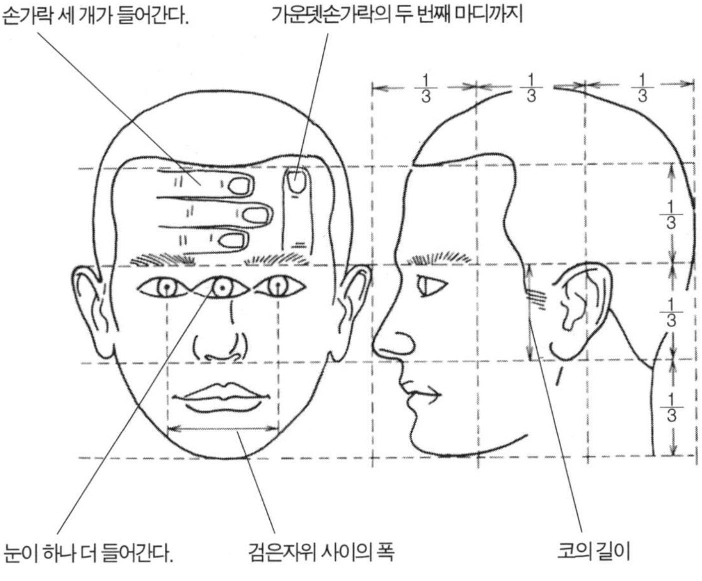

형태 비례 2

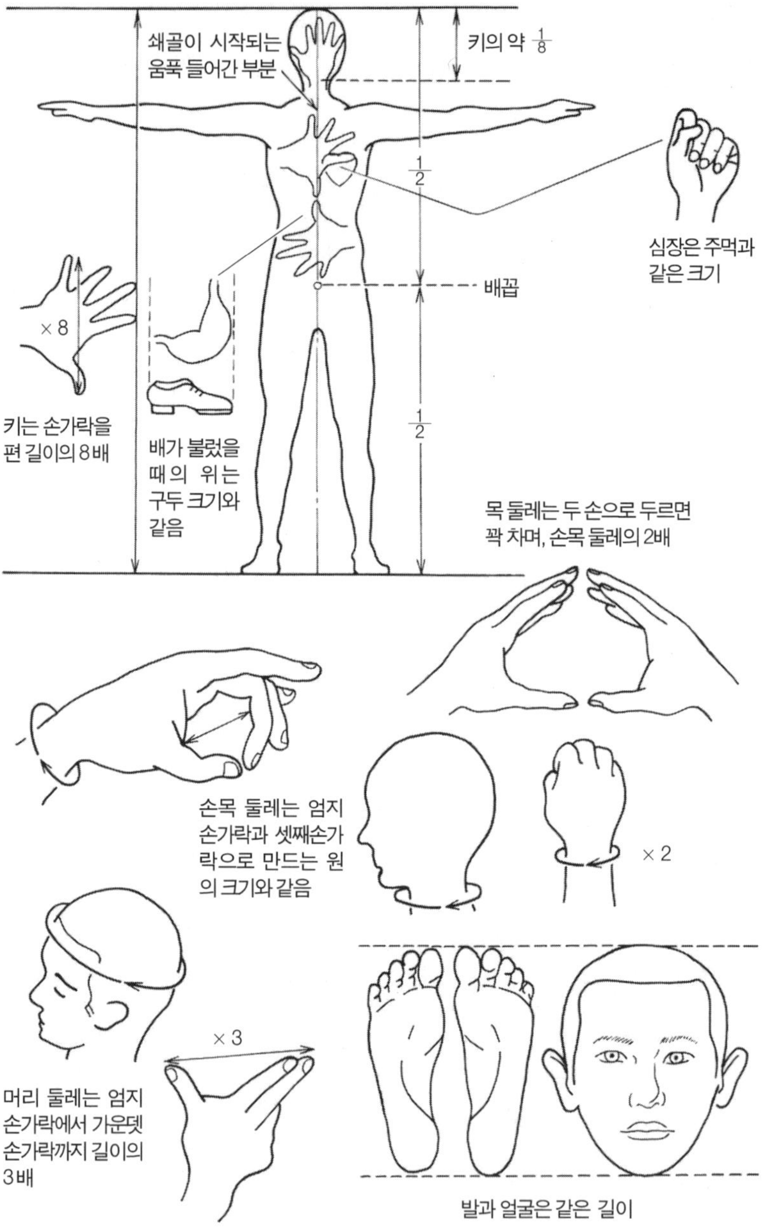
쇄골이 시작되는
움푹 들어간 부분
키의 약 $\frac{1}{8}$
$\frac{1}{2}$
$\frac{1}{2}$
심장은 주먹과
같은 크기
배꼽
× 8
키는 손가락을
편 길이의 8배
배가 불렀을
때의 위는
구두 크기와
같음
목 둘레는 두 손으로 두르면
꽉 차며, 손목 둘레의 2배
손목 둘레는 엄지
손가락과 셋째손가
락으로 만드는 원
의 크기와 같음
× 2
× 3
머리 둘레는 엄지
손가락에서 가운뎃
손가락까지 길이의
3배
발과 얼굴은 같은 길이

⑥ **얼굴 길이** = 발길이

머리 위에서 턱까지의 길이는 발길이와 같다. 표준이면서 힘이 느껴지는 발은 다른 사람의 위에 있게 되는 성공운을 나타낸다. 크고 살이 두툼한 발은 운이 좋다. 그러나 커도 살이 많지 않은 발은 운이 약하다.

⑦ **키** = 8뼘

키는 손가락을 양옆으로 벌린 한 뼘 길이의 8배, 즉 8뼘과 같다.

⑧ **손목** = 엄지손가락과 셋째손가락으로 만드는 원

손목 둘레는 엄지손가락과 셋째손가락으로 만드는 원의 길이와 같다.

⑨ **머리 둘레** = 엄지손가락에서 가운뎃손가락 길이의 3배

머리 둘레는 손가락을 쭉 폈을 때 엄지손가락에서 가운뎃손가락까지 길이의 3배이다.

그 밖에 눈에 보이지 않지만 심장과 주먹의 크기가 같고, 배가 불렀을 때의 위는 구두 크기와 같다고 한다.

» 닮은 모양

① **얼굴 모양** = 귀 모양

사각형 얼굴에는 각진 모양의 귀, 둥근형 얼굴에는 둥근 모양의 귀, 역삼각형 얼굴에는 역삼각형의 귀가 있는 것처럼 얼굴 모양과 귀의 모양은 같다(치아의 모양도 같다).

살이 찐 둥근 얼굴의 사람이 역삼각형의 귀를 갖고 있다면 병적으로 살이 찐 경우이다. 귀는 둥근 모양인데 얼굴이 마른 것도 몸에 이상이 있다고 볼 수 있다. 단, 이것은 유년 시절이 아니라 30세 이후에 뚜렷이 나타난다. 얼굴과 귀가 불균형일 동안은 운세가 정해져 있지 않다고 생각할 수 있다.

② **1세 미만의 발제 부분** = 25～30세의 발제 부분

일찍 대머리가 된 사람은 1세 때도 이마 위쪽의 머리카락이 나는 발제(髮際) 부분에 머리카락이 별로 없고 벗겨져 보인다. 이후 점차 머리카락도 많아지고 머리카락이 이마를 덮어 내려오지만, 30세 때는 원래의 머리 모양으로 돌아간다. 만 1세 때의 사진을 참고하면 좋다.

형태 비례 3

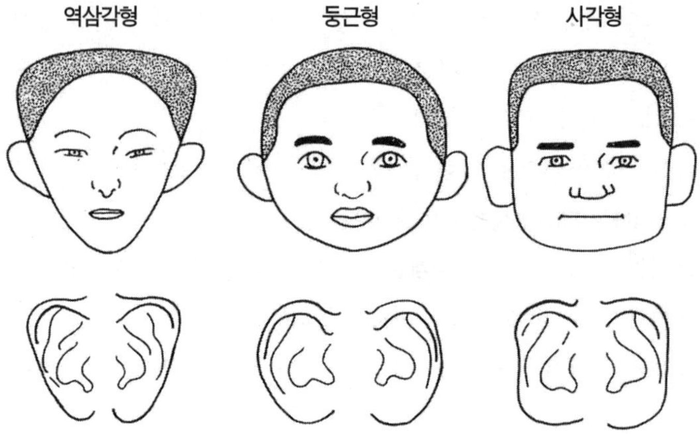

얼굴과 귀의 모양은 같다.

남녀의 차이

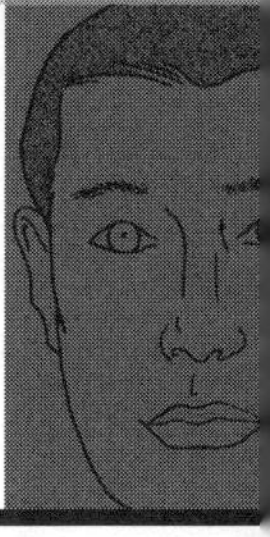

앞장에서는 남녀의 구분 없이 일반적인 경우의 '형태 비례'를 다루었는데, 남녀 성별에 따라 다른 기본적인 판단 방법도 있으며 이것 역시 '형태 비례'라고 한다. 얼굴뿐 아니라 몸 전체를 보고 판단하는 것으로, 남자답다거나 여자답다고 하는 종합적인 판단의 이유가 된다.

» 음대양소 - 여성의 기본 모양

일반적으로 여성은 옷으로 가리고 있는 유방 · 엉덩이 · 허벅지 등은 크고 부드럽고 둥글지만, 밖으로 나와 있는 얼굴이나 손발은 비교적 작고 날씬하며 가냘픈데, 이것을 '음대양소(陰大陽小)'라고 한다. 여기서 음은 가리고 있는 것, 양은 드러나 있는 것을 의미한다.

여성은 상냥하고 아름다우며, 가정에서 집을 지키고 아이를 낳고 기르는 것이 천성이라고 할 수 있다. 그래서 노동력을 나타내는 손발이 작고, 사회성이 적다는 점에서 사회성을 나타내는 얼굴도 남성에 비해 작은 것이 표준이다. 최근에는 '여성의 천성'도 변하고 있지만, 이것은 아직도 사회에 진출할 여성인지 가정형인지, 남성처럼 노동력과 사회성을 갖추고 있는 여성인지를 판단하는 기준이 된다.

인상 포인트

● 얼굴이 작고 손발이 큰 여성

사고력은 부족하지만, 육체적인 일을 힘들어하지 않는 유형이다. 맞벌이형의 능동적인 여성이 많다.

● **얼굴이 크고 손발이 작은 여성**

머리가 좋고, 추진력이 있다. 사람을 고용해서 장사를 하는 것에 능숙한 여주인형이라고 할 수 있다.

» 음소양대 – 남성의 기본 모양

남성은 일반적으로 가슴 · 엉덩이 · 허벅지 등 옷으로 가리고 있는 부분이 여성만큼 풍만하고 크지 않다. 이에 비해 얼굴 · 손발 등 옷 밖으로 나와 있는 부분은 크고 강한 느낌이다. '음 = 가리고 있는 부분은 작고, 양 = 드러나 있는 부분은 크다'는 점 때문에 '음소양대(陰小陽大)'라고 한다.

남성의 천성은 밖에 나가서 일하는 것이며, 몸도 노동에 맞게 억세고 단단한 것이 특징이다. 사회성을 나타내는 얼굴도 여성에 비해서 크고 각진 것이 보통이다.

인상 포인트

● **가리고 있는 부분과 손발이 모두 작은 남성**

운이 별로 없고 사회적으로도 그다지 성공하지 못한다.

● **가리고 있는 부분이 크고 손발이 작은 남성**

여성적으로 매사에 끙끙거리며 걱정하는 유형이다.

여성과 남성의 차이

여성

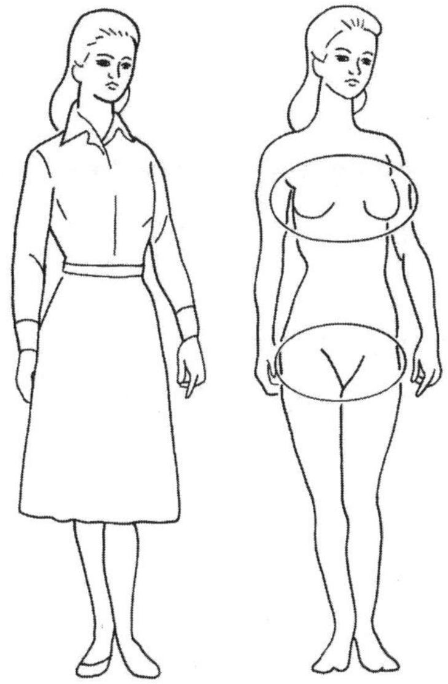

남성

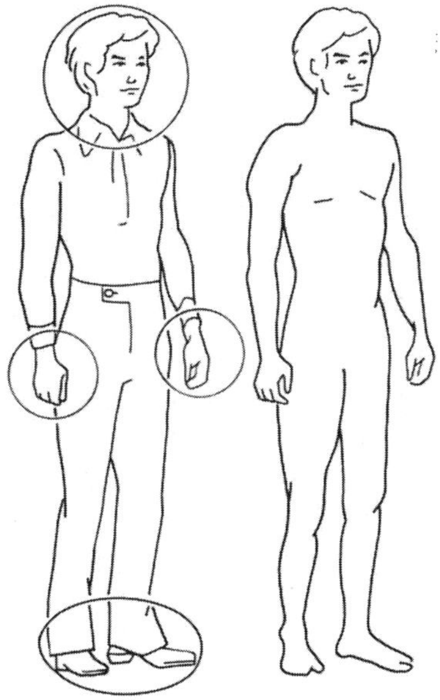

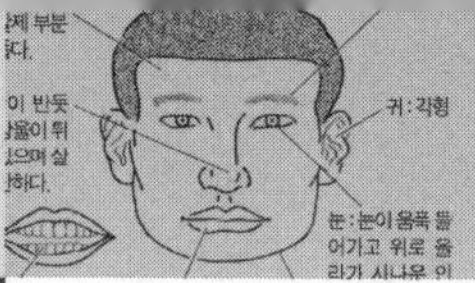

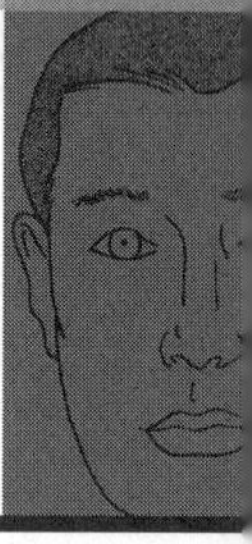

삼형질론

— 인간의 세 가지 유형

'삼형질' 이란 사각형[근골질(筋骨質)] · 역삼각형[심성질(心性質)] · 둥근형[영양질(榮養質)] 등 인간의 기본적인 세 가지 유형을 말한다.

인간의 얼굴을 세 가지 유형으로 분류하는 사고방식은 서양의 인상학에서 시작되어 심리학에서도 응용이 되며 오늘날 우리나라 인상학에서도 기본이 되고 있다.

인간의 얼굴은 각양각색이라 얼굴 생김새와 신체적 특징을 간단히 세 가지 유형으로 분류하는 것이 무모하다는 생각도 든다. 그러나 천차만별로 다르게 보여도 단순한 형태로 정리하여 분류하면 어떤 유형의 얼굴이나 몸도, 또한 남자나 여자도 크게 '삼형질'로 분류할 수 있다.

□ 사각형(근골질)

근골질이란 말대로 얼굴 모양도 체형도 근육질이고, 내면도 육감적이며 힘이 넘친다.

'사각형' 으로 대표되는 유형은 행동력 · 실행력 · 생활력이 가장 뛰어난 얼굴형이다. 사람이 살아가는 데 기본이 되는 행동력과 수완이 있다.

사각형

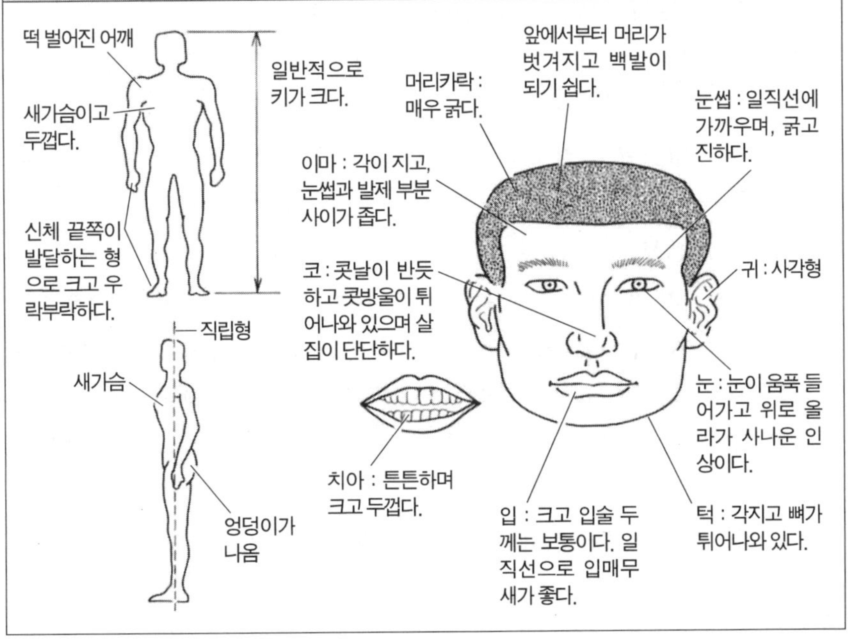

얼굴 생김새와 신체적 특징

어깨가 넓고 근육과 뼈가 울퉁불퉁 튀어나온 유형으로 다부진 체격이다. 첫눈에도 남성적으로 보이며, '음소양대' 의 전형이다. 목소리도 크고 우렁차며 울린다.

성격과 운세

● 사각형의 남성

우물쭈물하는 것을 싫어하며 무슨 일이나 솔선해서 행동한다. 그리고 이런 행동이 인정을 받아 어느 사이엔가 승진하는 성공운이 있다. 단, 현장에서 일하는 것이 성격에 맞으며 사무계통에는 맞지 않는다.

과감하게 행동하는 반면에 작은 일에는 신경을 못 쓰거나, 주위 사람에 대한 배려가 부족하거나, 공을 세우기 위해 자신만 앞에 나서려고 하여 다른 사람에게 오해를 받을 우려가 있다. 특히, 동료와 술을 마실 때는 다른 사람의 마음에 상처를 주지 않도록 말과 행동에 각별히 주의한다.

중년까지 기다리지 않아도 30세 때부터 타의 모범이 되는 행동력을 인정받아 운이 열린다.

신경통 · 관절염 등의 질병을 주의한다.

● 사각형의 여성

남자답고 기가 센 여성이 많고, 가사도 자녀 양육도 매우 적극적으로 척척 잘 해낸다. 여가에는 시간제 부업으로 가계를 도와 남편에게 도움이 된다. 믿음직한 유형이지만 지나치게 완벽하면 자칫 가정의 화목이 깨질 수 있다.

또한 치맛바람을 일으키는 경향이 있으며, 학부모 모임의 임원직을 기꺼이 맡는다.

만약 장사를 하는 집안이라면 가업에 힘써서 주인인 남편을 제쳐놓고 앞에 나서서 활약할 수도 있다.

▽ 역삼각형(심성질)

말 그대로 호리호리하고 불안정한 느낌의 역삼각형 스타일은 약하고 섬세한 내면을 반영한다.

행동력과 적극성을 전면에 내세우는 '사각형'에 비해, '역삼각형'은 몸을 잘 움직이지 않는다. 공상형이며 잘 실행하지 않는 유형이다.

» 얼굴 생김새와 신체적 특징

전체적으로 인상이 강하지도 늠름하지도 않다. 얼굴과 몸이 모두 유약하고 어깨는 밋밋하게 내려오며, 가슴의 늑골이 올라와 보이는 경우도 종종 있다. 그러나 등뼈가 의외로 굵고 몸통도 길다. 또한 얼굴의 각 부분이 작고 살집도 적어서 어딘가 모르게 예민해 보인다. 목소리는 작고 높다.

역삼각형 중에는 날카롭게 뾰족한 형도 있는데, 이는 폐병에 걸리는 유형이다.

역삼각형

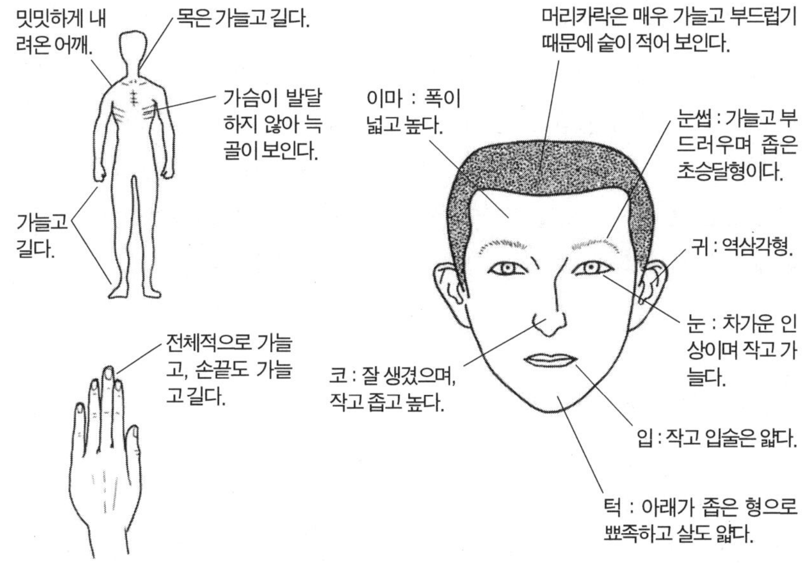

» 성격과 운세

● 역삼각형의 남성

매우 치밀한 두뇌와 섬세한 성격을 갖고 있다. 그만큼 사소한 일까지 신경을 쓰고 속을 썩이는 성격으로 항상 안절부절못하여 신경성 위염에 잘 걸린다. 또한 내성적이고 낯을 가려서 친구를 잘 사귀지 못하고 고독해지기도 한다.

그러나 머리 회전이 빠르기 때문에 이것을 이용하여 운을 열어나갈 가능성이 있다. 단, 아무리 머리가 좋아도 운세를 자신의 것으로 만들려는 의욕과 실행력이 필요하다.

직업은 비서나 경리직 등이 맞는다. 취미도 시나 문학 등 조용한 것을 좋아하고 집에만 있기 쉬운데, 밝고 활동적으로 살기 위하여 골프 등의 운동을 하는 것이 좋다.

가능하면 밝고 쾌활하게 살아야 성공한다.

●역삼각형의 여성

조용하고 얌전하지만 머리 회전이 빠르고 재치도 있으며, 장래를 계획적으로 설계할 줄 아는 현명한 여성이다.

그러나 이런 면이 지나치면 행동이 생각과 계획을 따라가지 못하고 불만만 늘어놓기 쉽다. 학부모 모임 등에서 머리가 좋은 것이 화가 되어 겉돌고 따지기 좋아하며 고독해질 우려도 있다. "독수리는 날카로운 발톱을 감춘다."는 속담처럼 좋은 머리에서 오는 까다로운 이미지를 다소 덮어줄 수 있게 원만한 대인관계를 유지하고 명랑하게 생활하면 인망을 얻을 수 있다.

○ 둥근형(영양질)

전체적으로 영양이 좋아서 여유 있고 온화해 보인다.

실행형인 '사각형'과 잘 실행하지 않는 '역삼각형'의 중간 성격이 바로 '둥근형'이다.

사각형과 역삼각형이 모두 섞인 것 같은 성격으로, 원만하며 요령형이라고도 할 수 있다.

›› 얼굴 생김새와 신체적 특징

두툼한 가슴과 굵은 목에 어느 곳도 모가 나지 않고 둥그스름해서 부드러운 인상이다. 전체적으로 살집이 좋다. 흔히 말하는 '중년남자 같은 복부비만형'도 이 유형에 포함된다. 목소리도 작고 부드러운 느낌이다.

›› 성격과 운세

●둥근형의 남성

대인관계가 좋고 사교적이어서 자연히 인기를 얻고 인망을 모으며, 항상 성공과 출세의 기회가 있는 유형이다.

동작이 조금 둔하다는 단점이 있지만 일에 대한 실행력은 있다. 당당함, 요령, 물러날 때의 방법 등을 잘 알고 있으므로 외교 · 상업 · 관리직 등의 직종에도 잘 어울린다.

운이란 스스로의 노력으로 열리지만, 이 유형은 오히려 다른 사람의 도움으로 잘 되는 이른바 타인의존형이다.

● 둥근형의 여성

매우 명랑하고 대담하며 다른 사람들에게 호감을 사고, 인간관계가 원만한 유형이다. 어떤 모임에서나 분위기 메이커로 주위 사람을 즐겁게 한다.

가정에서도 명랑하고 성실하며, 집에 돌아온 남편을 편안하게 해주는 따뜻한 아내이다.

단, 대범한 나머지 무슨 일이든 대충 처리하여, 지나칠 경우 뒤처리가 깔끔하지 못하다는 평을 듣게 된다. 그러나 이런 면이 또한 사람을 끄는 매력으로 남자들에게도 인기가 많다.

둥근형

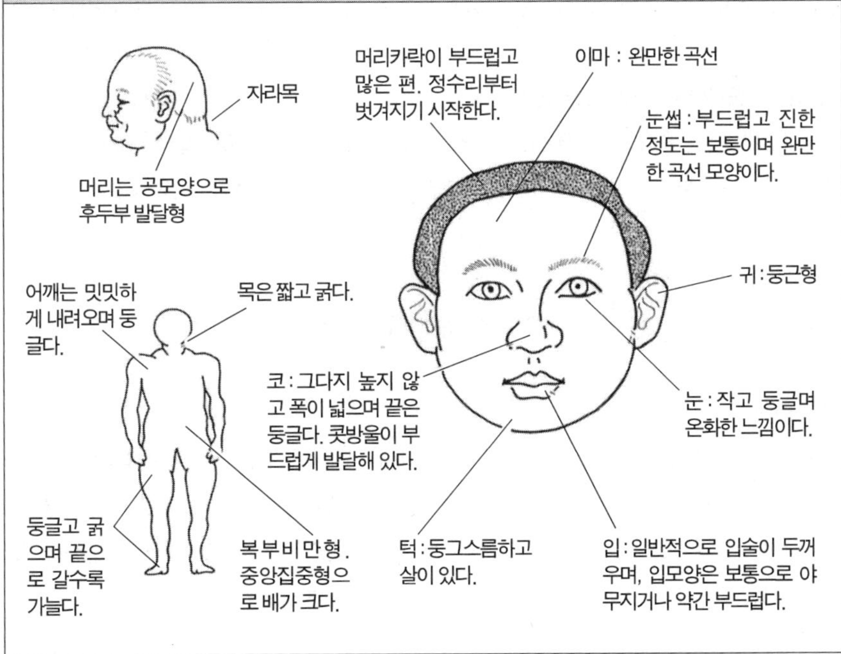

대수상법(大樹相法)

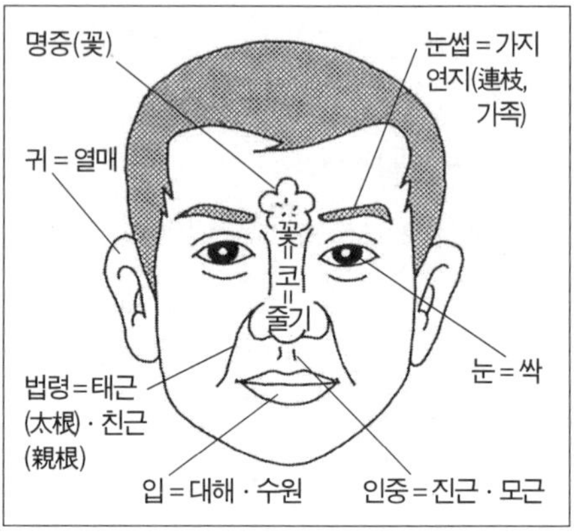

인상을 보는 비법의 하나로, 이 방법을 기본으로 하여 각 부분을 상세하게 해설한 비서(秘書)가 전해진다. 아름다운 꽃과 열매도 튼튼한 줄기에서 생긴다. '대수상법'이란 얼굴 전체를 나무에 비유하여 운세나 성격을 점치는 인상법이다.

:: 코(나무)

코는 나무의 줄기로 보며, 가장 중요하게 생각한다. 줄기가 굵고 튼튼하지 않으면 좋은 꽃이 피지 않듯이, 얼굴의 줄기도 건강하지 않으면 발전하기 어렵다. 그러나 줄기만 너무 크면 자존심이 강하고 입이 나타내는 대해(大海)의 물이 부족해 나무가 말라버릴 수 있다.

:: 입[대해(大海) · 수원(水源)]

입만 크면 물이 너무 많아서 오히려 나무가 말라죽는다. 즉, 호언장담하며 실행력이 없고 발전하지 못한다.

:: 인중[진근(眞根) · 모근(母根)]

인중이 길다는 것은 뿌리가 굵고 튼튼한 것과 같아서 입(대해 · 수원)에서 물을 잘 빨아올리며, 복스러운 상으로 장수한다. 통로 부분에 점이나 상처가 있으면 물을 빨아올리는 데 방해가 되어 단명하거나 복이 적다.

:: 눈썹(가지)

눈썹은 가지로 육친을 나타낸다. 눈썹이 많은 사람은 하늘의 운을 잘 받아서 좋은 꽃을 피운다.

:: 귀(열매)

복귀라는 말처럼 귀는 복을 나타낸다. 열매라 아래쪽이 크고 두툼하며 단단하면 자손이 훌륭하고 번영한다.

이 인상법에서는 장수하고 좋은 운을 얻기 위하여 코(줄기)를 큰 나무[大樹]로 키우는 것이 중요하며, 그 기본은 땅 속의 양분을 충분히 빨아올릴 수 있느냐 없느냐이다. 이런 관점에서 보면 누구나 '부(富)를 이룰 나무'를 갖고 있으며, 그 나무가 굵은지 가는지, 튼튼한지 약한지로 재물운을 알 수 있다.

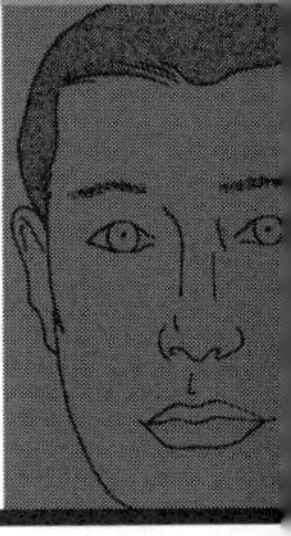

평면복합

— 삼형질론 응용 1

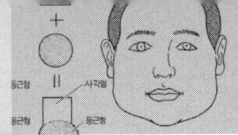

다양한 사람의 얼굴을 세 가지 유형으로 분류하는 삼형질론은 합리적이고 획기적인 발상이라고도 할 수 있다.

그러나 삼형질론은 단순하고 명쾌한 듯해도 실제로 초보자가 사람의 얼굴을 보고 분류하는 경우에 사각형(□)인지 둥근형(◯)인지 역삼각형(▽)인지 판단하기가 매우 어렵다. 곧바로 판단하기 위해서는 많은 경험이 필요하다.

그래서 실제 사람의 얼굴에 좀더 가깝고 판단 기준이 되는 형태를 쉽게 파악할 수 있도록, 한층 더 세분화하여 여섯 가지 유형으로 분류해놓고 있다. 이는 삼형질론의 세 가지 기본형 중 2~3개를 조합한 것이다.

각 유형의 성격과 운세는 역삼각형이 어느 정도 나타나는지, 둥근형이 전체의 몇 %인지 등 기본형의 조합 상태로 결정된다.

□ 직사각형 – 사각형의 변형(1)

기본형인 사각형의 표준은 정사각형이지만, 실제로는 사각형으로 보여도 정사각형인 얼굴은 적고 '직사각형'인 얼굴이 많다. 직사각형은 사각형에 역삼각형이 합쳐진 형태이다.

>> 얼굴 생김새와 신체적 특징

살집은 사각형의 정사각형 정도가 아니고 마른 형으로 바뀐다. 이것은 '역삼각형'인 심성질의 요소가 포함되어 있기 때문이며, 포함 정도가 크면 클수록 얼굴이 홀쭉하고 길어진다.

등뼈는 굵고 튼튼하며, 얼굴빛은 사각형보다 약간 거무스름하다. 코는 높아지고 콧마루는 좁아진다.

맥박은 천천히 뛰며, 장수한다.

» 성격과 운세

얼굴형이 홀쭉해지고 성격도 변하는데, 가장 큰 변화는 앞뒤 생각 없이 무턱대고 행동하는 사각형의 저돌적인 유형에서 역삼각형의 지능형으로 바뀐다.

심성질인 역삼각형의 비율이 높아지면서 얼굴이 기품 있는 인상으로 되는데, 그 비율이 너무 높아지면 성격이 점점 까다로워지고 무서울 정도의 수완가가 된다. 이것은 둥근형의 요소가 전혀 포함되어 있지 않아서 푸근하고 부드러운 느낌이 적기 때문이다.

이런 유형은 일단 자신의 손에 들어온 물건은 절대 놓지 않으며, 이 유형에게 돈을 빌리면 재촉이 심하고 괴롭힘을 당하기도 한다.

직사각형

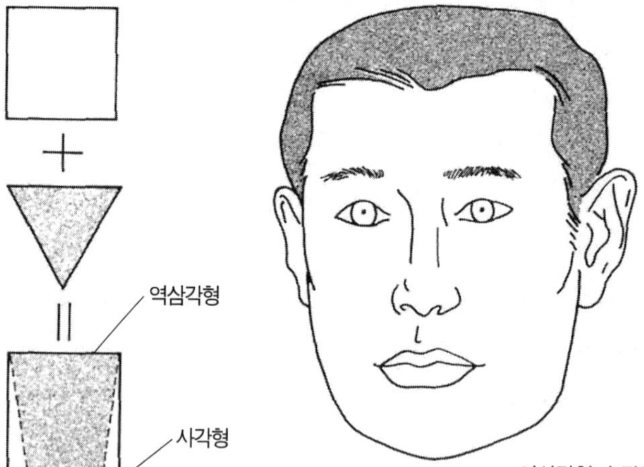

역삼각형이 강할수록 홀쭉하고 길어진다.

오각형 – 사각형의 변형(2)

정사각형의 아래쪽에 삼각형이 합쳐진 '오각형'이다. 이것도 사각형에 역삼각형이 합쳐진 형태이지만, 직사각형인 경우는 사각형에 역삼각형이 전체적으로 합쳐지기 때문에 홀쭉한 얼굴이고, 오각형은 정사각형 얼굴의 아래쪽에 역삼각형이 합쳐져서 턱이 뾰족한 얼굴이 된다.

>> 얼굴 생김새와 신체적 특징

사각형만큼 얼굴에 살이 많지 않은 것은 직사각형과 같다. 전체적으로 정돈된 느낌이며, 코는 좁고 윤곽이 뚜렷하다. 그리고 역삼각형의 비율이 높아질수록 윤곽이 더 뚜렷해진다.

얼굴은 누런빛을 띠며 거무스름하고 사각형과 크게 다르지 않다. 중년 느낌으로 단단하게 살찌는 경향이 있다.

오각형

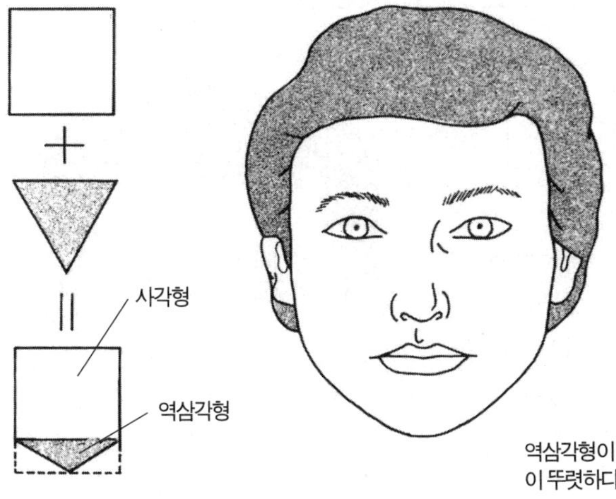

역삼각형이 강할수록 윤곽이 뚜렷하다.

» 성격과 운세

얼굴의 아래쪽만 변형되기 때문에 원래 성격은 사각형과 다르지 않지만, 약간 침착함이 나타난다. 두뇌 회전이 빠르고 탐구심도 왕성하지만, 반면에 인내심이 부족하다.

다른 사람에게 허점을 보이지 않는 사람이 많으며, 만년을 고독하게 보내기 쉽다.

육각형 – 사각형의 변형(3)

정사각형에 옆으로 긴 직사각형이 합쳐진 모양이 '육각형'이다. 사각형의 얼굴이 넓어지고 실행력이 더욱 강해진다. 사각형이 합쳐져서 육각형으로 보이는 것은 평면적인 변형이라기보다는 뒤에 설명하는 입체적인 변형에 해당하는 부분이 많은데, 여기서는 평면적인 의미만 다룬다.

육각형

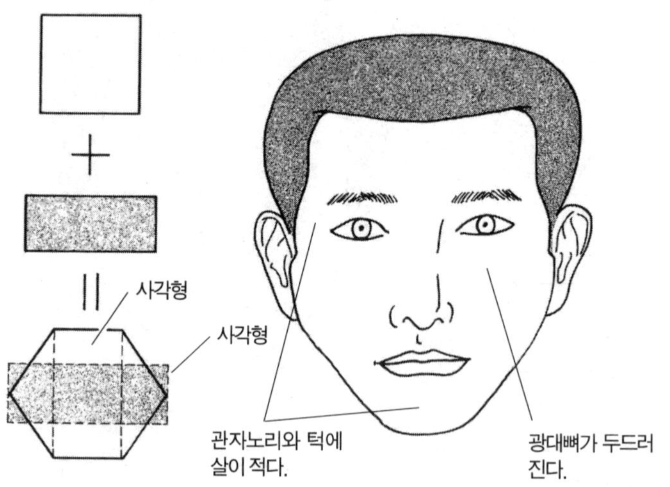

» 얼굴 생김새와 신체적 특징

얼굴의 중앙에 사각형이 하나 들어 있기 때문에 광대뼈가 두드러져 보인다. 관자놀이와 아래턱에 살이 적어서 전체적으로 육각형의 인상이다. 코는 조금 좁고 높지만 길이는 짧아진다.

얼굴은 누런빛이 강하고 햇볕에 그을린 색이다. 몸도 울룩불룩하고 둥그스름한 느낌이 없다.

» 성격과 운세

지기 싫어하고 정열적이며, 적극성도 사각형보다 강해져서 계속해서 겉으로 나타난다. 폭발적인 에너지를 갖고 있어서 박력 있게 느껴진다. 재치가 풍부하고 밝으며 다른 사람에게 호감을 준다.

단점이라면 조금 단순한 면이 있다는 것이다.

운은 중년에 집중된 형으로 30세 전후부터 열심히 일하면 성공한다.

O 타원형 – 둥근형의 변형(1)

영양질의 둥근형을 기본으로 하여 여기에 근육질의 사각형이 합쳐진 형태이다. 각지고 전체적으로 둥그스름하며 살집도 있다.

피부 등에 사각형의 특징이 나타난다.

» 얼굴 생김새와 신체적 특징

얼굴에 전체적으로 살이 고르게 있고 피하지방도 있다. 눈 · 코 · 입 등도 부드러운 느낌이며, 얼굴은 약간 검은빛을 띤다.

사각형의 영향으로 몸 전체의 피부가 거칠지만 탱탱하다.

» 성격과 운세

둥근형 특유의 부드러운 분위기에 근육질의 실행력이 더하여져 사람들에게 신뢰를 받는다. 그러나 원래 기본이 원만한 둥근형이기 때문에, 결국 끝에는

타원형

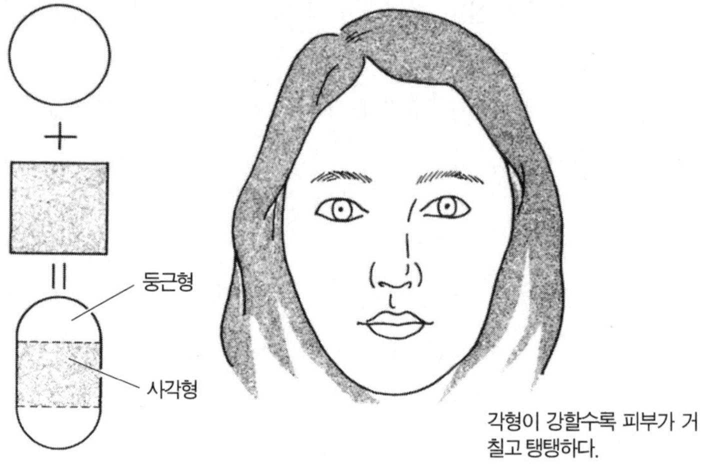

부드러움이 남는다. 대인관계가 좋고 조용한 편이다. 다른 사람에 대한 배려도 잘 하지만, 반면에 까다로운 면도 있다.

장수하며 굴곡이 없는 원만한 인생을 산다.

아래가 불룩한 형 - 둥근형의 변형(2)

사각형의 아래쪽에 둥근형이 더해지거나, 둥근형+둥근형의 조합으로 생기기 때문에 일반적으로 '아래가 불룩한 형' 또는 '끝쪽이 넓은 형'이라고 한다. 입가까지 둥근형이거나 더 위쪽에서 둥근 모양이 되면 둥근형+둥근형이다. 입가까지 직선인 경우는 사각형+둥근형이다.

사각형+둥근형인지, 둥근형+둥근형인지는 살집을 보고 판단한다.

» 얼굴 생김새와 신체적 특징

볼 아래부터 아래턱에 걸쳐 살집이 좋으며, 특히 입 주위에 살이 많다. 이중

아래가 불룩한 형

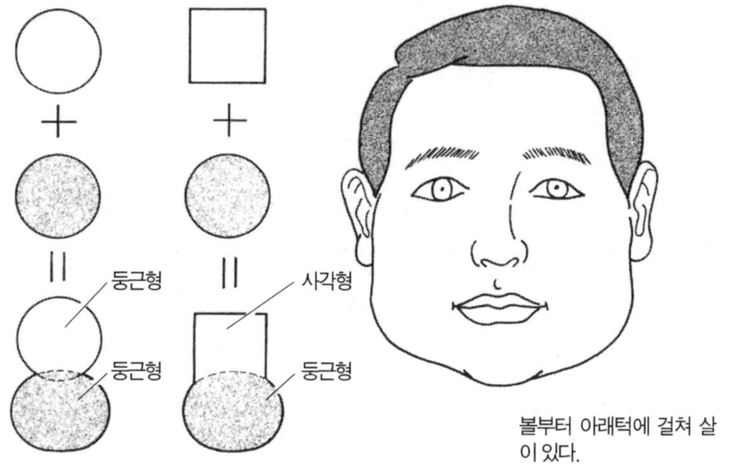

턱이 될 가능성이 높고 볼이 처진다. 균형면에서 보면 이마가 좁아 보인다. 얼굴이 하얀 사람이 많다.

» 성격과 운세

사각형+둥근형은 실행형 · 실력형으로 나이를 먹으면서 원만해지고 재물도 모으는 이상적인 얼굴형이다.

둥근형+둥근형은 둥근형의 영양질이 강조되어 비만인 경향이 있고, 동작이 더욱 둔해진다. 푸근한 어머니 같은 인상으로 인정이 많고 눈물을 잘 흘리는 특징이 있다.

팔각형 – 전체의 복합형

어딘지 모르게 둥글고 각도 있으며, 얼굴 폭도 비교적 넓다. 무슨 형인지 판단하기 어려운 것이 바로 '팔각형' 이다.

사각형 · 둥근형 · 역삼각형의 삼형질이 교묘하게 섞인 얼굴로 운세 · 실행력 · 생활력이 모두 좋은 행운의 상이다.

몸의 상태가 좋지 않을 때는 몸이 생각처럼 움직이지 않기 때문에 급한 성질이 나타나기도 한다. 고혈압을 주의한다.

》 얼굴 생김새와 신체적 특징

포동포동하지도 너무 마르지도 않고 적당히 살이 있다. 피부는 조금 거친 편이다. 몸은 살집이 보통이며 키도 중간 정도이다. 얼굴 가운데에 근골질인 사각형이 들어 있기 때문에 코가 약간 짧고 콧방울이 옆으로 튀어나왔으며 착실한 인상이다. 입도 잘 다물어져 있고, 얼굴 폭이 넓다.

》 성격과 운세

강함과 부드러움이 조화를 이루고 있다. 사교적이면서 동시에 실행력도 있기 때문에 사람들에게 신뢰감을 준다. 직위가 자연스럽게 따라오는 성공형이다. 유사시에 결단력이 있으며 통솔력도 있다. 성격과 운세가 모두 더할 나위 없이 좋다.

팔각형

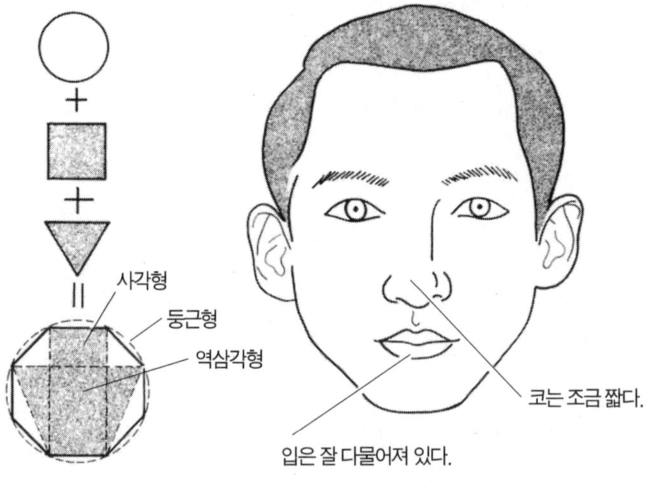

일형상법(一形相法) · 대극관법(大極觀法)
율기(律氣)와 여기(呂氣)

일형상법이란 유후인상학에서 대극관법을 말한다.

일형상법은 인상이라고 해도 전체를 하나로 파악하고, 대극이란 역학 용어이자 큰 원을 의미하는 선(禪)의 용어이기도 하다.

기학(氣學)을 배우는 사람에게는 거부감이 있는 말이지만, "동서남북이 본래 없고, 혼란스러워할 것도 근심할 것도 없다." 는 것에서도 알 수 있듯이, 무슨 일이든 큰 우주에서 보면 사소한 일이다. 즉, 인간이 마음대로 판단한 것이므로, 어떤 얼굴이든 걱정하지 말라는 의미이다. 이는 상법(相法)의 비법에 도달한 경지이다.

한번 보고 느껴서 알려면 그 사람의 마음을 보아야 한다.

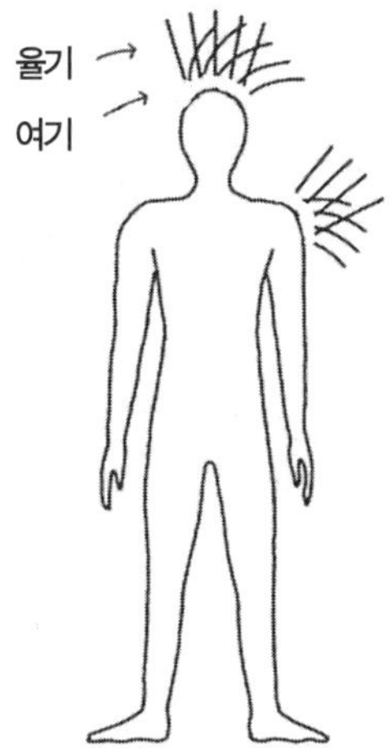

좋은 기운과 좋은 운세를 갖고 있는지, 나쁜 기운과 나쁜 운세를 갖고 있는지를 제대로 알아야 한다. 좋은 기운은 '율기' 라고 하며, 여기서 기운이란 무심코 느끼는 것으로 흥분하고 있다거나 안색이 나쁘다고 깨닫기 전에 순간적으로 느끼는 기색 같은 것이다.

이 기운이 잘 통하는 사람은 운이 좋다.

한편, 바람도 없는데 그 사람의 기운이 흘러 소용돌이치는 경우를 '여기' 라고 한다. 얼굴의 각 부분처럼 확실하게 눈에 보이는 것은 아니지만, 영적으로 강한 사람은 그냥 스쳐 지나기만 해도 그 기운을 읽고 몸서리치는 경우가 있다고 한다.

보이고 안 보이고 하는 것에는 개인차가 있으므로 보는 눈을 키워서 율기와 여기를 간파하는 능력을 갖춘다.

또한 기운을 볼 때는 "율기와 여기 이전에 오기(五氣)를 본다." 고 한다. 오기란 금기(金氣) · 화기(火氣) · 목기(木氣) 등으로 금기가 있는 사람에게는 수기(水氣)와 같은 차가움이 느껴진다.

율기나 여기를 몰라도 따뜻한 기운이 흘러나오는 것 같다든가, 왠지 찬 기운이 흐르는 사람이라든가 하는 것은 조금만 수양을 하거나 익숙해지면 알 수 있다.

즉, 이런 것들을 모두 초월하여 인간을 하나의 형상으로 보는 것을 일형상법이라고 한다.

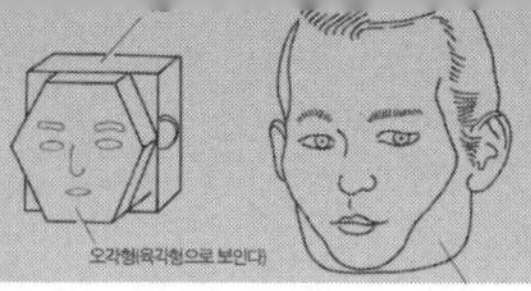

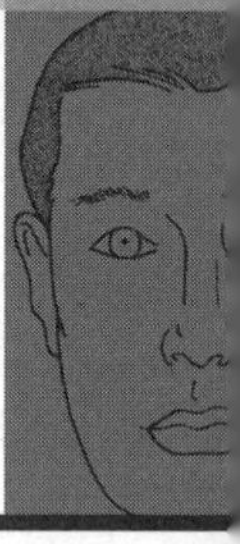

입체복합

— 삼형질론 응용 2

앞에서는 인간의 얼굴을 평면적으로 보고 기본형과 기본형의 복합형에 관해 설명하였지만, 사람의 얼굴은 평면적이지 않고 오히려 입체적으로 섞여서 복합적인 경우가 대부분이다.

사람의 얼굴을 잘 관찰해보면 정면에서 본 형태가 전부가 아니다. 두개골 전체의 형태 이외에 가장 앞쪽에서 얼굴을 구성하고 있는 형태가 있으므로 두 가지로 나누어 살펴본다.

이것을 얼굴의 '입체복합'이라고 한다. 입체복합은 사각형 · 역삼각형 · 둥근형 등의 기본형을 바탕으로 그 위에 겹쳐서 합쳐진 것이다.

어떤 형이 어느 정도, 그리고 어떻게 합쳐지고 겹쳐졌는가로 성격과 운세를 판단한다. 바탕이 되는 형이 기본(본질)이 되지만, 현재 겉으로 드러나는 성격이나 운세는 위에 겹쳐진 형질이다.

▽ 둥근형+역삼각형

영양질의 '둥근형' 위에 심성질의 '역삼각형'이 겹쳐져 있다. 관자놀이 밑에서 턱으로 이어지는 선이나 파인 부분이 보는 방법에 따라 둥근형으로도 보이고 삼각형으로도 보인다.

» 성격과 운세

기본 기질이 둥근형이며 성격도 둥근형의 특징이 나타나지만, 앞쪽의 삼각형으로 보이는 부분이 보다 삼각형에 가까울수록 역삼각형의 심성질 요소가 부각된다.

영양질인 둥근형의 특징이라고 할 수 있는 부드럽고 사교성 있는 성격이 감춰지므로 약간 성질이 급하고 낯을 가린다. 실행력도 약하며, 무책임한 모습도 나타난다.

연인으로 사귀면 사교성이 있어서 좋지만, 때때로 까다롭게 행동하여 걱정이 될 것이다. 또한, 아이가 지나치게 달라붙으면 싫은 얼굴을 할지도 모른다. 이런 얼굴을 가진 여성은 대범함과 섬세한 면이 모두 있어서 좋은 가정을 꾸린다. 40세 정도부터 운세가 떨어지는 경향이 있다.

신경성 위염 등의 질병을 주의한다.

둥근형 + 역삼각형

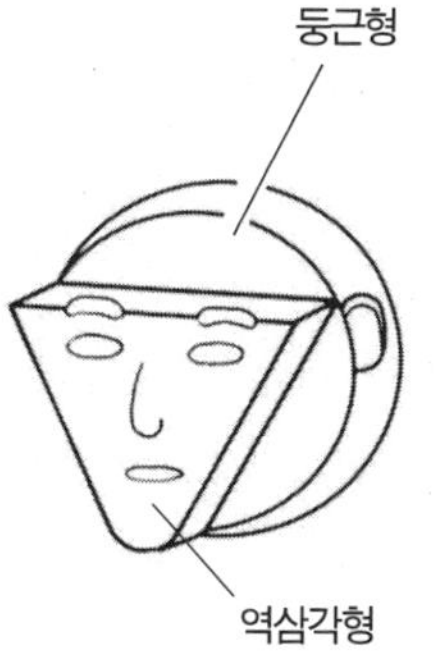

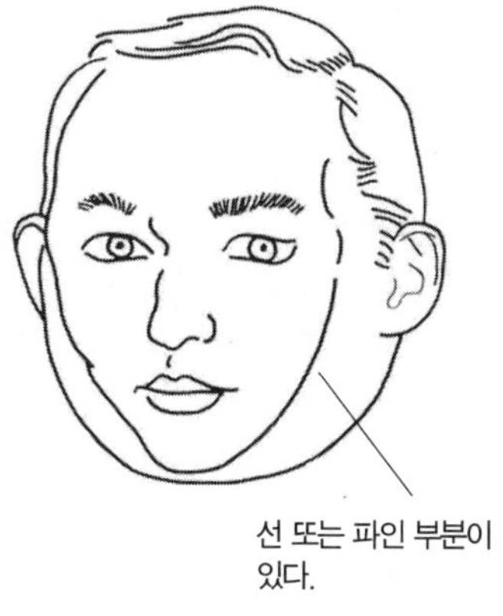

사각형+둥근형

근골질의 '사각형' 에 영양질의 '둥근형'이 겹쳐진 얼굴이다. 기본이 사각형이므로 전체적으로는 둥글어도 턱이 튀어나오는 것이 특징이다.

» 성격과 운세

기본이 '사각형' 이므로 본질적으로 성실하고 한눈을 팔지 않는 실천형이지만, 어느 사이에 세속화되어 교활한 면이 보이는 유형이다. 적당히 긴장을 푸는 것을 배운다. 타고난 사교성과 재치가 출세에 한몫을 한다.

이런 유형의 남성은 부드럽고 남자다우며 깊이도 있어 연인으로 사귀면 믿음직하다. 할일은 반드시 하지만, 조금 마이페이스 형이라 시간이 많이 걸리는 것이 단점이다.

여성은 심지가 깊어서 역경에 강하고 가정적인 면도 많다.

이 유형에게 돈을 빌리면 끈질긴 면이 없어서 말없이 기다린다.

사각형 + 둥근형

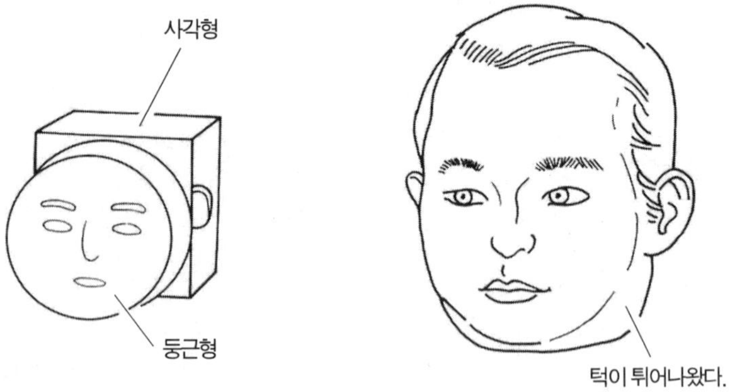

사각형+역삼각형

근골질의 '사각형'을 기본으로 하여 심성질의 '역삼각형'이 겹쳐져 있다. 둥근형+역삼각형과 다른 점은 이마이다. 이 부분에 사각형과 역삼각형이 겹쳐져서 넓고 튀어나와 보인다.

얼굴 모습은 역삼각형의 요소가 강하여 코가 높고 잘 생겼으며, 입술은 작고 얇아서 차가운 인상을 주기 쉽다.

» 성격과 운세

역삼각형의 지적인 요소를 갖고 있어서 행동보다 생각을 먼저 한다. 현명함과 냉철함이 같이 나타난다.

생활이 윤택하지 않은데, 만약 이 유형에게 돈을 빌리면 재촉하기보다는 논리적으로 따지고 질책할 것이다. 생활이 넉넉하지는 않지만 생활설계를 착실히 하는 계획성 있는 유형이다.

사각형 + 역삼각형

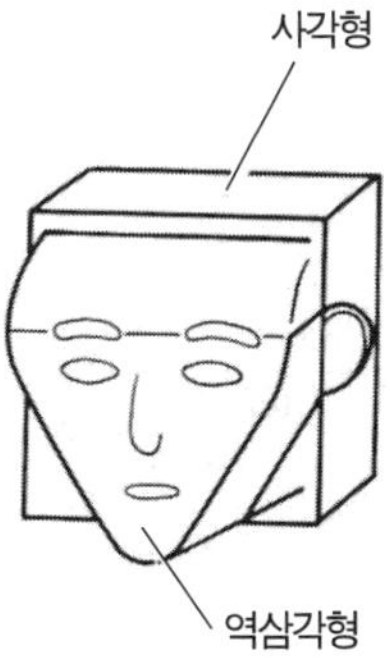

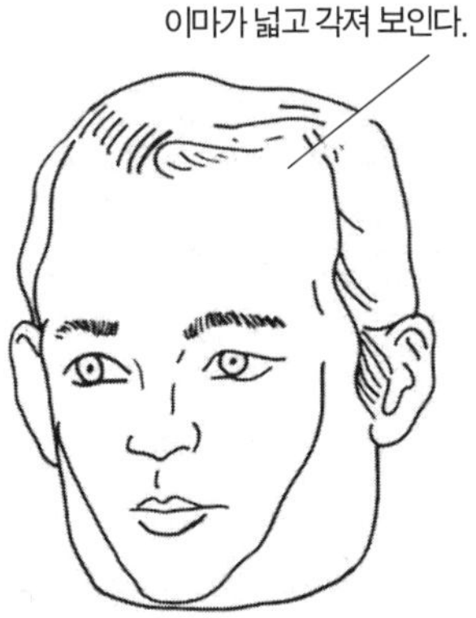

사각형+오각형

근골질의 기본인 '사각형'에 복잡한 근골질인 '오각형'이 겹쳐진 얼굴이다. 그 때문에 오각형의 특징인 턱의 뾰족함이 없어지고 턱이 튀어나온 느낌으로 언뜻 보면 육각형처럼 보인다.

얼굴 전체는 크고, 눈과 코에도 근골질(사각형)의 특징이 더 강해진다.

» 성격과 운세

근골질의 성질이 더욱 강조된 성격으로 일을 척척 처리해내는 실행형이다. 단, 종종 판단이 흐려서 경솔한 행동을 하기도 한다. 성격이 원만하지 않은 것이 결점으로, 이로 인해 때로는 다투기도 한다.

밝고 걱정이 없는 태평한 성격이므로 연인으로 사귀면 즐겁게 연애를 할 수 있고, 결혼해서도 밝은 가정을 꾸려나갈 수 있다. 이런 얼굴형의 여성은 맞벌이 타입으로, 어떤 일이나 힘들어 하지 않아서 바깥일도 가사도 모두 척척 해낸다.

이 유형에게 돈을 빌리면 우물쭈물하며 계속 변명을 늘어놓지 않는다. 화끈하고 급한 성격이므로 확실하고 솔직하게 이야기하면 의외로 쉽게 듣는다.

사각형 + 오각형

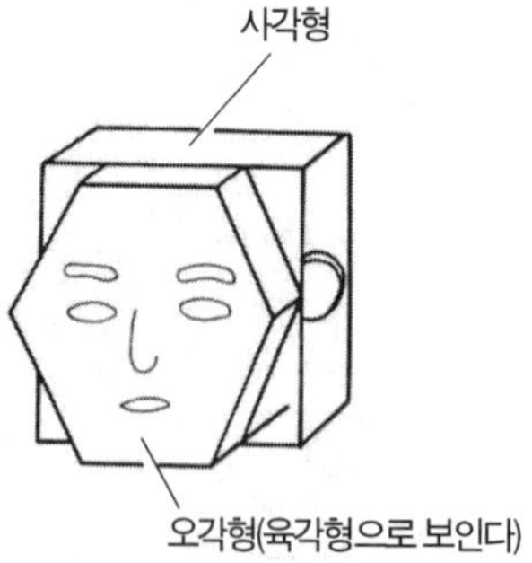

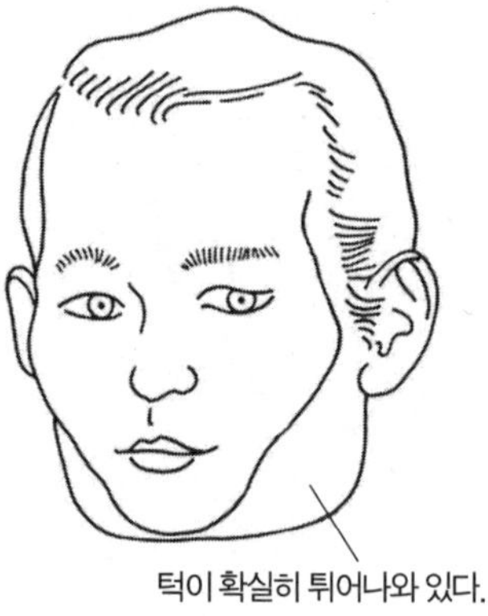

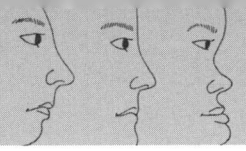

옆에서 본 얼굴

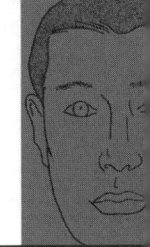

지금까지 살펴본 인상법은 모두 얼굴을 정면에서 보고 판단한 것인데, 인상은 본래 여러 각도에서 보는 것이다. 지금부터 설명하는 '측면인상법'은 얼굴을 옆에서 보고 판단하는 방법이다.

측면인상법 역시 기본은 세 가지 유형으로 나뉜다. 특징을 누구나 쉽게 파악할 수 있으므로 비교적 쉬운 인상법이라고 할 수 있다. 앞에서 보는 얼굴형에 측면인상법을 더하여 보다 정확한 판단 기준으로 삼는다.

먼저 원을 그리고(아래 그림 참조) 그 안에 관찰한 옆얼굴을 그려 넣어 코가 원 밖으로 나오는지 안쪽에 있는지, 또는 원의 중심에 오는지에 따라 세 가지 유형으로 분류한다. 원에서 바깥쪽으로 나오는 부분은 플러스(양), 안쪽으로 들어가는 부분은 마이너스(음)로 생각한다.

단, 이 분류법은 어디까지나 옆얼굴의 전체 윤곽을 대강 파악한 것이다. 실제 사람의 얼굴은 예를 들어 이마 한 부분만 놓고 봐도 각기 올록볼록하다. 각 부분이 오목형인지 볼록형인지 판단하는 방법은 다음의 설명을 참조한다.

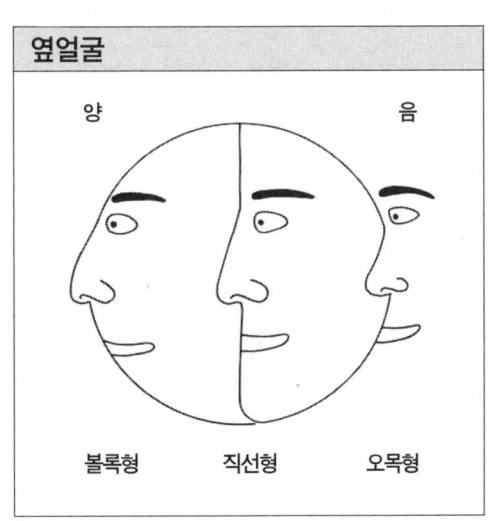

옆얼굴

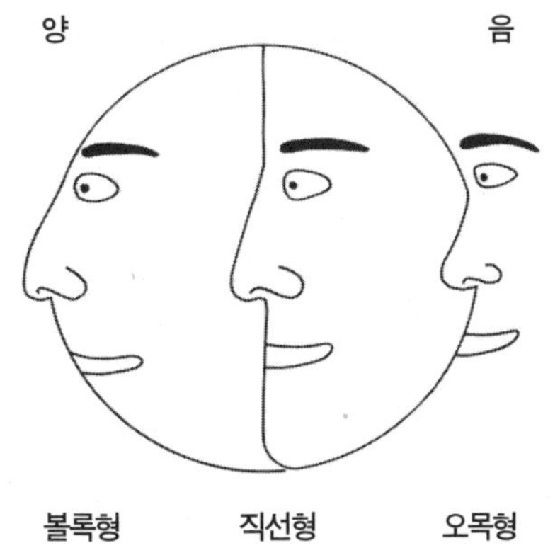

볼록형 – 양성형

얼굴의 중앙 부분이 앞으로 돌출한 듯한 얼굴만 봐도 외향적인 인상이다. 이 얼굴형은 얼굴을 뒤로 젖혀서 가로로 수평이 되게 하여 물을 부으면 물이 조금도 남김없이 곧바로 흘러내린다. 이와 마찬가지로 싫은 일이나 슬픈 일을 모두 금방 잊어버리는 외향적이며 밝은 성격을 갖고 있다.

무슨 일이든 마음에 담아두지 않는 성격으로 모든 일에 곧바로 반응을 보이는데, 오래가지 못하고 중도에 그만두는 경향이 있다. 무슨 일이 있으면 얼굴에 곧바로 나타나는 단순한 면도 있다.

이마에 해당하는 곳이 마이너스이기 때문에 별로 깊이 생각하지 않는다. 또한 코는 플러스인데 입은 마이너스이므로, 실행력은 있어도 앞장만 설 뿐 마무리를 잘 못한다.

직선형 – 음양형

얼굴의 모든 부분이 플러스와 마이너스가 평균적이다. 이 때문에 성격도 한쪽으로 치우치지 않는 가장 표준형이라고 할 수 있다.

이 얼굴형을 수평으로 눕혀서 물을 부으면, 물이 적당히 흐르고 코 밑에 조금 고이는 정도이며 흐름도 빠르지 않다. 이와 같이 성격도 일에 대해 적당히 분별력이 있으며, 생각이 분명하다.

오목형 – 음성형

이마와 턱이 앞으로 나와 있고 얼굴의 중앙 부분이 오목한 초승달형이다. 이 얼굴형을 수평으로 젖혀놓고 물을 부으면 중앙 부분에 물이 고이듯이 성격도 무슨 일이든 안에 쌓아두는 내성적인 성격이다. 음침한 성격이라고 할 수 있다.

머리가 좋고 이치를 따지는 경향이 강하지만, 종합적으로 보면 입이 무겁다. 단, 주위 사람에게 아무 설명도 없이 갑자기 격한 행동을 하여 사람을 놀라게 하고 어느 날 갑자기 변했다는 인상을 준다.

자신에게 좋은 일은 물론 나쁜 일도 쉽게 잊지 못하고, 사람들에게 바보 취급을 받았던 일이나 배신을 당했던 일을 집요하게 생각한다.

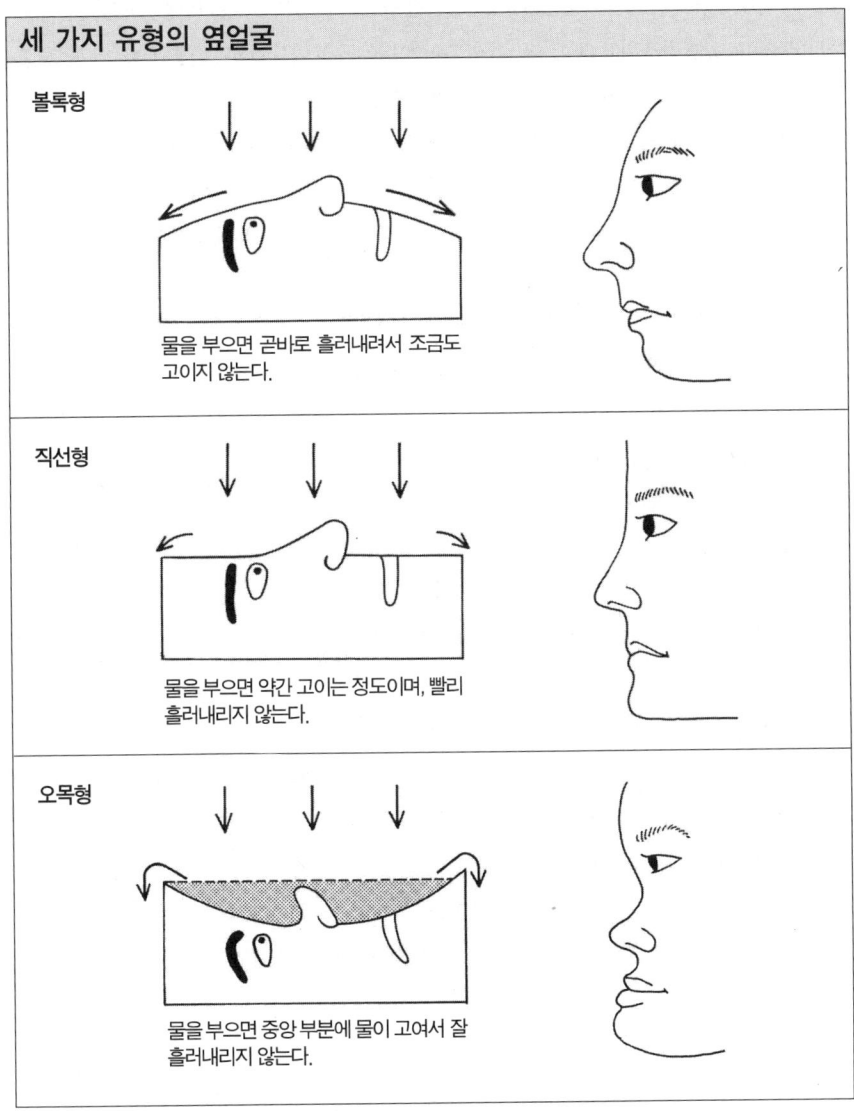

세 가지 유형의 옆얼굴

볼록형

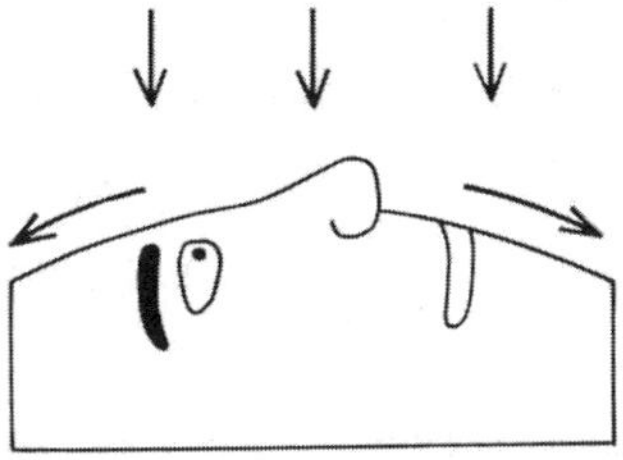

물을 부으면 곧바로 흘러내려서 조금도 고이지 않는다.

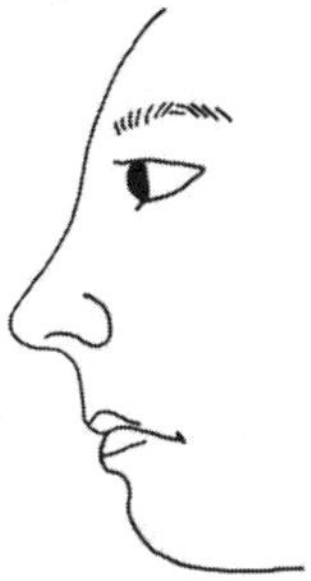

직선형

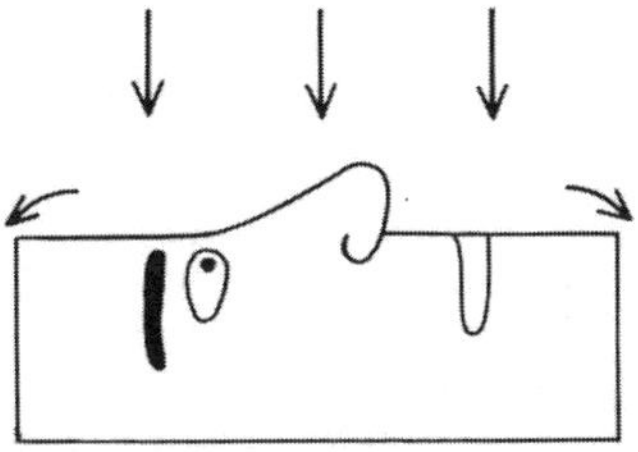

물을 부으면 약간 고이는 정도이며, 빨리 흘러내리지 않는다.

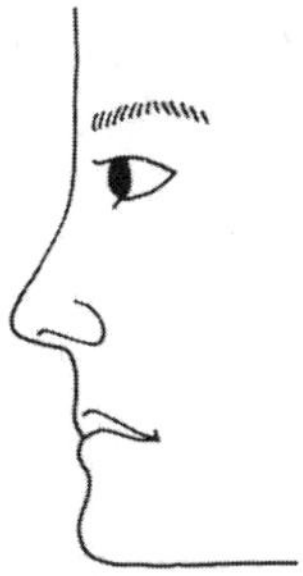

오목형

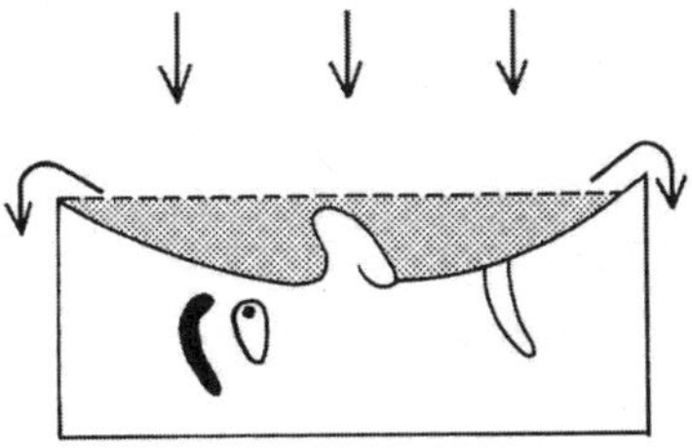

물을 부으면 중앙 부분에 물이 고여서 잘 흘러내리지 않는다.

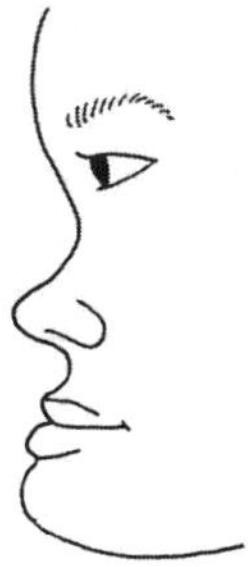

일형상법(一形相法) · 일계관법(一系觀法)
목소리

인상을 보는 비법 중의 하나가 성상(聲相, 목소리의 상)을 보는 것이다.

일형상법은 매우 어려운데 그 중에서 알기 쉬운 방법이 바로 '목소리'이다.

어느 회사 총회에서 사장이 숫자를 늘어놓으며 훌륭한 이야기를 하였으나, 목소리에 힘이 없고 나직한 목소리로 메모에 적혀 있는 것만 읽어 내려갔다. 결국 그 사장이 취임하고 나서 회사가 기울었다고 한다.

반면에 회사 대표의 목소리가 좋으면 회사가 상승세를 타는 경우가 많다.

학교에서도 학생들의 모습을 주의 깊게 살펴보면 대답에 자신이 있는 아이는 크고 분명한 목소리로 대답을 하지만, 자신이 없는 아이는 작고 힘이 없는 소리로 말한다.

정치가나 탤런트 등 저명 인사들의 목소리를 봐도 운세가 상승세를 타고 있을 때는 목소리가 좋고, 운세가 나빠지기 시작하면 목소리의 톤도 떨어진다.

목소리가 크고 힘이 있다는 것은 좋은 운을 나타내며, 운이 좋은 사람은 좋은 소리를 낸다.

다시 말해, 목소리는 운세의 바로미터로 다양한 것들을 읽어낼 수 있다.

목소리에 힘이 있다는 것은 구체적으로 다음의 조건이 갖춰진 경우이다.

① 울림이 있으면서 쩌렁쩌렁하다.

② 목소리가 멀리까지 들린다.

③ 목소리가 맑다.

④ 목소리가 탁하지 않다.

더 나아가 목소리의 높낮이와 관계없이 나직하게 말하는데도 잘 들리거나, 큰소리로 말하는데 무슨 말인지 못 알아듣는 경우도 있다.

또한 목소리로 그 사람의 인상이나 몸의 생김새를 알 수도 있다.

문을 사이에 두고 목소리를 들은 뒤 목소리로 그 사람이 말랐는지 뚱뚱한지, 키가 큰지 작은지, 어떤 운기를 갖고 있는지 판단해보면 좋다.

그러다 보면 얼굴의 세부적인 모습까지도 알 수 있다.

운을 좋게 하기 위해서는 먼저 목소리부터 좋게 만들어야 한다.

인상을 보는 경우에도 목소리와 그 사람의 얼굴을 항상 비교 검토하여 상호관계를 연구한다.

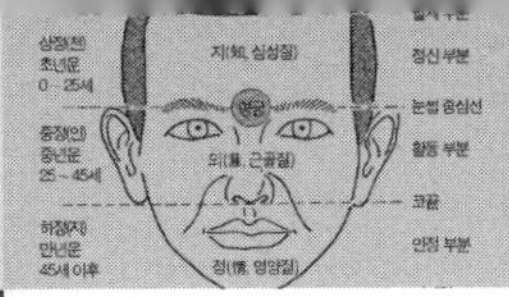

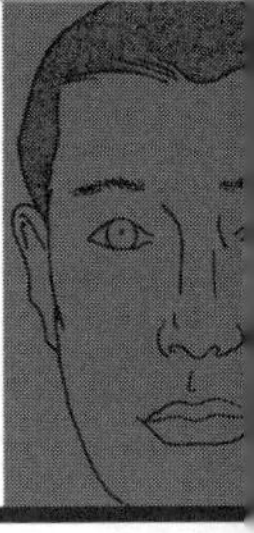

삼정론

— 얼굴의 삼등분

사람의 얼굴을 눈썹과 코끝을 경계로 대략 삼등분하여 보는 것을 '삼정론(三停論)'이라고 한다.

눈썹 위를 '상정(초년운)', 눈썹과 코끝 사이를 '중정(중년운)', 코끝에서 턱까지를 '하정(만년운)'이라고 하며, 삼정론으로 인간관계 등을 판단한다.

삼정의 구분과 역할

» 상정

이마 위의 머리카락이 나기 시작하는 발제 부분에서 명궁(命宮)의 가운데까지가 상정이다. 사람의 얼굴을 잘 보면 코가 시작되는 부분에 조금 우묵하게 들어간 곳이 있는데 인상학에서는 이것을 '산근(山根)'이라 하며, 그 윗부분을 '명궁'이라고 한다. 바로 눈썹머리가 있는 위치이기 때문에 상정을 머리카락이 나기 시작하는 발제 부분에서 눈썹까지로 설명한 책도 있지만, 눈썹에는 올라간 눈썹, 밑으로 처친 눈썹이 있어서 판단이 달라진다. 정확히는 명궁의 한가운데까지이다.

명궁 자체도 삼정론과 관계가 있는데, 이 책에서는 삼정론에서의 명궁의 역할 때문에 '풀'이라고 한다(p.48 참조).

● 상정의 의미

상정은 타고난 운 · 지력 · 지능을 나타내는 곳으로, 예를 들면 순간적으로 아이디어가 떠올라서 설계도를 작성하는 부분이다. 또한, 조상이나 부모로부터의 은혜, 윗사람으로부터 후원을 받는 안테나 역할도 한다.

이마가 잘 생기고 크고 높을수록 아이디어도 좋아서 훌륭한 설계도를 만들 수 있으며, 안테나에서 받아들인 여러 은혜나 재산을 아무런 장애 없이 명궁(풀)으로 보낼 수 있다.

삼정을 얼굴의 각 기관으로 세분화해보면 상정은 이마와 눈썹, 중정은 눈과 코와 귀, 하정은 입이다. 이들 각 기관은 다음 장에서 설명할 텐데, 삼정론은 눈 · 코 · 입 등 각 부분을 점칠 때도 기본이 된다.

>> 풀

상정과 중정의 경계이며 눈썹과 눈썹 사이로 앞에서 말한 명궁에 해당하는 부분이다. 0～25세까지의 초년운을 본다. 상정에서 흘러들어온 조상이나 부모 · 윗사람으로부터 받는 다양한 은혜와 재산을 쌓아두는 곳이기도 하다. 그래서 이 부분을 '풀'이라고 한다. 풀은 깨끗하고 색이 아름다워야 이상적이다. 그 사람의 내면의 수행이 그대로 드러나는 부분으로 평소에 이 부분을 마사지해 두는 것도 외부로부터의 개운법 중 하나이다.

삼정의 구분

상정과 중정의 경계를 정하는 방법

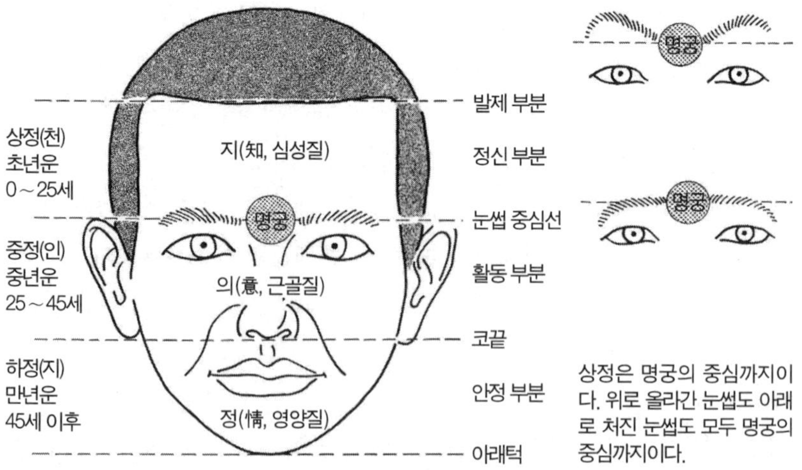

상정은 명궁의 중심까지이다. 위로 올라간 눈썹도 아래로 처진 눈썹도 모두 명궁의 중심까지이다.

중정

풀(명궁)의 아래에서 코 끝까지의 중앙부분을 가리키며, 25～45세까지의 중년운을 본다.

예를 들어, 상정에서 만들어진 설계도를 보며 풀에서 받은 은혜와 재산을 활용하여 소재를 가공하거나 제품화 하는 부분이라고 할 수 있다. 가공이나 제품화는 스스로 하는 것이므로 이 부분은 실행력과 의지력을 나타낸다.

운세에서는 자신을 중심으로 하여 수평적인 관계, 즉 부부관계나 사회관계를 본다. 또한, 현재의 건강상태 등도 본다.

하정

코 아래부터 턱 끝까지의 부분이다. 45세 이후의 만년운을 본다. 선천적인 운세와 후천적인 운세가 집대성된 곳으로 애정운 · 주거운 · 부하운 등을 본다.

비유를 하자면, 완성된 제품을 판매하여 그 성과를 보는 곳이다.

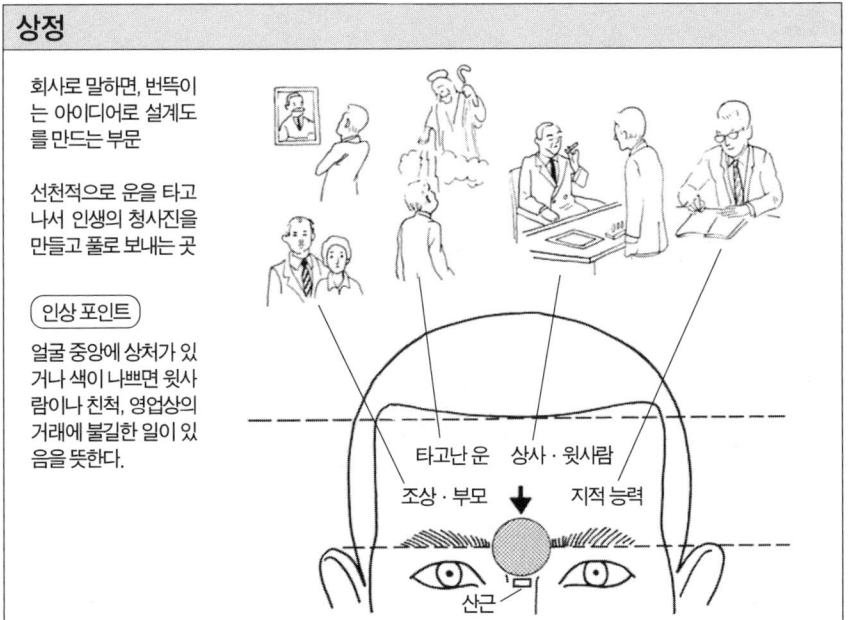

상정

회사로 말하면, 번뜩이는 아이디어로 설계도를 만드는 부문

선천적으로 운을 타고 나서 인생의 청사진을 만들고 풀로 보내는 곳

(인상 포인트)

얼굴 중앙에 상처가 있거나 색이 나쁘면 윗사람이나 친척, 영업상의 거래에 불길한 일이 있음을 뜻한다.

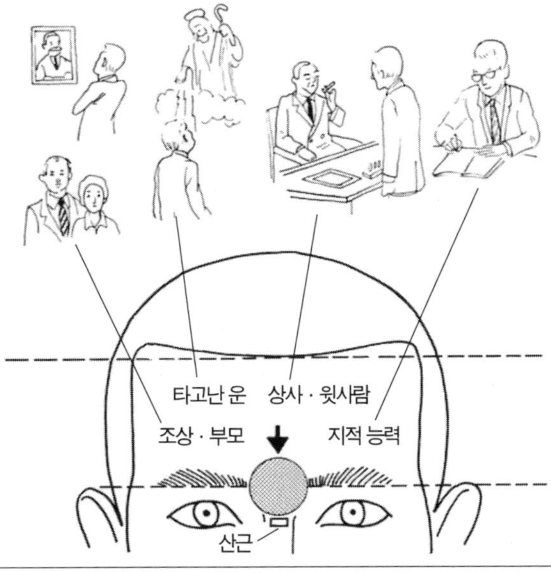

삼정을 보는 방법

» 얼굴폭

① 볼에 살이 없는 사람

볼에 살이 없는 얼굴은 하정이 작아 보인다. 하정이 나타내는 애정운이 약한 상으로, 마음에 여유가 생기면 볼에 살이 올라서 만년이 안정되고 가정운도 좋아진다. 위장도 약해지기 쉽다. 살이 찌면 건강해진다.

② 얼굴이 넓은 사람과 살찐 사람

볼에 살이 있는 사람과 얼굴폭이 넓은 사람(p.52의 〈얼굴폭의 차이〉 그림 참조)은 정면 얼굴에서 흉한 부분을 돕는 보조운이 있는 사람이다.

주택운 · 가정운 · 자손운이 모두 좋으며 안정된 만년을 보낸다.

» 얼굴형

삼정의 길이가 같은 사람은 초년 · 중년 · 만년의 평생 운세가 고르다.

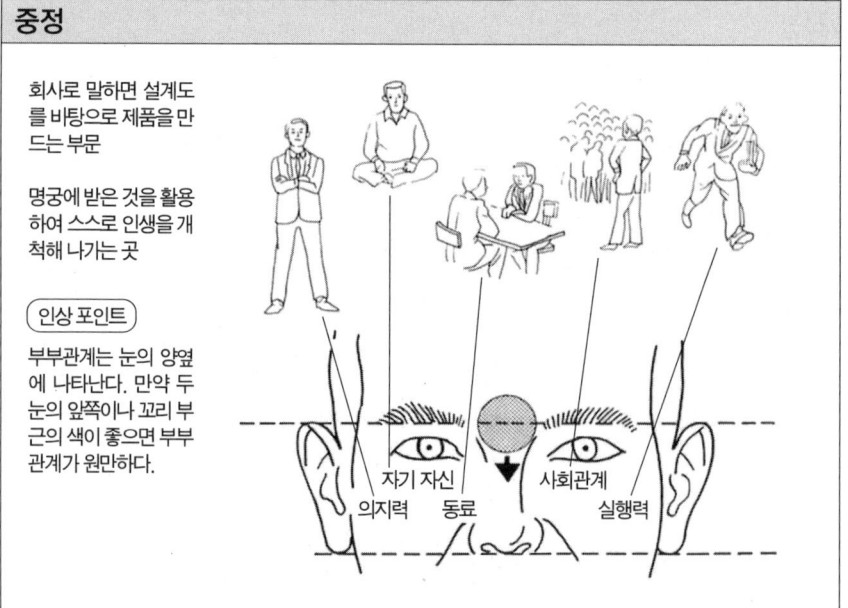

중정

회사로 말하면 설계도를 바탕으로 제품을 만드는 부문

명궁에 받은 것을 활용하여 스스로 인생을 개척해 나가는 곳

(인상 포인트)

부부관계는 눈의 양옆에 나타난다. 만약 두 눈의 앞쪽이나 꼬리 부근의 색이 좋으면 부부관계가 원만하다.

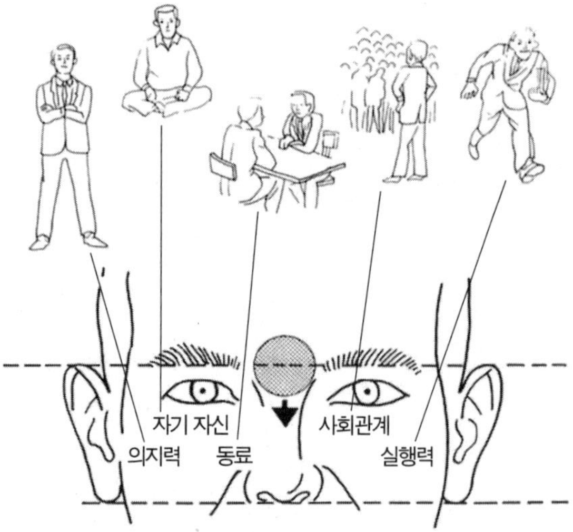

삼정의 길이나 크기가 다르면 그에 따라 운세도 달라진다.

그러나 삼정의 길이가 같은지 다른지와 관계없이 얼굴 전체의 길이나 폭에 따라 운의 강도는 달라진다.

얼굴은 폭이 넓고 길수록, 즉 클수록 운이 강하다. 다시 말해서, 삼정은 길이뿐 아니라 가로폭과 곱한 각 면적의 크기가 중요하다.

① 둥근형

상정 · 중정 · 하정으로 삼등분하면 중정의 면적이 가장 넓다. 즉 중년운이 가장 좋고, 다음으로 만년운이 좋다. 초년운은 조금 약한 것으로 판단한다.

② 사각형

초년 · 중년 · 만년이 모두 같은 면적으로 운도 고른데, 정확히 말하면 초년운이 조금 약하다.

③ 역삼각형

면적은 초년 · 중년 · 만년 순서로 작아진다. 즉, 나이가 들수록 운이 약해지는 것을 의미한다.

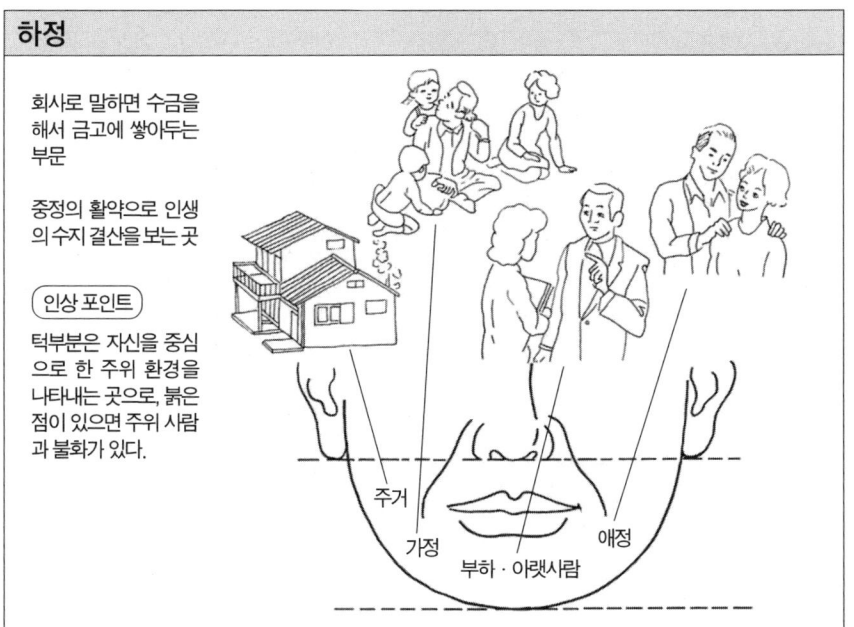

하정

회사로 말하면 수금을 해서 금고에 쌓아두는 부문

중정의 활약으로 인생의 수지 결산을 보는 곳

인상 포인트

턱부분은 자신을 중심으로 한 주위 환경을 나타내는 곳으로, 붉은 점이 있으면 주위 사람과 불화가 있다.

운세를 보는 방법

» 상정이 작은(낮은, 좁은) 사람

① 상정이 낮고 얼굴폭이 좁으며, 중 · 하정의 폭이 같은 얼굴

윗사람으로부터 받은 것이 적고 부모로부터의 덕도 기대하기 힘들며 초년운이 없다.

그러나 중년 이후에는 운이 좋아지고, 생활이나 가정이 모두 안정된다. 상사에게 거스르지 않고 동료나 부하직원을 소중히 하면 성공한다. 여성은 좋은 운이다.

② 상정이 낮고 얼굴폭이 넓으며, 중 · 하정의 폭이 같은 얼굴

삼정의 길이가 같고, 전체적으로 얼굴폭이 넓다

①의 얼굴과 같아 보이지만 이 경우에 상정은 낮아도 이마의 폭이 넓어서, 면적은 상 · 중 · 하정이 조화를 이룬 얼굴이라고 볼 수 있다.

머리가 좋으며 특히 실무에 잘 맞는다. 여러 상사들의 도움으로 초년부터 중년 초반에 출세 코스에 들어설 수 있다.

얼굴폭의 차이

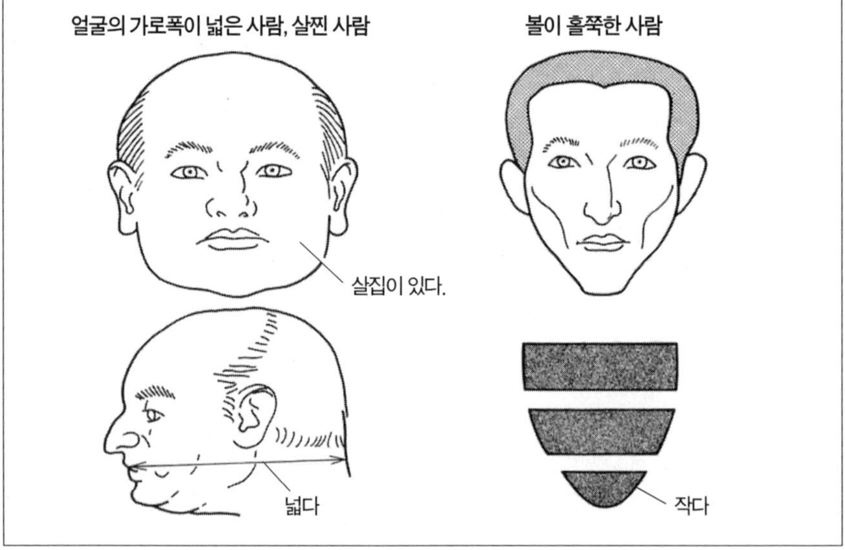

초년 · 중년 · 만년의 운세가 모두 좋다.

여성은 머리가 좋아서 오히려 손해를 보는 경우도 있지만, 가정에서는 수단이 좋아서 학부모 모임의 임원 등으로 능력을 발휘하는 유형이다.

③ 상 · 하정이 모두 작고, 중정이 큰 사람

윗사람의 도움은 그다지 기대하기 어렵지만, 중년에 크게 성장하는 유형이다.

인간관계의 폭도 넓고 무슨 일에나 적극적이므로 성공한다.

그러나 만년의 운은 약하므로 중년에 재물을 모으는 데 힘써야 한다.

④ 상 · 중정이 모두 작고, 하정이 큰 사람

윗사람이나 부모로부터의 덕이 적고 소극적이며, 다른 사람의 말에 좌우되는 경향이 있다.

중년까지는 출세하지 못하지만, 만년이 되면 공경하고 사랑하는 천성이 발휘되어 운이 열린다.

열심히 일하고 가정을 중시하면 만년을 좋게 보낼 수 있다.

여성은 인덕이 있고 자손의 덕을 보며 행복한 가정을 꾸린다.

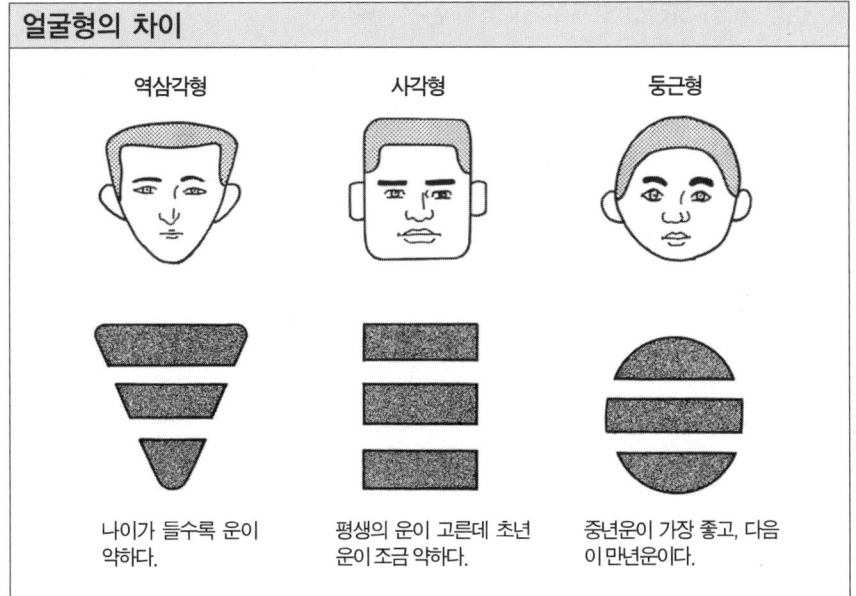

얼굴형의 차이

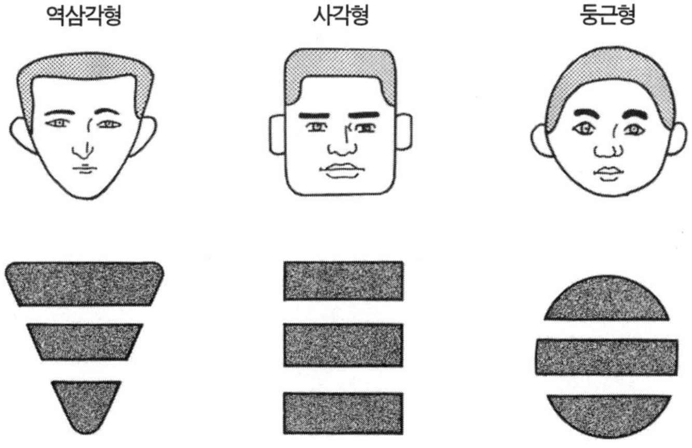

나이가 들수록 운이 약하다.

평생의 운이 고른데 초년운이 조금 약하다.

중년운이 가장 좋고, 다음이 만년운이다.

>> 상정이 큰(높은, 넓은) 사람

① 상정이 높고, 중 · 하정이 같은 사람

부모에게 좋은 성질을 이어받고 윗사람의 도움도 있다. 또한 노력을 많이 하고 사물에 대한 판단력이 뛰어나다. 이렇게 좋은 초년운이 중년과 만년으로 계속 이어진다.

여성도 적당히 좋은 운세로 평생 행복한 인생을 산다.

② 상 · 중정이 모두 크고, 하정이 작은 사람

적극적인 성격에 탁월한 지적 능력과 지식이 더해져서 성공한다.

초년과 중년의 운이 모두 좋지만, 가정적으로는 그다지 좋은 운이 아니며 만년운이 좋지 않다.

여성은 일에 있어서 유능한데, 여장부 같은 면이 있고 정이 별로 없다.

③ 상 · 하정이 모두 크고, 중정이 작은 사람

머리가 좋고 사람과의 교제도 뛰어나다.

초년과 만년은 좋지만, 실행력이 부족하기 때문에 중년운이 별로 좋지 않다.

여성은 머리도 좋고 성질도 좋지만 능력이 제대로 발휘되지 못하는 부분이 있다. 그러나 자식의 덕을 본다.

④ 상 · 중 · 하정이 모두 같고, 폭이 좁은 사람

생각이 얕고 윗사람의 도움이 있어도 따라가지 못한다.

그러나 평생의 운이 고르며 특정 상사에게 사랑을 받는 경향이 있다. 여성은 잘 따지지 않는 성격으로 사람들에게 호감을 사고 가정적으로도 원만하다. 남성은 그다지 좋은 상이라고 할 수 없지만 여성의 경우는 좋은 상이다.

상정이 큰(높은, 넓은) 사람

상 · 하정이 크고 중정이 작다

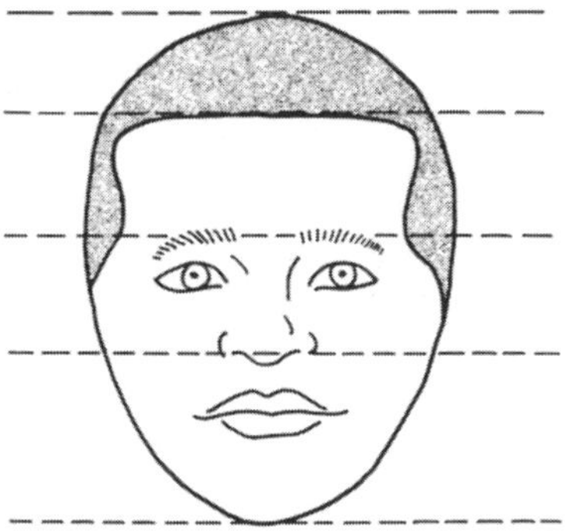

초년 · 만년운은 좋지만 중년운은 좋지 않다.

상정이 높고 중 · 하정이 같다

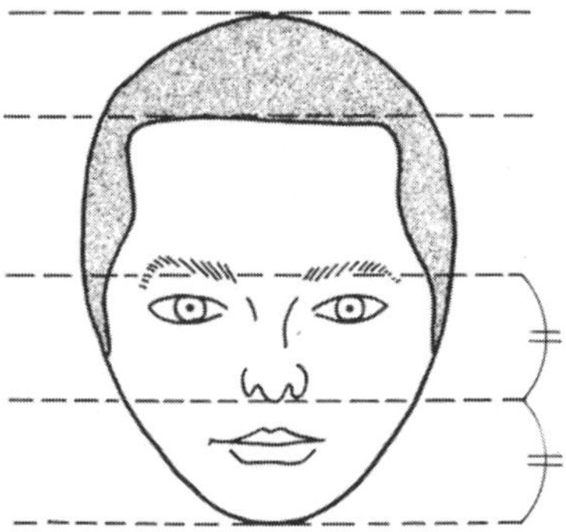

초년운이 좋고 중년 · 만년에도 좋은 운이 계속된다.

상 · 중 · 하정이 같고 폭이 좁다

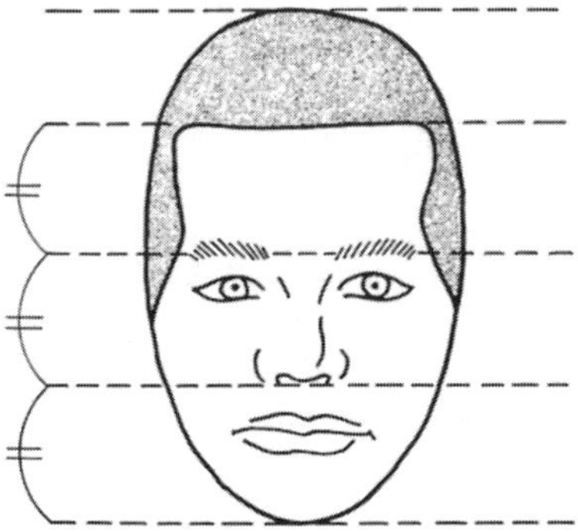

운세가 고르지만 생각이 얕다.

상 · 중정이 모두 크고 하정이 작다

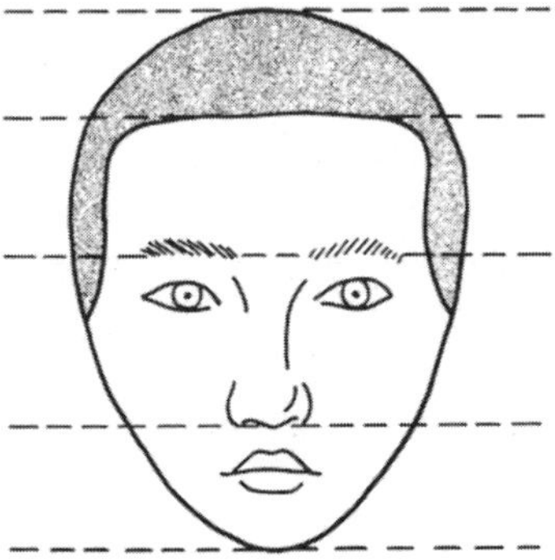

초년과 중년운은 좋지만 만년운은 좋지 않다.

상정이 작은(낮은, 좁은) 사람

상 · 하정이 모두 작고 중정이 크다

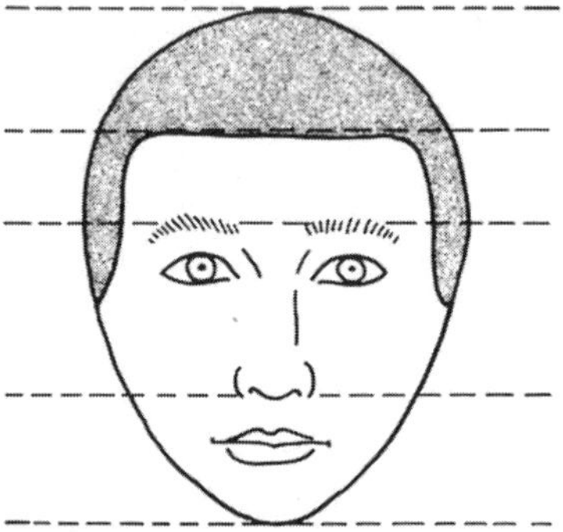

중년에 운이 좋아지지만 만년운이 약하다.

상정이 낮고 얼굴폭이 좁으며
중 · 하정의 길이가 같다

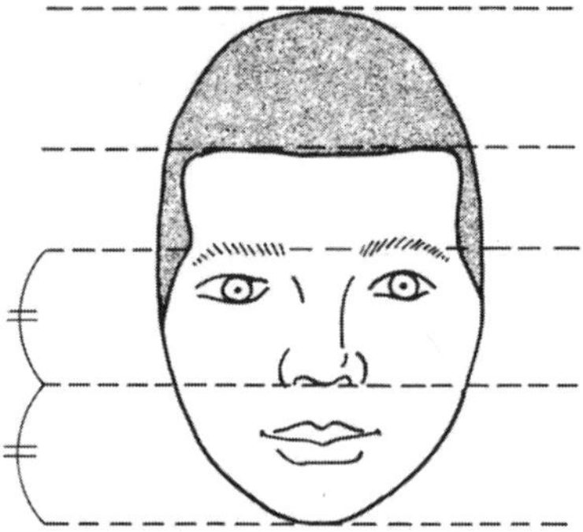

초년운은 나쁘지만 중년 이후에는 안정된다.

상 · 중정이 모두 작고 하정이 크다

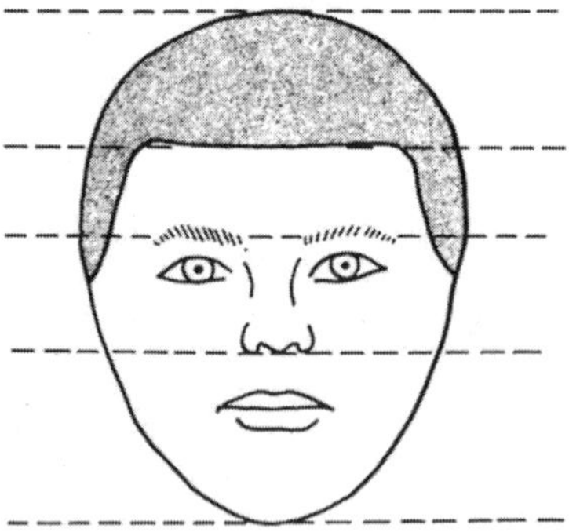

초년 · 중년은 나쁘지만 만년에는 운이 열린다.

상정이 낮고 얼굴폭이 넓으며
중 · 하정의 길이가 같다

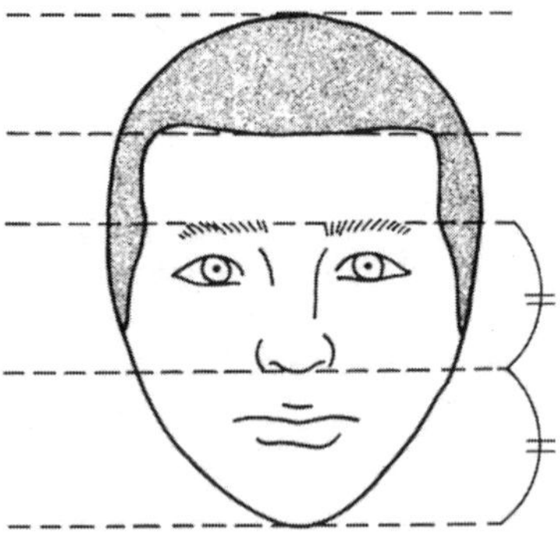

초년 · 중년 · 만년의 운세가 모두 좋다.

삼맥법(三脈法)

∷ 인상이 알려주는 위험 예지법

1995년 1월17일 오전 5시46분에 발생한 관서대지진의 희생자는 5천 명 이상이다. 그 72년 전인 1923년 9월 1일의 관동대지진도 대참사였다.

그래서 지진을 예지하기 위한 다양한 연구가 이루어지고 있는데, 지진이 일어난 후에 "그것은 지진의 전조였다." "많은 학자가 예측했다." 고 말을 해도 실제로 재난이 발생하기 전에 알려서 피난으로 이어지지 않으면 예지라고 할 수 없다.

과학지식이 부족했던 아주 오랜 옛날부터 사람들은 지혜를 짜서 자연을 관찰하고, 다가오는 위험을 사전에 감지하는 기술을 찾았다. 감(感)이나 전설 · 속담 그리고 인상점에도 위험을 예지하는 방법이 전해진다.

에도 시대 말기의 가에이(嘉永) 6년(1853년) 2월 간토우[關東] 일대, 도호쿠[東北] 지방, 가나자와[金澤] 지방 일대에 대지진이 발생하여 수많은 사상자가 나오고 가옥이 파괴되었다. 역성(易聖)으로 불리던 다카시마 가에몬[高島嘉右衛門]도 젊은 날에 그 재난을 겪었다.

여진이 계속되는 가운데 당시 유명한 인상가였던 조원제(朝元齊) · 야마구치 치에[山口千枝]가 '삼맥법' 으로 재난을 피했다는 말이 널리 퍼져 나갔다. 그래서 사람들은 흔들림이 느껴지면 허겁지겁 밖으로 뛰쳐나가 맥을 찾았다고 한다. 이 방법은 조원제가 처음 주창한 것이 아니라 옛날부터 전해 내려온 것인데, 지진을 계기로 재인식되며 유행하였다. 방법은 다음과 같다.

① 먼저 오른손을 앞으로 내밀고, 왼손으로 오른쪽 손목의 맥을 짚는다.

② 그 상태에서 오른손의 엄지손가락과 둘째손가락을 벌려서 자신의 경동맥에 대고 맥을 짚는다.

즉, 오른쪽 손목의 맥과 좌우 경동맥 등 세 개의 동맥이 동시에 뛰는 것이 정상인데, 맥이 불규칙하게 뛰면 사람의 목숨과 관련이 있는 위험이 코앞에 닥쳤음을 알린다. 이것을 '삼맥법' 또는 '삼맥 짚기' 라고 한다.

위험을 아는 또 다른 방법으로 '소변법' 이 전해진다. 어떤 불안을 감지했을 때, 또는 새로운 일이나 색다른 일을 하려고 할 때 소변을 본 후 거품이 생기는지 본다.

그래서 거품이 있으면 아무 일도 없으나, 거품이 일지 않으면 신변에 위험이 닥쳐오고 있다고 예측하여 주의한다.

위와 같은 두 가지 방법이 예로부터 예지법으로 이용되어 왔다. 갑자기 재해가 닥쳤을 때 바로 맥을 짚기는 어렵지만, 평소에 불안할 때 자연스럽게 손으로 맥을 짚는 습관을 들이면 위험에 냉정하게 대처할 수 있다.

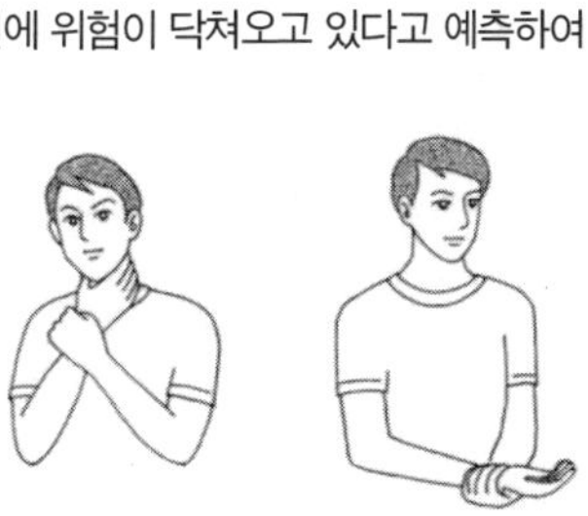

Column

운명학이란

Column

암이 온몸으로 전이되어 의사에게 3개월 이상 살기 힘들다는 선고를 받은 사람이 상담을 하러 찾아왔다.

의사는 대장암만이라도 제거하면 나중에 항암제로 치료할 수 있을지도 모른다고 하였고, 또한 지인이 영능자를 소개해줘서 물어보았는데 도와줄테니 자신에게 맡기라고 하였다는 것이다.

상담자는 "선생님의 말씀에 따라 수술 여부를 결정할 것입니다." 하였다.

그래서 주역을 보고 "수술을 하면 몇 년은 더 살 수 있습니다. 또한 영능자에게 맡겨도 몇 년은 더 사십니다. 어떤 선택을 해도 결과는 같지요. 어느 쪽을 선택하느냐는 당신의 몫입니다. 마음을 편하게 갖고 안정을 취하면서 생각해보십시오. 예순다섯이면 아직 젊습니다. 통증을 생각하지 않더라도 신앙에 의지하는 것이 마음이 편하지 않을까요?" 라고 대답하였다.

상담자는 그 뒤 무리를 해서 퇴원하여 영능자의 말을 따랐다.

얼마 뒤 그로부터 전화가 걸려왔다.

"밥도 넘길 수 없었는데 몰라보게 좋아져서 수술을 안 하기를 정말 잘했다는 생각이 듭니다."

나는 "아프시지 않다니 정말 다행이군요." 라고 대답했다. 그 사람은 입원하지 않고 자택에서 요양하면서 지금도 잘 살고 있다.

이처럼 생사가 걸린 막다른 상황에서 잘못 판단하여, 가령 수술을 해서 사망했다고 해도 그것이 옳았다고 생각하는 경우가 있다.

자신의 판단에 후회가 없도록 다양한 종류의 점학을 익혀두면 후회하는 일 따위는 없을 것이다. 운명학을 배우는 사람은 상담자의 인생이나 생명을 좌우할 수 있기 때문에 잘못된 대답을 하면 안 된다. 여러 종류의 점학을 잘 알면 한 가지로만 점을 쳐서 단정하지 않고 다양한 방법으로 볼 수 있다.

점(占)은 양날의 칼이므로 부주의하여 상대를 다치게 하거나 가장 밑바닥으로 떨어뜨리는 일이 있어서는 안 된다.

인감을 보고 "남편 분은 이 인감으로는 실패합니다." 와 같은 말은 신중히 하고, 가능하면 힘을 줄 수 있는 말을 한다.

그러면 점은 양날의 칼이 아니라 활생검이 될 것이다.

점술가에게 "앞으로 몇 개월밖에 못 산다." 는 말을 듣고 스스로 목숨을 끊은 기사가 신문에 실린 적이 있다. 이렇듯 점술가의 말은 한마디 한마디가 상대에게 크게 영향을 미친다는 것을 반드시 명심한다.

부위별 인상

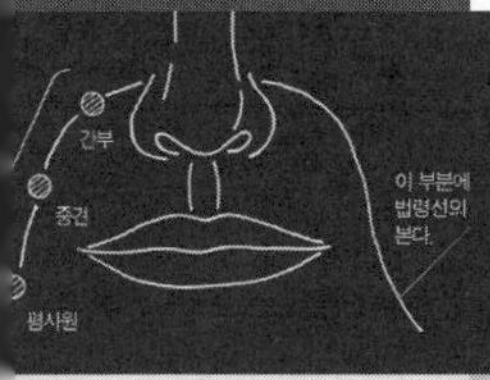

이마 / 눈썹 / 눈 / 코 / 인중 / 입 / 법령 / 광대뼈(관골) / 볼 / 아래턱 / 귀

Part 2

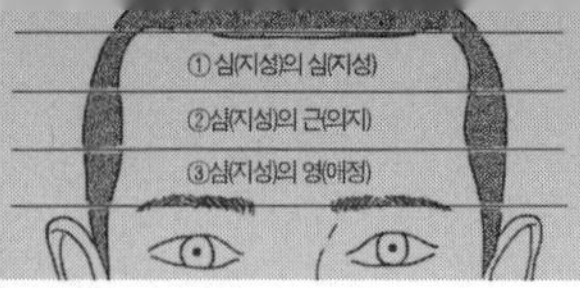

이마

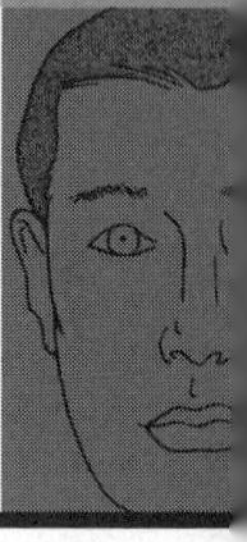

인상학에서는 얼굴의 각 부분인 눈썹 · 눈 · 코 · 입 · 귀를 통틀어서 '오관'이라고 한다. 오관은 인상을 볼 때 핵심이 된다.

이 장에서는 앞에서 설명한 삼형질론과 삼정론을 기본으로 하여 오관 이외에 이마 · 볼 · 턱 등의 각 부위를 차례로 설명한다.

이마 길이의 표준

이마는 앞 장에서 설명하였듯이 '상정'에 해당한다. 기준은 머리카락이 나는 발제 부분부터 턱까지 길이의 $\frac{1}{3}$ 이다. 또한, 둘째손가락부터 넷째손가락까지 세 개의 손가락이 딱 맞게 들어가는 길이, 또는 가운뎃손가락 끝에서 제2관절까지의 길이가 표준이다(p.15의 〈형태 비례 1〉 그림 참조).

발제 부분의 남녀 차이

'남자 이마', '여자 이마'란 말이 있는데, 이것은 이마 위쪽의 머리카락이 나는 발제 부분의 모양이 남성과 여성이 다르기 때문에 나온 말이다. 실제로 그 차이가 확실해서 인상학에서 말하는 '현무(玄武)'가 나오느냐 안 나오느냐에 따라 여성적인지 남성적인지 판단할 수 있다.

남성 이마와 여성 이마의 분명한 차이는, 먼저 여성의 이마는 발제 부분이 완만한 곡선 모양이고, 남성의 이마에는 반드시 현무가 나온다.

남성인데 이마에 현무가 없으면 활달하지 않고 지능도 낮다. 이에 반해 여성인데 현무가 있으면 남성보다 뛰어나고 지능도 높으며, 실행형이고 추리능력이 있다. 여성 실업가들 중에 이런 이마가 많다.

발제 모양의 남녀 차이

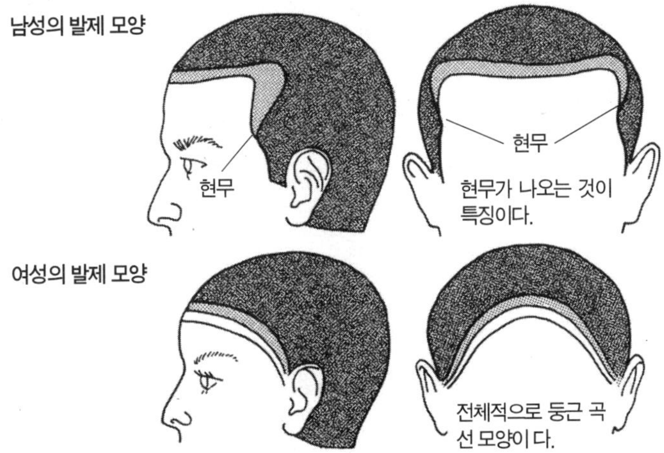

삼형질의 발제 모양

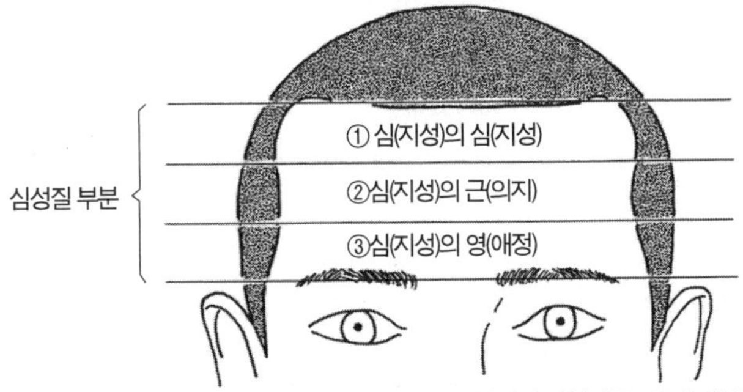

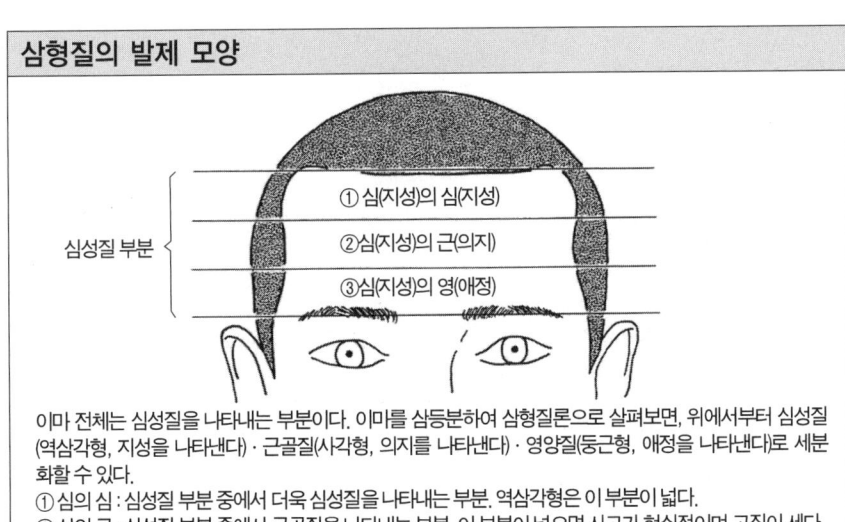

이마 전체는 심성질을 나타내는 부분이다. 이마를 삼등분하여 삼형질론으로 살펴보면, 위에서부터 심성질(역삼각형, 지성을 나타낸다) · 근골질(사각형, 의지를 나타낸다) · 영양질(둥근형, 애정을 나타낸다)로 세분화할 수 있다.

① 심의 심 : 심성질 부분 중에서 더욱 심성질을 나타내는 부분. 역삼각형은 이 부분이 넓다.
② 심의 근 : 심성질 부분 중에서 근골질을 나타내는 부분. 이 부분이 넓으면 사고가 현실적이며 고집이 세다.
③ 심의 영 : 심성질 부분 중에서 영양질을 나타내는 부분. 이 부분이 넓으면 감정적 · 여성적이다.

이마 부분의 삼형질론 1

윗부분이 나온 사람
도덕적이며 신앙심이 깊다. 또한 비교 능력, 경기나 거래 상황을 예측하는 능력 등 논리적인 재능을 갖고 있다.

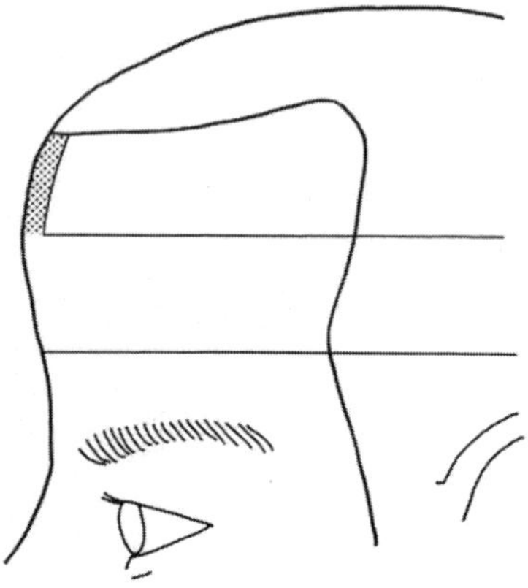

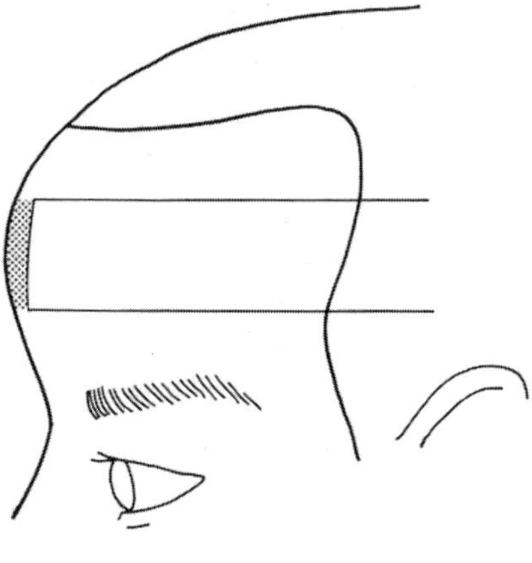

가운뎃부분이 나온 사람
철학적. 운이 강하며 성공할 가능성이 높다. 추리력 · 상식 · 기억력이 뛰어나다.

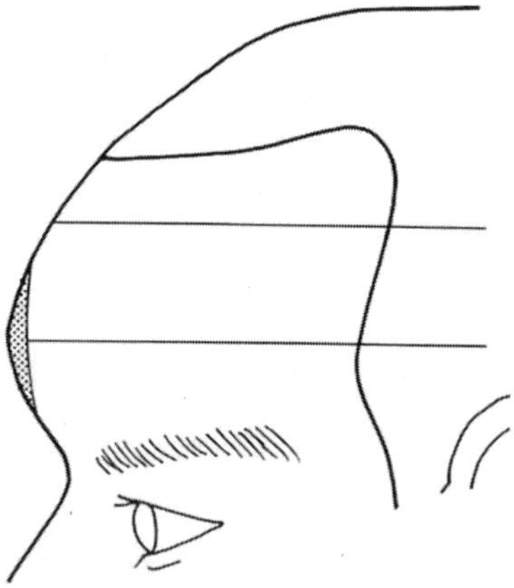

아랫부분이 나온 사람
예술적. 원하는 것을 스스로 노력하여 달성하는 노력형이다. 지각 능력과 관찰력이 뛰어나고 기능도 우수하다.

이마 부분의 삼형질론 2

사각형

발제 부분이 가로로 일직선이다.

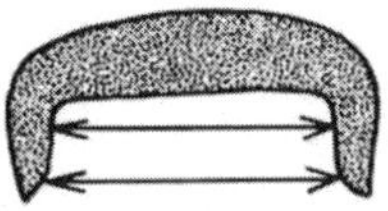

위 · 아래쪽이 거의 같은 길이이다.

역삼각형

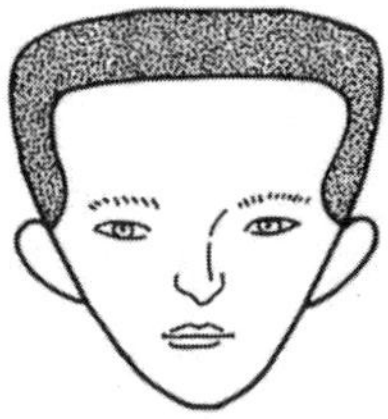

이마의 양끝이 넓다.

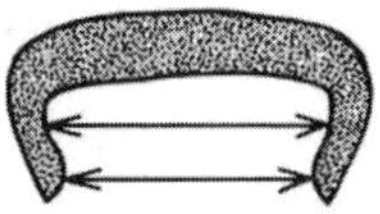

위쪽이 넓고, 아래쪽으로 갈수록 좁아진다.

둥근형

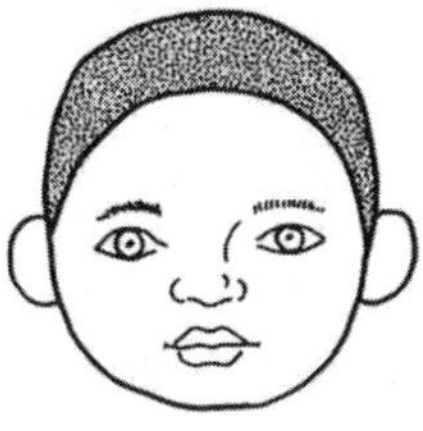

이마가 둥글고 완만한 곡선 모양이다.

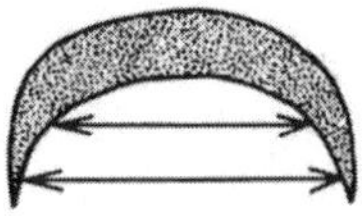

위쪽이 좁고, 아래쪽으로 갈수록 넓어진다.

선골

이마의 양끝을 선골이라 하며, 영적인 면을 본다. 상상력이나 공상 · 사색 등의 재능을 나타낸다.

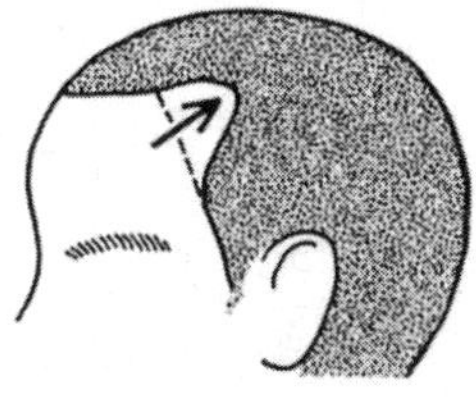

화살표처럼 선골이 벗겨져 올라가 있는 사람은 영적인 면이 발달해 있어 학문을 좋아하므로 그 방향으로 나아가면 좋다. 철학적 · 추상적인 면에 강하다. 이런 이마로 미골이 높으면 영감이 뛰어나다.

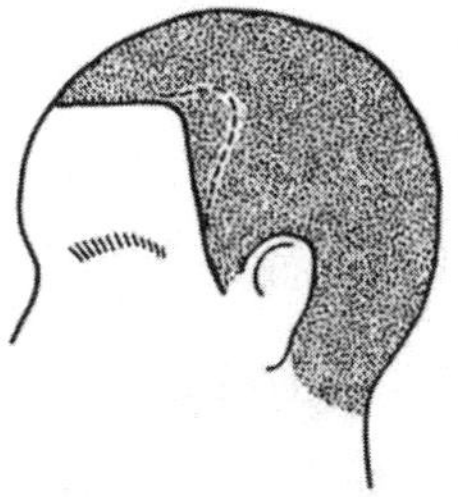

선골이 벗겨져 올라가 있지 않은 사람은 학문적이지 않으며, 만약 학문으로 성공하려면 조사 · 기술 방면이나 수예 등이 좋다.

여성 이마 (1)

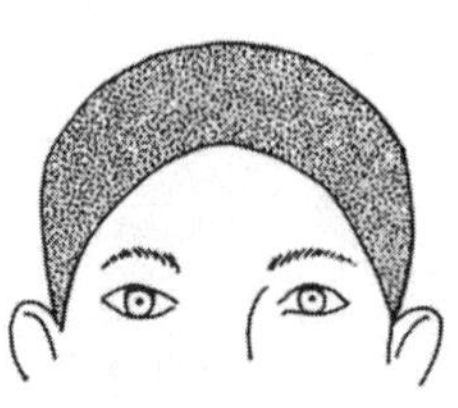

낮고 좁은 이마로 발제 부분이 정확하게 곡선 모양이다. 여성 이마의 기본형으로 직감형이다. 성격은 솔직하고 온순하며, 상냥하고 여성스럽다. 사사건건 따지지 않아 남자에게 인기가 있는데, 의지가 약해서 남자로부터 사랑고백을 받으면 금방 받아들이는 경향이 있다. 또한 분위기에 약하며, 냉정하게 생각하기보다 감정이 먼저 앞선다. 남성의 이마가 이렇다면 사려가 깊지 못하고 쉽게 뜨거워졌다 쉽게 식는 성격이다. 감정에 좌우되는 경우가 많고, 싫증을 잘 느끼기 때문에 일도 중간에 포기해버리는 경향이 있다.

여성 이마 (2)

여성 이마(1)에 비해서 이마폭이 넓고 이마도 조금 높다. 여성의 기본형으로 약간 남성형에 가깝다. 이마가 넓어지면 세상을 보는 눈이 생기고 사교성이 많아진다. 또한 스스로 감정을 조절할 수 있다. 여성적인 장점과 생활력이 조화를 이루는 이마이다. 여성 이마 중에서도 중용을 지키는 이마로, 여성도 적극성이 요구되는 현대사회에서는 이상적인 이마라고 할 수 있다.

여성 이마 (3)

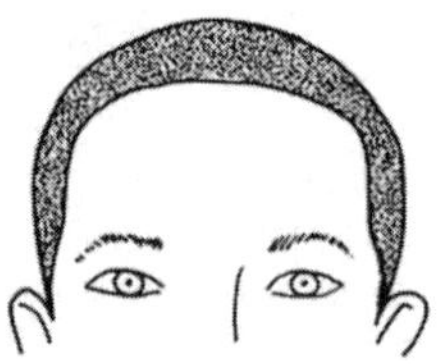

여성 이마(2)보다 더 남성형에 가까우며 여성형의 한계이다. 옆에서 봐도 짱구형이다. 이지적으로 보이며, 실제로도 현명하고 총명하다. 생각이 깊고 신중해서 실패도 적다. 남자와의 교제에서도 대등한 관계이며 화제도 풍부하다. 서로 의견을 교환하는 지적인 교류를 통해 연애관계를 키워 나가며, 또한 그런 파트너를 선택할 능력도 있다. 단, 조금 귀염성이 없고 지적인 교류가 너무 지나치면 여자다움이 없어지므로 주의한다.

남성 이마(1)

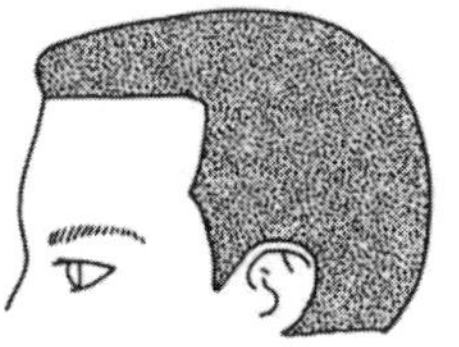

남성 이마의 기본형으로 현실적이다. 옆에서 보면 이마의 위쪽이 수평으로 일직선이고, '현무'가 뚜렷하다. 남성적이고 현실적이며, 일사천리로 일을 처리하는 능력이 탁월하다. 이론형이라기보다 실행형이며, 성격은 적극적이고 밝다. 여성이 이런 이마라면 남성을 능가하는 실행가, 또는 여성 과장 같은 유형이다. 꾸물거리는 것을 싫어하며 생각보다 행동이 앞선다. 남성 이마(2)에 가까워지는 만큼 지적 능력이 높아지고 생각하는 시간도 많아진다.

남성 이마(2)

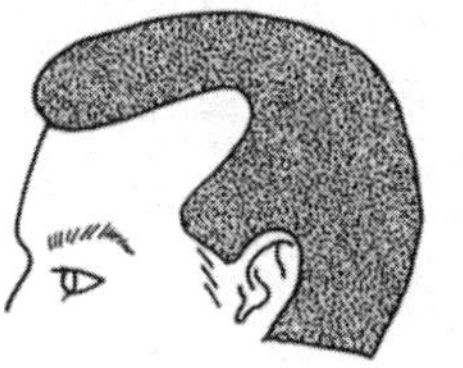

남성 이마의 기본형인 (1)에서 점차 나이가 들며 머리가 벗겨져 올라간 형태이다. 머리가 벗겨져 올라가는 모양이 다양한데, 이 유형이 이상적이다. 현무가 뚜렷하게 나타나면 생각이 깊은 경향이 있는데, 이처럼 머리가 벗겨지는 것은 나이를 먹으면서 사려가 깊어지고 경솔한 행동을 자제하기 때문이다. 머리가 비상하고 독창성이 있으며 재능도 충분히 꽃을 피운다. 반면에 따지기 좋아하는 것이 단점으로, 지나치면 성격이 비뚤어지기 쉽고 사람들이 꺼려한다. 여성에게서는 거의 찾아볼 수 없는 유형이다.

M자 이마(1)

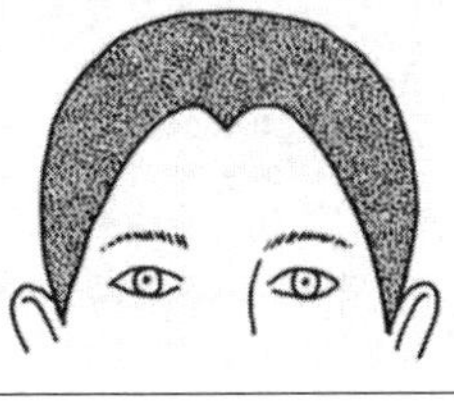

이마 위쪽의 머리카락이 나는 발제 부분이 M자 모양이다. 일반적으로 M자 이마를 가진 여성은 지성보다 감정이 우선하는 애정 우선형이 많다고 하는데, 이는 이마의 위쪽이 좁아서 지성을 나타내는 부분을 가리기 때문이다. 그림처럼 가운데에 머리카락이 처져 있는 이마는 정신적으로 반항심이 생기기 쉽다. 저쪽을 보라고 하면 오기를 부리며 언제까지나 보고 있을 유형이다. 그러나 얌전하고 정숙한 아내가 된다.

M자 이마(2)

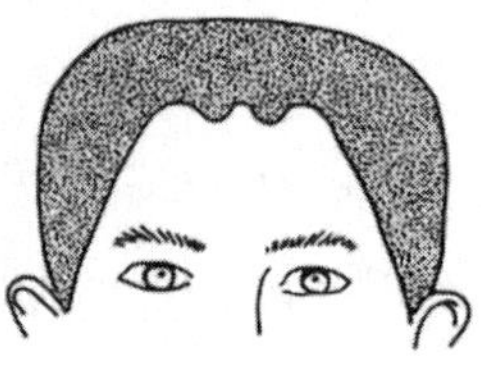

M자 이마(1)에 비해 이마 가운데에 머리카락이 두세 군데 처져 있어서 들쭉날쭉하다. 이마 가운데에 머리카락이 처져 있다는 것은 내적 · 정신적인 저항심을 나타내는데, M자 이마(2)처럼 되면 그 특성이 더 강해진다. 일단 결정하면 고집스럽게 바꾸지 않는 성격이다.

정신적으로 강하다는 특성이 좋은 방향으로 나타나면 어떤 역경에도 좌절하지 않고 열심히 한다.

이마 가운데에 머리카락이 처져 있는 남성 이마(1)

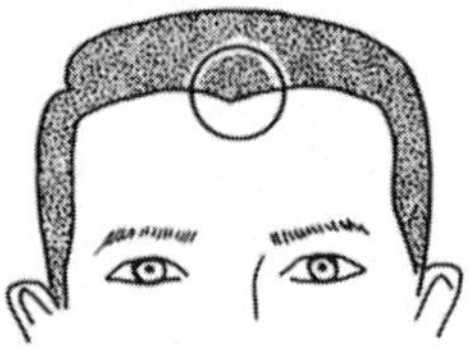

이마 위쪽이 수평에 가까운 남성 이마에서 가운데의 머리카락이 처져 있는 이마이다. 단, 머리카락이 많이 내려와 있는 경우에는 의미가 달라진다. 의지가 강하고 옳다고 생각하는 것은 굽히지 않으며, 일반적으로 완고하다. 어느 의미에서는 반골 기질이 있는 사람이다. 성공형 이마의 하나로, 좋은 방향으로 나타나면 실행력이 다른 성격과 어우러져서 일을 성사시키는 힘이 된다.

지나치게 완고해지지 않도록 주의한다.

이마 가운데에 머리카락이 처져 있는 남성 이마(2)

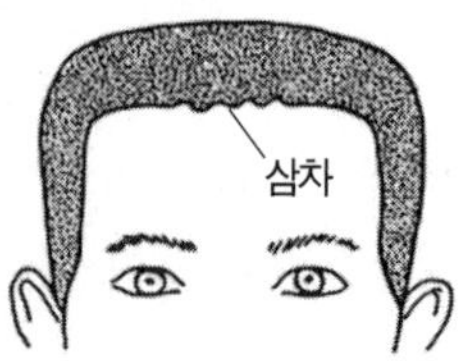

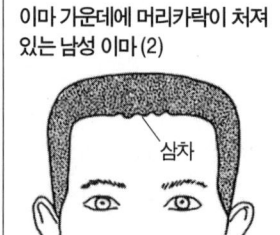

남성 이마에서 가운데가 멧돼지의 이빨처럼 두세 군데가 처져 있는 이마이다. 이런 이마를 인상학에서는 '삼차(參差)' 라고 한다. 산처럼 뾰족한 곳이 많으면 많을수록 반항심이 강하다(윗사람에 대한 반항형). 말을 하면 반드시 반대를 하는 성격으로 말뿐 아니라 행동도 반항적이다. 상대가 윗사람이라도 반드시 반대와 반항을 한다. 고집이 세서 손해를 보기 쉬운 성격이다. 윗사람에 따라 능력이 발휘된다.

발제 부분에 머리카락이
많은 이마

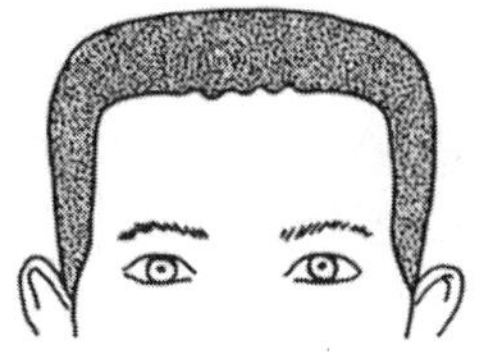

이마 주위에 솜털이 없이 곧바로 머리카락이 많이 나와 있어서 이마와 머리의 경계가 확실하게 구분되는 이마이다. 머리카락이 이렇게 나는 것을 인상학에서는 '머리카락이 나는 발제 부분이 두터운 사람'이라고 한다. 이런 이마를 가진 사람은 전체적으로 운이 약하고 윗사람과도 마음이 잘 통하지 못한다. 그 때문에 윗사람의 도움을 잘 받지 못한다. '남성 이마', '여성 이마'와 관계 없이 모든 모양에 공통적이다. 이런 모양의 이마에 머리카락이 윤기 없는 검은 색이면 운세가 더욱 나쁘다.

머리카락이 중간중간
벗겨진 이마

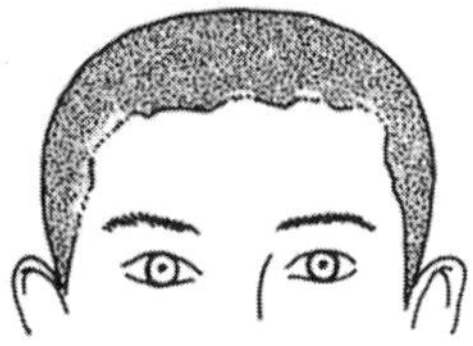

머리카락은 나이를 먹으면 자연스럽게 빠지고 벗겨지기 마련이다. 언제까지나 머리가 벗겨지지 않고 이마 주위가 진한 사람은 운이 열리지 않는다. 자식 덕도 기대할 수 없기 때문에 언제까지나 일을 계속해야 한다. 머리가 벗겨지지 않으므로 젊다고 즐거워할 일이 아니다.

또한 발제 부분의 머리카락이 중간중간 벗겨져 있는 사람은 윗사람과 잘 화합하지 못한다. '반항적인 상'의 하나로 이루지 못할 이상만 좇기 때문에 운세가 약하다.

머리가 벗겨진 이마

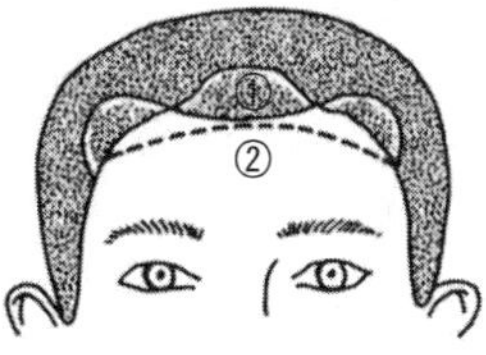

머리가 벗겨진 모양에도 여러 종류가 있다. 이마의 가운데가 벗겨진 ①의 경우 인상학에서는 '비천한 상'이라고 하며, 별로 좋지 않은 대머리형이다. 현실적이지만 사고력이 떨어진다. 이마의 양끝이 벗겨져 올라간 ②의 유형은 남성의 경우 35세 무렵부터 벗겨지기 시작하는데, 그보다 늦게 가운데가 벗겨지는 사람은 운도 좋고 윗사람의 도움을 받는다.

반항적인 얼굴 유형

어떤 모양의 이마나 한가운데가 삼각형으로 처져 있는 사람은 반항적이기 쉽다.

이론적인 반항형으로 마음 속에 담아두고 반항한다.

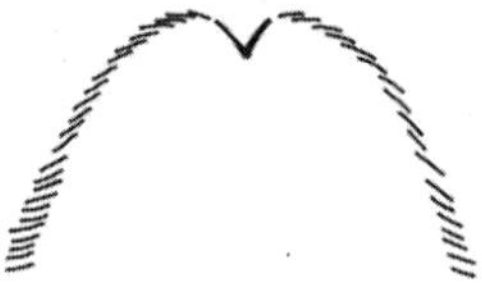

감정적인 반항형으로 아무것도 모르는 상황에서 토라진 사람처럼 반항한다.

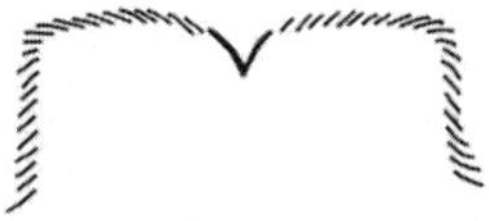

확실하게 '못 한다' 고 반항한다.

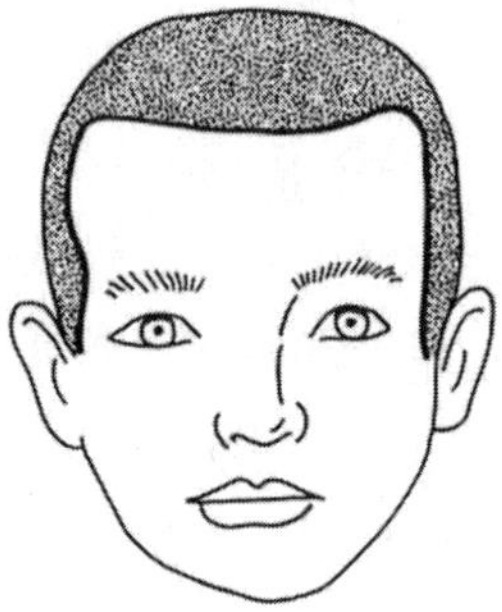

발제 부분의 머리카락이 짙은 사람. 일반적으로 윗사람에게 반항적이며, 특히 어리광을 부리며 자란 사람에게 이런 경향이 강하다.

\+

위와 같이 반항적인 상이 두 개인 사람은 행동뿐만 아니라 말로도 반항한다.

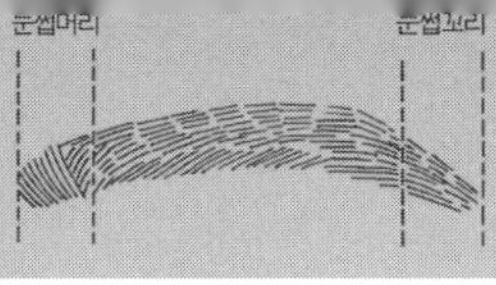

눈썹

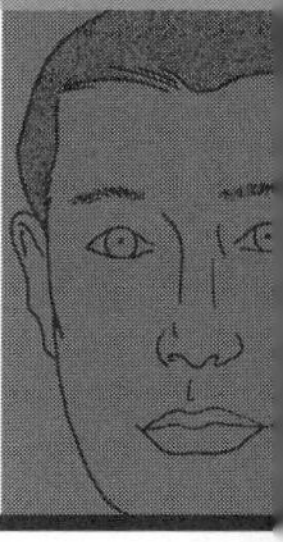

눈썹은 선천적인 유전의 우열과 성격 및 그때 그때의 정신상태를 나타낸다. 또한 형제나 친척과의 인연, 금전운이나 건강운을 본다.

●눈썹의 판단 기준

① 모양 : 선천적인 성격, 후천적인 성격과 운세

② 두께(굵다 · 가늘다) : 선천적 · 후천적 운세 및 성격

③ 색의 농도 : 선천적 · 후천적 건강운과 정신상태

④ 눈썹의 양 : 현재의 성격과 정신상태

⑤ 미궁[眉宮, 미골(眉骨)] : 선천적인 성격과 운세

눈썹의 표준

① 길이

눈보다 조금 길고, 눈썹 앞쪽보다 눈썹꼬리 쪽이 약간 긴 것이 표준이다.

② 두께

보기에 적당한 것이 표준이다. 눈과 얼굴의 모양이나 크기에 준하며, 획일적으로 규정하기는 어렵다.

눈썹은 표준이어야 길하다. 또한 눈썹이 가지런하고 굵기가 적절하며 자연스러운 인상이 길상이다. 길상일수록 형제운과 금전운도 좋고 정감이 풍부한 성격이다.

남녀 눈썹의 차이

남성의 눈썹은 약간 굵고, 여성의 눈썹은 약간 가늘다.

모양을 보면 남성의 눈썹은 완만한 곡선의 직선형이며, 여성의 눈썹은 완전한 곡선 모양이다. 눈썹 모양이 여성적인지 남성적인지도 판단의 기준이 된다.

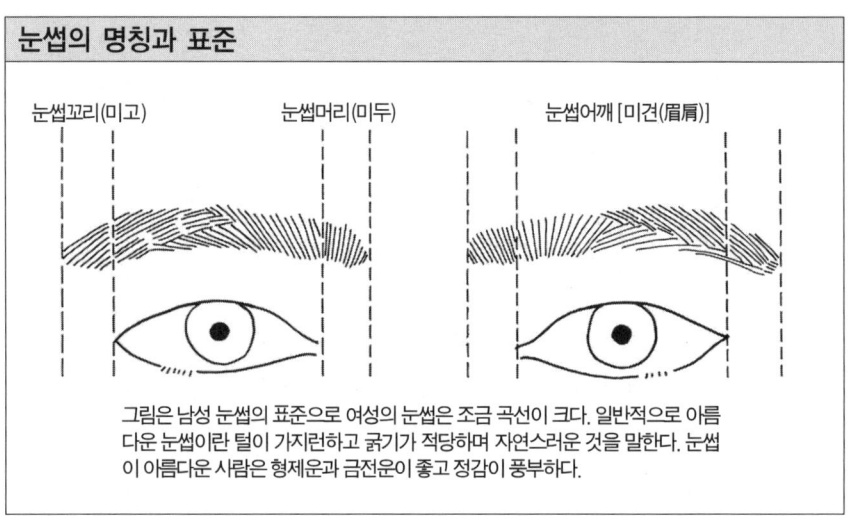

눈썹의 명칭과 표준

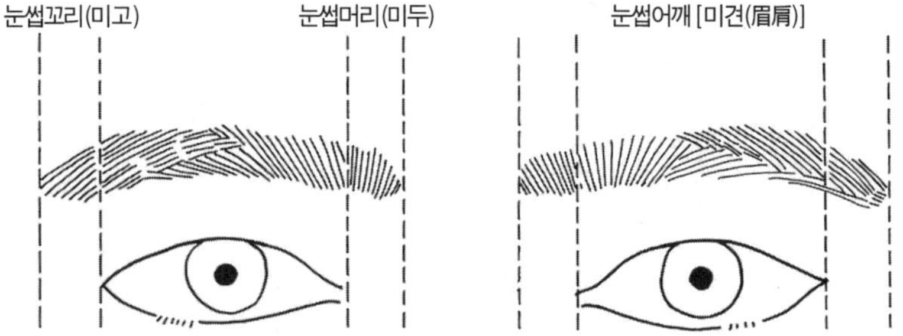

그림은 남성 눈썹의 표준으로 여성의 눈썹은 조금 곡선이 크다. 일반적으로 아름다운 눈썹이란 털이 가지런하고 굵기가 적당하며 자연스러운 것을 말한다. 눈썹이 아름다운 사람은 형제운과 금전운이 좋고 정감이 풍부하다.

눈썹의 굵기와 모양

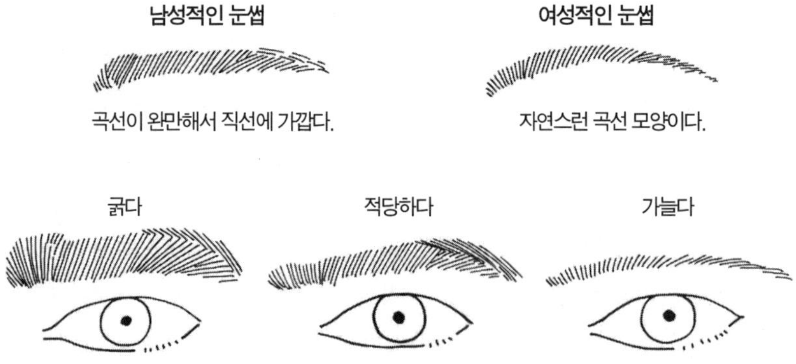

눈썹의 연령별 변화

아이 눈썹

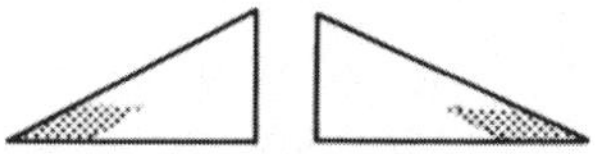

눈썹머리가 굵고, 꼬리 쪽이 직선인 삼각형이다. 눈썹 사이가 좁다.

어른 눈썹

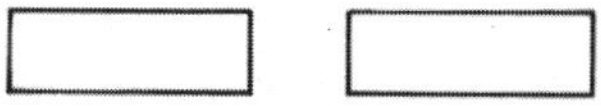

각 부분의 굵기가 고르고 눈썹 사이가 넓다.

노인 눈썹

눈썹꼬리가 굵어지고 머리 쪽이 직선인 삼각형이다. 눈썹 사이가 더 넓어진다.

삼형질의 눈썹

심성질

초승달모양으로 가늘고 부드러우며 옅다. 신경과민이며 변덕이 심하다. 형제운과 금전운이 모두 보통이다.

영양질

반달모양으로 근골질보다도 약간 가늘고, 숱도 많지 않다. 원만하고 온화하며, 형제운과 금전운이 좋다.

근골질

일자형으로 굵고 진하며 억세다. 심지가 굳고 단기간 열중하는 유형이며 용기가 있다. 노력에 의해 사회운이 열린다.

눈썹의 삼형질론 1

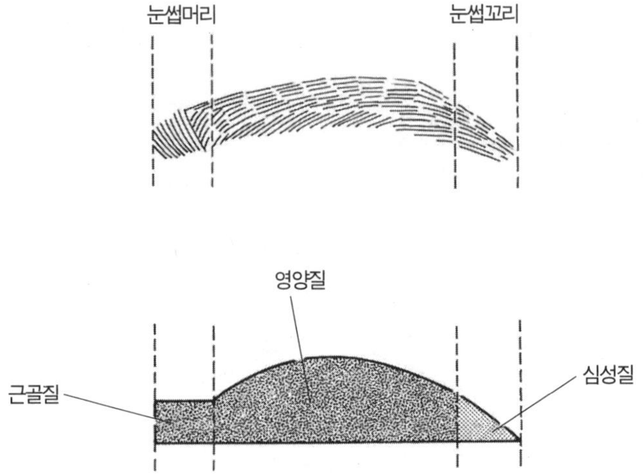

눈썹의 삼형질론 2

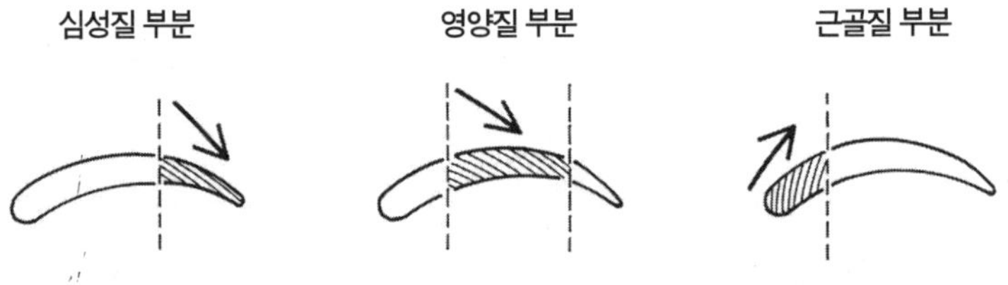

눈썹꼬리. 털이 조금 곡선을 많이 그리며 아래로 흐르고 기세가 약하다. 심성질이 강한 사람의 눈썹은 눈썹꼬리를 그대로 이어놓은 것 같은 초승달모양의 눈썹이다.

눈썹머리와 눈썹꼬리 사이. 털은 완만하게 아래로 흐른다. 영양질이 강한 사람의 눈썹은 이 부분을 좌우로 이은 것 같은 반달모양의 눈썹이다.

눈썹머리. 털이 곤두서고 기세가 있다. 근골질이 강한 사람도 눈썹이 눈썹머리를 그대로 이어놓은 것처럼 일자눈썹이다.

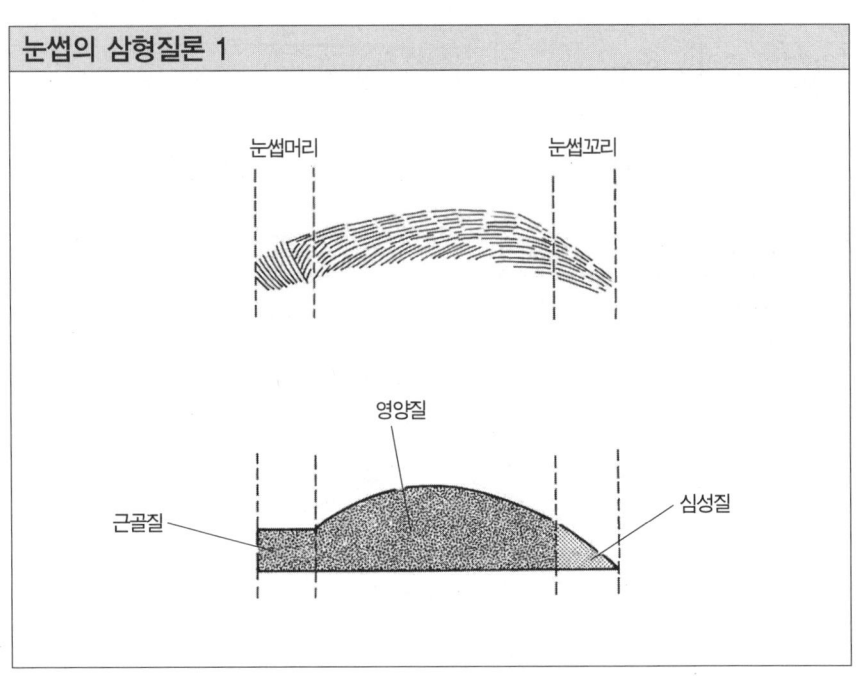

미골의 높이

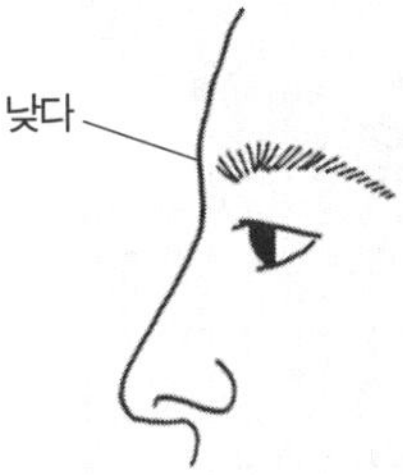

미골이 낮은 사람은 직관력은 떨어지지만 사색적인 면이 강하고 철학적인 것을 좋아한다. 경쟁심이 약하기 때문에 싸움에도 약하다.

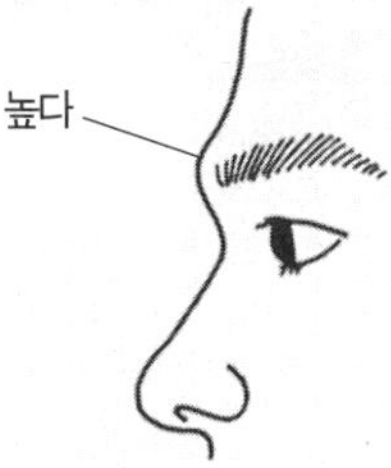

미골이 높은 사람은 용맹하며, 매사에 열심히 하는 유형으로 패배를 모른다. 직관력이 뛰어나며 경리 부문에 강하여 단번에 부정을 간파하는 예리함이 있다. 특히, 미골의 위쪽에 살이 불룩한 사람은 모든 일에 운세가 강하다.

눈썹과 삼정론

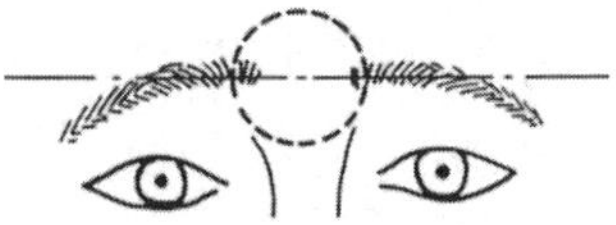

처진 눈썹은 결과적으로 상정이 넓은 것과 같아서 인정이 많다.

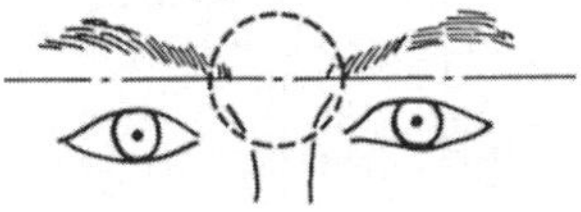

치켜 올라간 눈썹은 결과적으로 상정이 좁은 것과 같아서 인정이 적다.

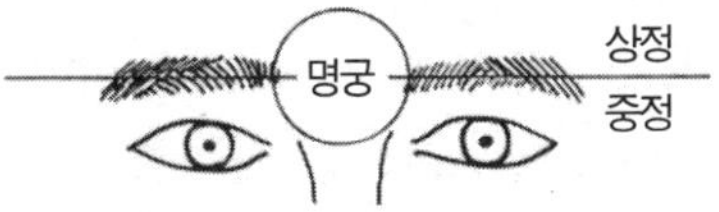

상정과 중정의 경계는 명궁의 중심이며, 표준 눈썹인 경우 경계선이 거의 눈썹의 중심선과 겹친다.

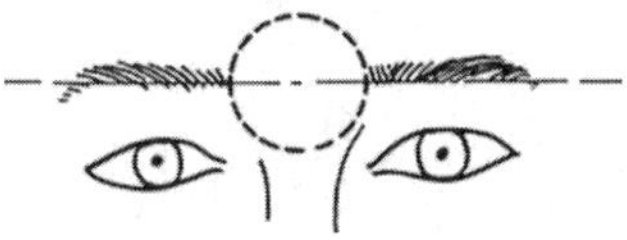

눈썹과 눈 사이가 넓으면 결과적으로 상정이 좁아진다.

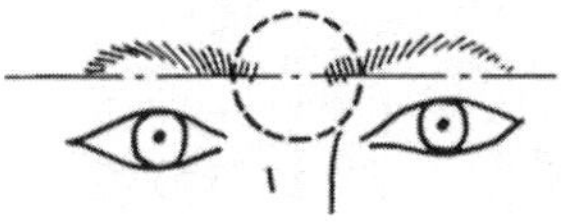

눈썹과 눈 사이가 좁으면 결과적으로 상정이 넓어진다.

굵은 눈썹(1)
굵고 진한 눈썹

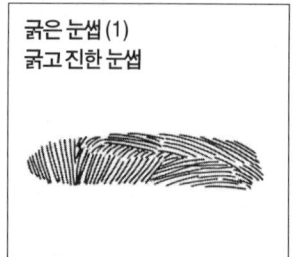

굵은 눈썹은 강한 의지를 나타내는데, 너무 굵은 눈썹은 굳센 기상이 지나쳐서 자기주장이 강해진다.

학구적 · 학문적인 면이 없으며 강인한 유형으로 형제나 친구와도 잘 지내지 못한다. 굵은 눈썹이라도 눈썹이 가지런하고 고르면 일단은 성공한다. 수명은 평균인데, 급사하거나 자다가 갑자기 죽기 쉽다.

40세 전후에 파탄을 겪는다. 질투가 심하고 계산적인 성격이며, 믿음직하지만 세련되지 못하다.

굵은 눈썹(2)
굵고 옅은 눈썹

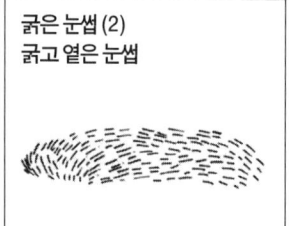

눈썹이 옅으면 굵은 눈썹(1)보다는 형제나 친척과의 관계가 좋지만, 서로 도움이 되지 못한다. 이런 사람을 애인으로 사귀면 강한 성격이 두드러지게 나타나는데, 이쪽이 강하게 나가면 의외로 약한 모습을 보인다. 어느 쪽이 먼저 주도권을 잡느냐가 두 사람의 관계를 좌우한다.

여성의 눈썹이 이런 경우 여자다움이 적고 결혼 후 엄처시하가 되기 쉽다. 단, 생활력이 강하고 억척스러워서 다른 사람에게 지지 않으려고 노력한다. 살이 드러나는 옅은 눈썹은 순환기계통의 질병이 있기 쉽다.

굵은 눈썹(3)
압안(壓眼)

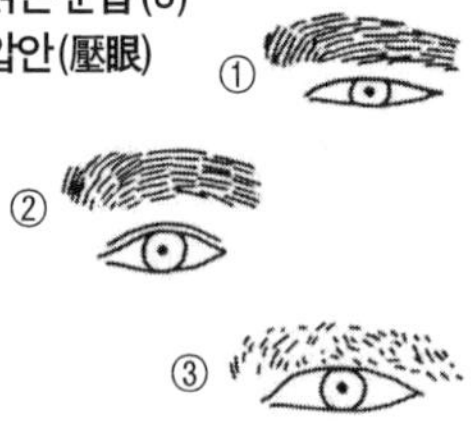

눈썹 전체가 굵을 뿐 아니라, 눈에 비해 눈썹이 심하게 두드러져 보이는 상을 인상학에서는 '압안(壓眼)'이라고 한다. 특징은 ①눈이 작고, 그로 인해 눈썹이 크게 보인다. ②눈과 눈썹 사이가 좁기 때문에 눈이 숨어 있는 것처럼 보인다. ③눈썹이 길어서 눈을 덮어 가린다. 인상법에서는 '굵은 눈썹(1)'이 강조된 형이라고 볼 수 있다. 자기주장이 강하고 고집이 세지만, 한 가지 재주가 뛰어나다.

가는 눈썹

가는 눈썹은 수동적인 성격을 나타내며, 여성의 기본형이기도 하다.

남성이 이런 눈썹이라면 매사에 소극적이고 실행력이 부족하다. 정서는 풍부하지만 버릇이 없고 겁쟁이인 면이 있으며, 믿음직스럽지 못하다. 일반적으로 여성의 직업이라고 생각하는 미용이나 패션 관련 분야에서 성공한다.

여성의 경우는 감정이 풍부하고 섬세하다. 가는 눈썹에 털이 가지런하고 부드러운 사람은 눈치가 빠르고 가족이나 친구와의 사이도 좋다.

짙은 눈썹

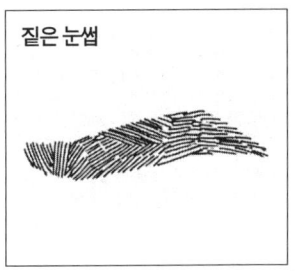

피부가 보이지 않을 정도로 눈썹이 많고 색도 진한 경우이다. 일반적으로 짙은 눈썹은 적극성과 행동력을 나타낸다.

남성이 이런 눈썹이라면 남자다우며 실행형이다. 형제의 인연도 좋다. 일반적으로 운이 강하고 독립하면 성공한다. 단, 이성에게 관심이 많아서 여자에게 끊임없이 관심을 갖는다.

여성은 정이 많고 정열가이며, 성(性)에 있어서도 강하고 적극적으로 행동한다.

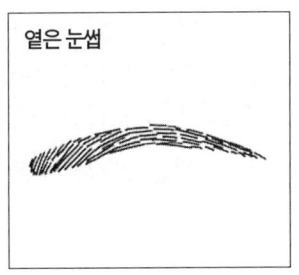

엷은 눈썹

피부가 보일 듯이 눈썹이 적고 색도 흐린 경우이다. 지도력이 부족하고 역량도 안 되기 때문에 높은 위치에 오르지 못한다. 형제 등 가족과의 인연도 약하고 고독한 상이다. 전체적으로 소극적이며 결단을 잘 내리지 못하는 유형이다.

남성이 이런 눈썹이라면 성격이 유약하고 다른 사람에게 의지한다.

반면에 여성은 강하지 않고 부드러워 보이므로 중매결혼에 적합하다. 남녀 모두 연애를 하면 자신부터 상대를 행복하게 해주려는 마음자세가 필요하다.

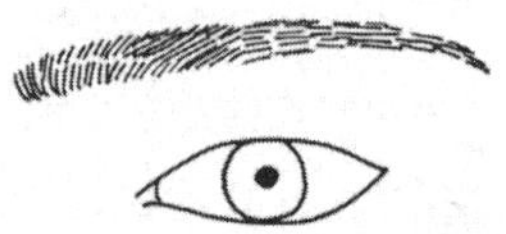

긴 눈썹

장수하는 상의 하나이다. 그러나 너무 길면 색난(色難)의 상이 된다. 비교적 욕구가 강하다. 이런 눈썹의 남성은 건강운이 좋고, 성격도 온화하고 차분하며 우아함까지 느껴진다. 외동아이에게 많은 눈썹이다. 애인으로 사귀면 정이 많고 친절해서 좋지만, 금전적으로 까다로운 면이 있다.

여성의 경우는 성격도 상냥해서 누구에게나 사랑받는다. 애인으로 사귀면 가족과의 인연이 너무 강해서 무슨 구실이든 찾아서 집에 돌아가려고 한다.

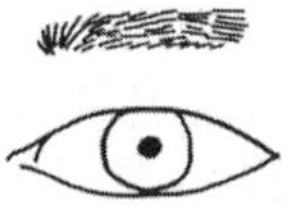

짧은 눈썹

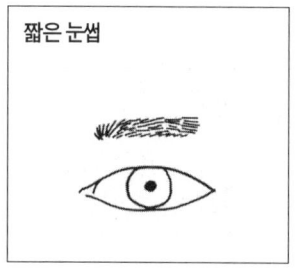

고독한 상의 하나로 부모 형제와 떨어져 사는 경우가 많다. 성질이 급하고 설교가이다. 성격이 과격하며 어떤 일에 대해 깊이 생각하지 못한다. 눈썹이 짧고 엷은 사람은 이성에게 관심이 많다. 이런 눈썹의 남성은 다혈질로 말보다 손이 먼저 나간다. 애정이 깊은 유형인데, 그로 인해 오히려 질투가 심하다.

여성의 경우는 형제의 인연이 약하며, 독신주의자에게 많은 상이다. 반발심도 크다. 애인으로 사귀면 최선을 다하지만 마음도 빨리 식는다.

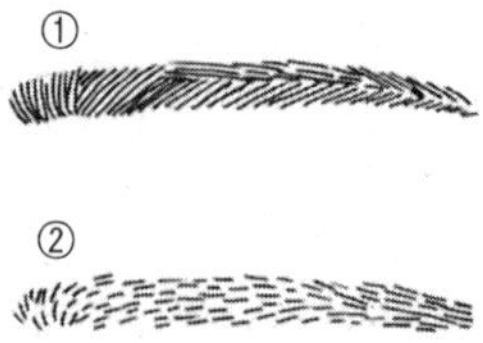

일자눈썹 (1)

'사각형(근골질)' 의 대표적 눈썹. 남녀 모두가 강한 성격으로 일을 끝까지 완수하는 능력이 뛰어나다. 수명이 길며, 가족과의 인연이 깊은 편인데 스스로 인연을 끊으려고 한다. ②처럼 털이 거친 일자눈썹은 성질이 과격하며 실력형이지만 생각이 깊지 못하다.

일자눈썹 (2)

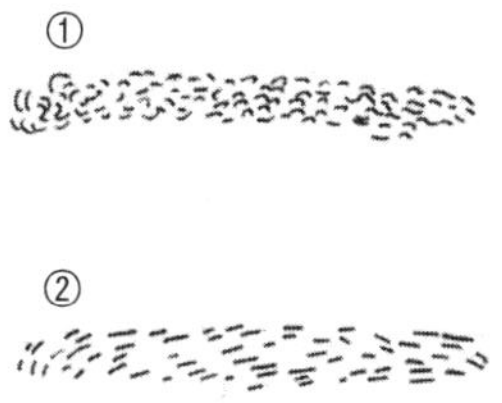

①처럼 눈썹머리가 소용돌이 모양이거나 심하게 곤두서는 일자눈썹인 경우에는 반항심이 강하다. ②와 같이 옅은 일자눈썹은 모처럼 굳게 먹은 마음이나 굳센 기상이 도중에 쉽게 꺾이고 처음과 끝이 한결같지 못하다.

처진 눈썹

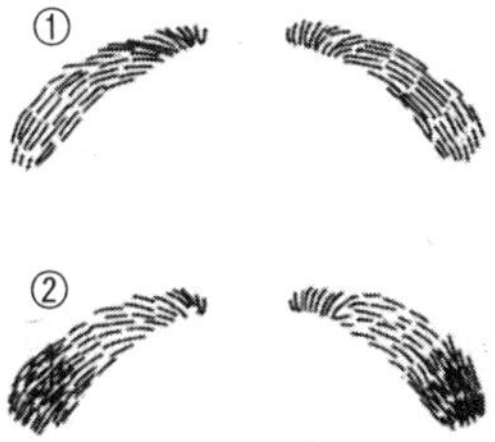

사람이 좋아서 누구와도 쉽게 친해지지만 수동적인 성격이다. 분위기에 약하며, 특히 여성은 분위기에 끌려서 사랑에 빠질 수도 있다. ②와 같이 털이 가지런하고 진하며 처진 눈썹인 사람은 타산적이어서 쓰러져도 그냥 일어나지 않는다. 정 · 재계에서 성공을 거둔다.

치켜 올라간 눈썹

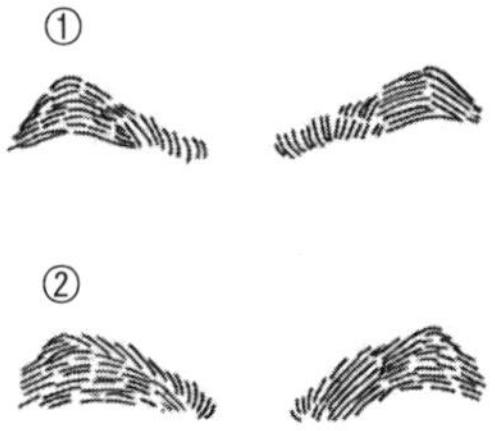

정열가로 지나치게 강직한 성격이다. 의지력과 결단력이 모두 타의 추종을 불허한다. 계획성이 있고 경리 감각도 있지만, 서둘러서 실행에 옮겨 운을 놓쳐버리는 경우가 있다. 자기주장이 강한 유형이다. ②와 같이 털이 뻣뻣한 경우는 고집이 센 면이 있다. 사고를 당하기 쉬운 상이므로 주의한다.

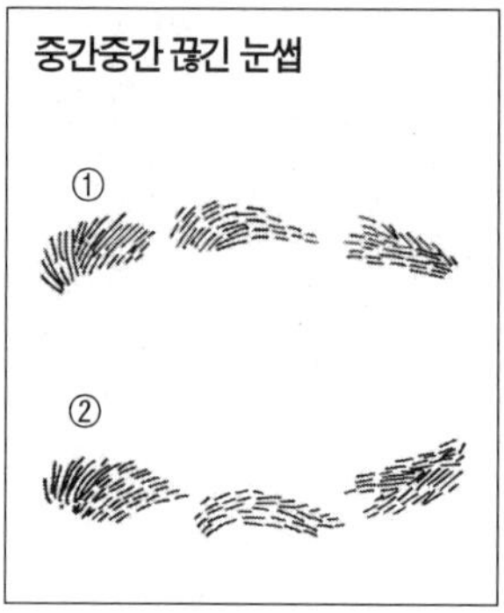

①은 부분적으로 눈썹이 엷거나 빠져 있는 경우이다. 성격이 고상하지 못하고 변덕스러우며 말도 잘 바꾼다. 생각이 산만하며 거짓말을 잘 한다.

②와 같이 중간중간 끊겨 있고 파도가 치는 것 같은 눈썹을 가진 사람은 겉과 속이 다르지만 실행력은 있다.

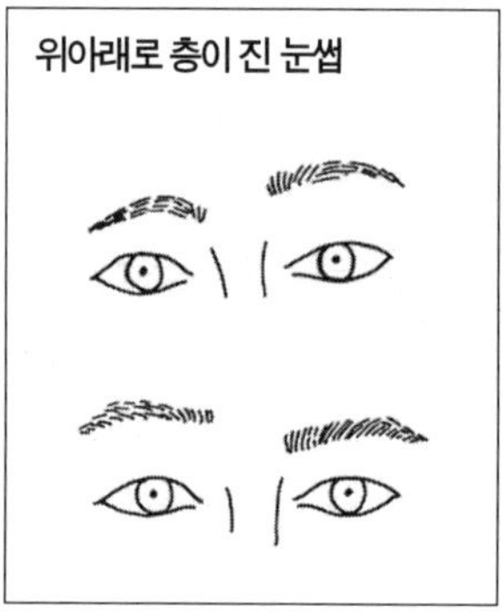

좌우 눈썹의 높이가 같지 않고 층이 져서 불균형인 눈썹이다.

가정환경이 복잡한 사람에게 많이 나타나며, 어머니가 다르거나 아버지가 다른 형제가 있을 수도 있다.

성격은 그다지 솔직하지 않으며, 운세도 일정하지 않고 갑자기 변한다.

얼굴에 있는 점의 의미

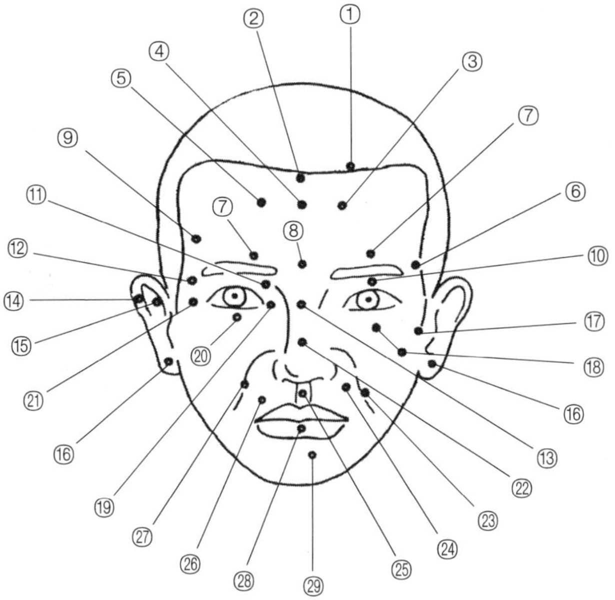

① 머리카락 속에 있는 점으로 숨겨두는 애인이 생기기 쉽다.
② 조상에게 감사하는 마음이 적다.
③ 어머니와의 인연이 약하다.
④ 부모에게 등을 돌리기 쉽다.
⑤ 아버지와의 인연이 약하다.
⑥ 여난(女難) · 남난(男難)의 상으로 실연을 잘 한다. 특히, 여성은 윗사람과 사랑에 빠지기 쉬운데 잘 이루어지지 않는다.
⑦ 친구관계로 좌절한다.
⑧ 일이 지체되는 경우가 많으며, 인감이나 문서로 인해 실패한다. 일반적으로 비현실적이기 쉽고, 히스테리 경향도 있다.
⑨ 여난 · 남난의 상
⑩ 부모의 유산을 잃는다.
⑪ 부모에게 유산을 받지 못하고, 받아도 잃고 만다.
⑫ 재산을 지키지 못한다.
⑬ 고향을 떠나며, 지병이 있기 쉽다.
⑭ 금전적으로 어려움이 있다.
⑮ 타고난 복이 있다.
⑯ 부모에게 효도하는 점이다.
⑰ 불로 인해 어려움을 겪을 상이다.
⑱ 사람 때문에 손실을 입는다.
⑲ 의심이 많은 성격이다.
⑳ 아이가 적다.
㉑ 부부생활에 불만이 많다.
㉒ 여성은 남편과의 인연이 약하고, 남성은 복부가 약하다.
㉓ 어머니와의 인연이 약하다.
㉔ 귀찮은 사람으로 인해 손실을 입는다.
㉕ 장수하지 못한다. 여성은 아들과의 인연이 없다.
㉖ 좋은 이름을 남기지 못한다.
㉗ 불가사의하게 아버지의 죽음을 보지 못한다.
㉘ 물로 인해 어려움을 겪을 상이다. 식중독을 주의한다.
㉙ 주거에 어려움이 있기 쉽다. 40세까지 한번쯤 실패한다.

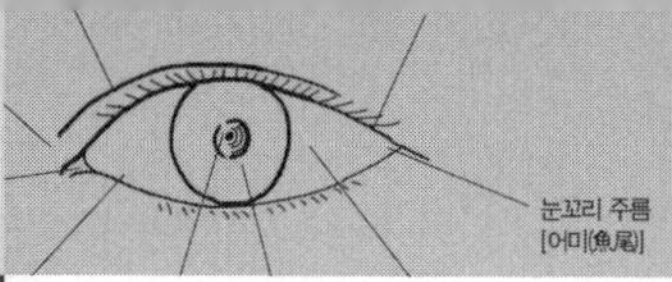

눈

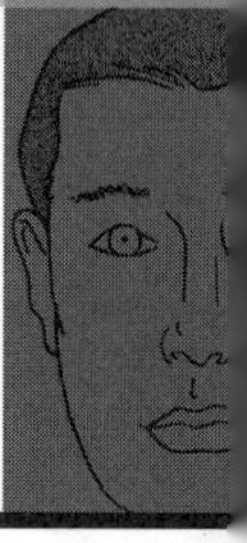

인상 중에서 가장 어려운 것이 '눈' 이라고 한다. 눈은 때로는 상대에게 말 이상의 것을 전하는 힘이 있으며, 또한 그때 그때 마음의 움직임이나 감정을 짧은 순간에 보여주기 때문이다.

●눈의 판단 기준

① 크기 : 성격의 명암, 감수성의 정도

② 모양 : 의지의 강약, 애정의 깊이

③ 질(質) : 질병, 그때 그때의 감정

④ 습관 : 긴장의 정도, 성격과 표현 방법

③의 '질'은 흰자위의 색이나 검은자위의 크기 등을 가리키며, ④의 '습관' 이란 두리번두리번 눈을 굴리며 침착하지 못하거나, 이야기 중에 눈을 자주 깜박이는 것 등을 가리킨다.

눈의 표준

인상학에서는 실제 눈의 길이보다 얼굴폭에 대한 비율이나 눈으로 보고 느끼는 '크다', '작다' 는 느낌을 중요시한다.

균형 있는 얼굴은 입이 눈의 약 1.5배이다. 또한 두 눈의 사이는 눈 하나의 폭보다 조금 좁다.

눈을 판단할 때 남녀의 차이를 생각할 필요는 없다. 단, 연령에 따른 변화가 뚜렷해서 나이를 먹음에 따라 눈이 가늘고 흰자위가 넓어지며 검은자위와 동공이 작아진다.

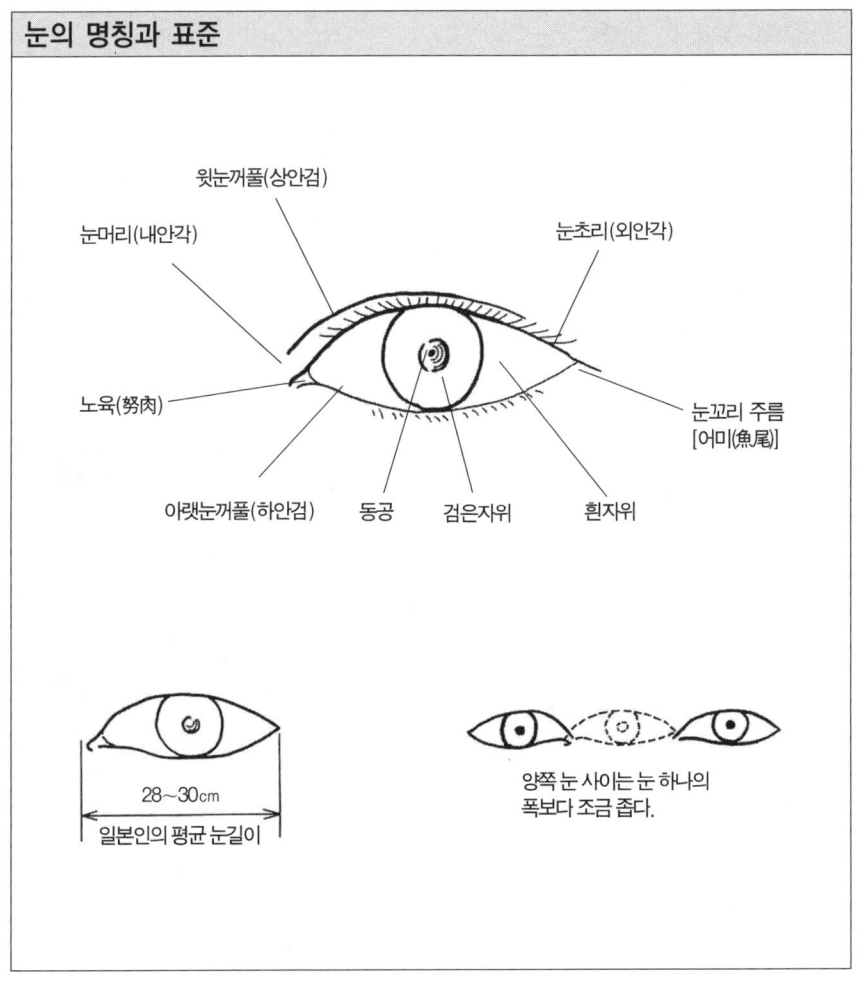

눈의 명칭과 표준

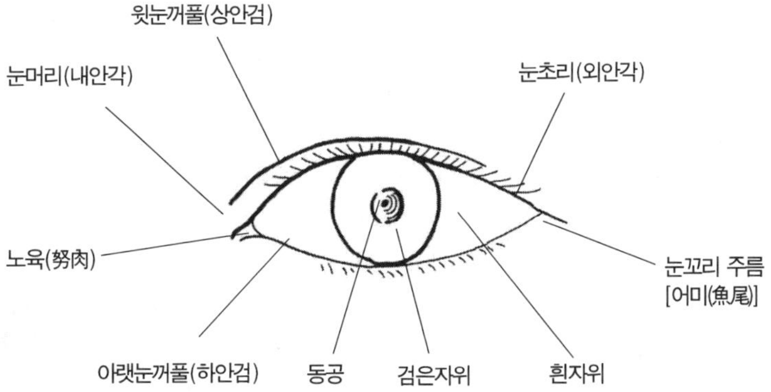

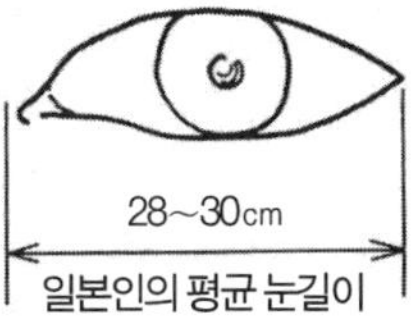

눈의 연령별 변화

분류 \ 연령	아이	청년	노인
모양	 ← 27~29mm →	 ← 29~30mm →	 ← 30mm →
검은자위와 흰자위	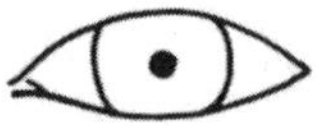 흰자위가 적다	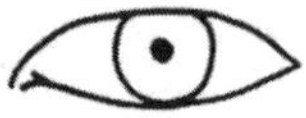 평균	 흰자위가 많다
검은자위의 위치	 약간 위로 올라감	 중앙	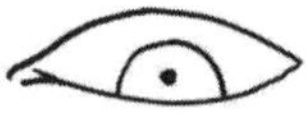 약간 아래로 처짐
동공	 크다	 보통	 작다

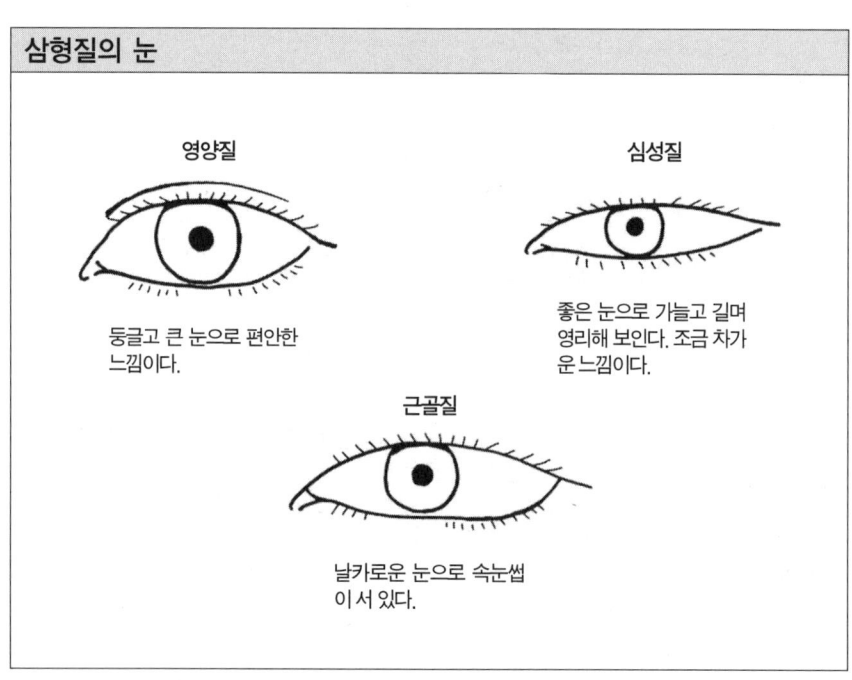

삼형질의 눈

영양질

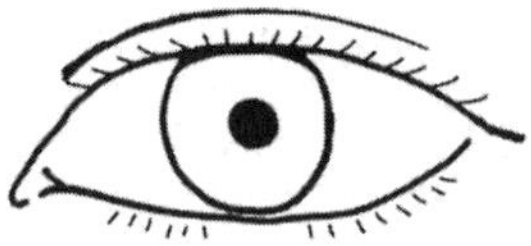

둥글고 큰 눈으로 편안한 느낌이다.

심성질

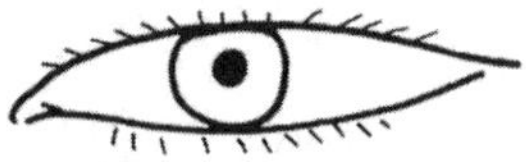

좋은 눈으로 가늘고 길며 영리해 보인다. 조금 차가운 느낌이다.

근골질

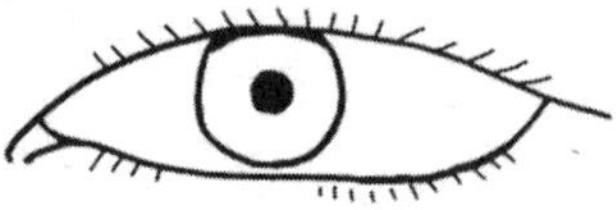

날카로운 눈으로 속눈썹이 서 있다.

눈의 삼형질론 1

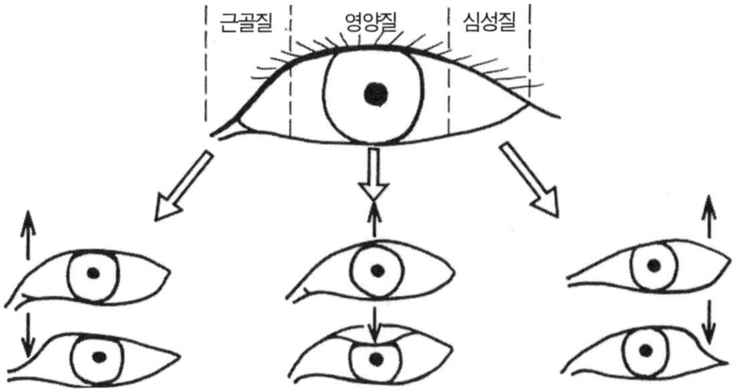

근골질 부분의 위쪽이 올라가면 영양질이 더해져서 밝은 성격이 된다. 반대로 처지면 심성질이 더해져서 차가운 느낌이며, 관찰력이 뛰어나다. 성생활도 잘 한다.

영양질 부분의 위쪽이 올라가면 사교적이고 말을 잘하며 미적 감각도 탁월하지만, 깊이는 없다. 반대로 처지면 논리적이며 타산적이다. 소리 없이 착실하게 저축한다.

심성질 부분의 위쪽이 올라가면 근골질과 영양질이 더해져서 개성이 강하고 고집불통이다. 일을 잘 처리하지만 다른 사람의 미움을 산다. 반대로 처지면 심성질이 강해져 소극적이다.

눈의 삼형질론 2

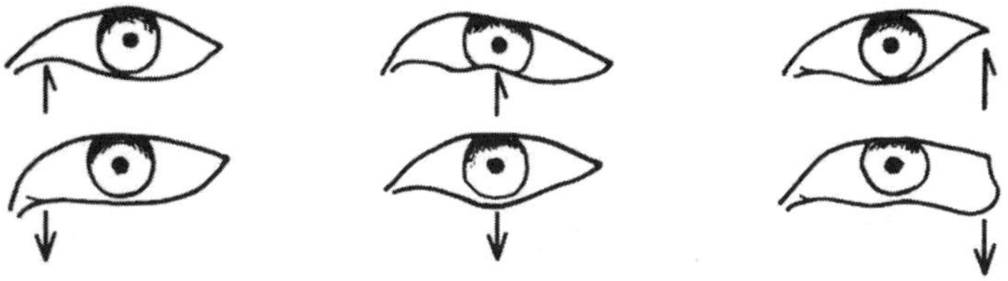

근골질 부분의 아래쪽이 올라가면 무엇인가를 동경하는 표정이 되며 정이 많다. 반대로 처지면 애정결핍증이며 제멋대로 행동한다.

영양질 부분의 아래쪽이 올라가면 근골질이 더해져서 부드러워 보이지만 자신감이 있다. 반대로 처지면 배포가 크다. 성생활로 몸이 쇠약해지는 유형이다.

심성질 부분의 아래쪽이 올라가면 건강하고 성생활도 잘 한다. 뒤처리를 잘 하고 고집이 세지 않다. 반대로 처지면 애교 있는 눈이 되지만, 인내심이 적고 생활력도 떨어진다.

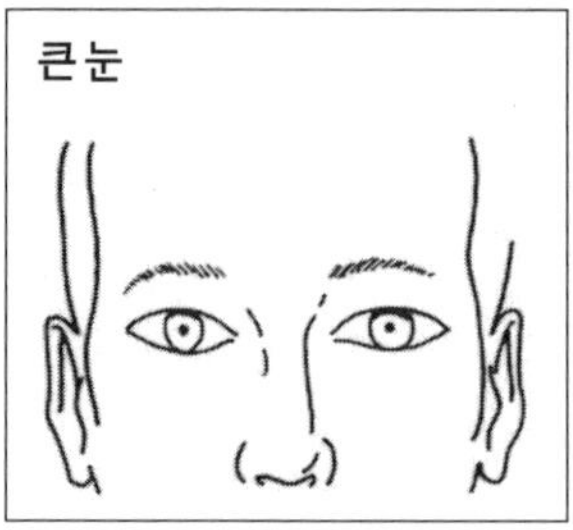

큰눈

일반적으로 눈이 큰 사람은 감수성이 예민하고 화술도 좋다. 또한 사교적이며 밝은 분위기이다. 미식가가 많고 미적 감각도 있지만, 큰소리를 치는 데 비해 깊이가 없다.

성질이 급하고 싫증을 잘 내는 면이 있는데, 이는 매사에 변화를 즐기기 때문이다. 특히, 얼굴에 비해 눈이 큰 경우 그런 경향이 강하고, 실행력이 없는데도 입에서 나오는 대로 말한다. 음악의 경우, 록이나 재즈로 성공하는 유형이다.

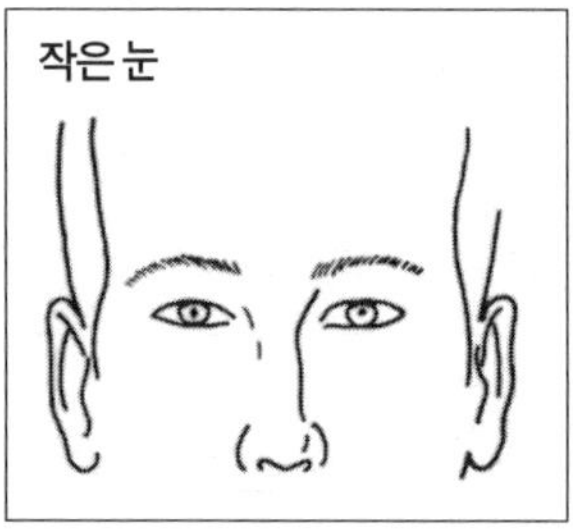

작은눈

견실하고 인내심이 강하다. 일반적으로 초년운이 나쁘고 사교성이 없어서 인생에서 즐거움이 적지만, 성실히 노력하여 결혼 후에 운이 열리는 대기만성형이다. 의사 표시를 하지 않기 때문에 얌전하고 눈에 잘 띄지 않지만 열심히 일해서 성공한다. 눈에서 힘이 느껴지면 사람들에게 존경을 받으며 충실한 인생을 살지만, 힘이 없으면 운도 작다. 작고 가는 눈의 경우, 음악은 트로트풍이 맞는다.

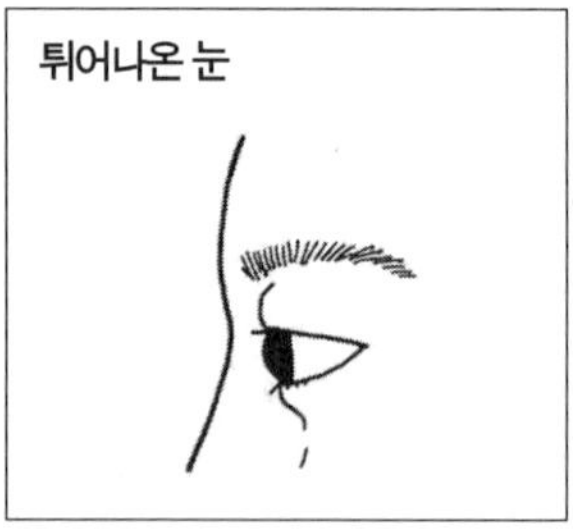

튀어나온 눈

눈이 볼록하게 나온 사람은 전체적으로 개방적이다. 튀어나온 눈에도 두 종류가 있는데, 안구 자체가 나온 사람은 관찰력이 뛰어나서 다른 사람의 기분을 잘 읽는다. 또한 조숙하고 세심해서 주변의 일에도 신경을 잘 써주지만, 마음이 약해서 중간에 좌절하는 경우가 있다. 한편, 위아래 눈꺼풀에 살이 붙어 있어서 눈이 튀어나와 보이는 사람은 정력적이며 삶에 대한 의욕이 강하고 활동적이다. 정·재계에서 성공하지만 색을 즐기는 경향이 있어서 문제를 일으킨다.

오목한 눈

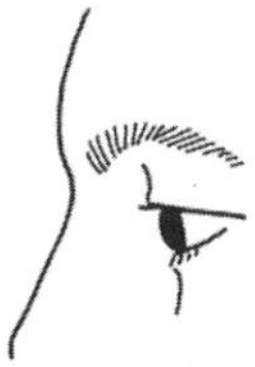

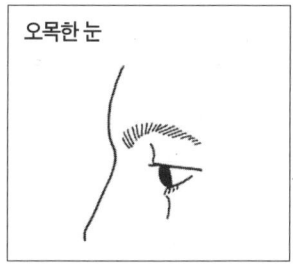

서양인들에게 많은 눈이다. 주의력이 깊고 인내심이 강하지만 의사 표시나 말을 잘 못한다. 화려하게 비상하듯이 착실하게 일해서 성공하는 대기만성형이다. 일도 외교나 접객업같이 대인관계가 필요한 업종에서는 능력을 발휘하지 못한다. 돌다리도 두드리고 건너는 착실함으로 인해 발전한다.

여성의 경우, 명랑하지 않아서 상대를 즐겁게 하지 못하고 어두운 인상을 주며, 결과적으로 손해를 본다. 결혼을 해도 정감이 느껴지지 않으므로 이런 면을 이해해줄 상대를 찾아야 한다.

올라간 눈

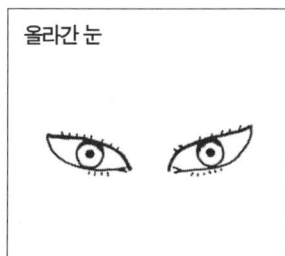

근골질이 많이 들어간 눈으로 근골질의 성격이 강조된다. 성격이 과격하고 급하기 때문에 적을 만들기 쉽다. 매사에 적극적이고 고집이 세다. 사람이 다가가기 힘든 인상이므로 아무래도 고독해진다.

이런 눈의 여성은 자의식이 강하고 생각도 권위적인 면이 강하다. 그래서 결혼을 해도 남편을 우습게 알고 자기주장만 한다.

한편, 위로 올라가고 큰 눈이라면 성격이 더욱 과격해서 완전한 여성 상위를 주장하지만, 성격은 의외로 단순하다.

처진 눈

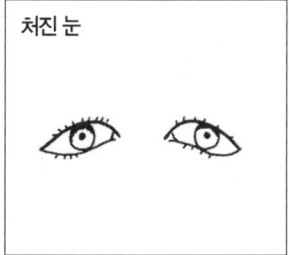

심성질이 많이 들어간 눈으로 심성질의 성격이 강조된다. 소극적이고 수동적이며 부드러운 편이지만 결단력이 부족하다. 속된 말로 점잖은 호색가이다. 눈이 처지고 큰 편이면 정·재계에서 성공할 자질이 있다. 여성의 경우 사물을 꿰뚫어보는 눈이 정확하며, 맺고 끊음이 분명하다.

눈이 처지고 작은 편이면 성격이 허접하고 색정에 빠지는 경향이 있다. 실패를 많이 하지는 않지만 성공할 가능성도 적다. 부부의 인연도 약하고 고생을 많이 한다.

가는 눈

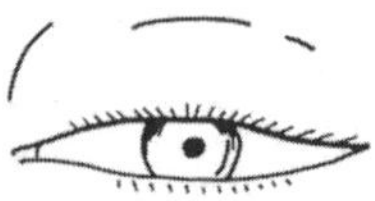

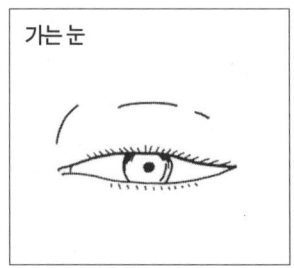

가는 눈을 두고 '무슨 생각을 하는지 알 수 없다.'고 한다. 잘 동요하지 않으며, 통찰력은 있지만 음침하고 어두운 인상이다. 눈이 가늘고 옆으로 길면 친구를 가려서 사귀는 유형으로 친구가 적다. 성공하는 상이지만 성공을 해도 사람들에게 별로 환영을 못 받는 경우가 많다.

여성의 경우 통찰력이 예리하며, 겉모습은 차가워 보이지만 확실한 애정의 소유자이다. 가늘고 작은 눈은 큰일은 못 하고 소박한 삶을 산다.

삼백안

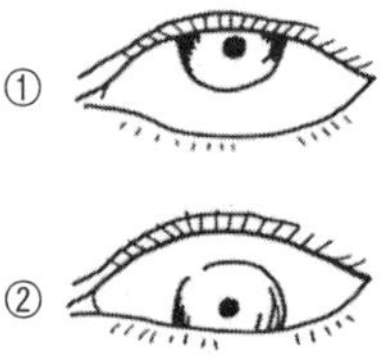

흰자위가 세 방향에서 보이는 눈이다. ①과 같이 검은자위가 위로 올라가 있는 눈을 하삼백안(下三白眼), ②와 같이 아래로 처진 눈을 상삼백안(上三白眼)이라고 한다. 즐거운 일을 생각할 때는 눈이 치켜떠지고, 좋지 않은 일을 생각할 때는 내리떠지듯이 하삼백안인 사람은 성격이 밝다.

하삼백안인 경우 사람을 무시하는 면이 있고 딴죽을 잘 건다. 단, 검은자위 아래쪽의 흰자위가 겨우 보이는 정도라면 성공하는 상이다.

반면에 상삼백안은 권모술수형이다. 말이 없어서 언뜻 점잖아 보이지만 실제로는 음험한 성격이다.

mini Column

인상은 사람을 본다

인상점은 사람의 얼굴을 보고 점을 치는데, 인상의 '상(相)'은 '얼굴 · 면'이란 의미뿐만 아니라 '본다'는 의미가 있다고 한다.
글자를 분석해보면 '상(相)'은 '나무[木]'와 '눈[目]'으로 이루어져 있다. 여기에는 두 가지 의미가 있는데, 먼저 나무 위에 올라가 본다는 의미이다. 높은 곳에서 먼 곳을 보듯이 시점을 바꿔서 인상점을 보라는 가르침이다.
다른 하나는 나무 속을 본다는 의미이다. 나무를 자르면 나이테가 나타나는데, 그 중심은 마치 눈[目]과 같다. 그리고 나이테에는 나무의 지금까지의 일생이 새겨져 있다. 이처럼 인상점도 개인의 연륜을 미루어 헤아려서 읽어내듯이 운세를 보아야 한다.
이것이 '상(相)' 자에 대한 새로운 인상학적 해석이다.

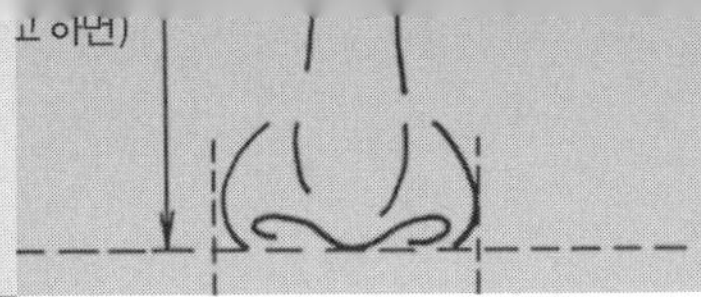

코

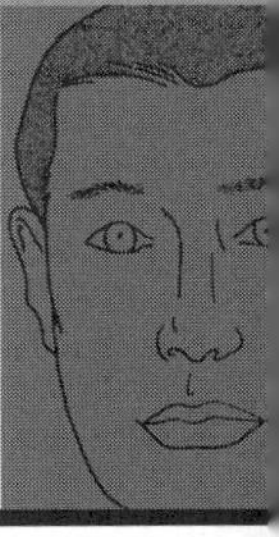

코는 실행력을 나타내는 중정의 중요한 부분이다. 아무리 좋은 머리로 계획을 세워도 그것을 실행해 옮기고 성공시키는 재량과 능력이 필요하며, 이를 주관하는 코가 중요하다.

●코의 판단 방법

① 중년 운세의 강약 : 전체적으로 다부진 느낌의 코가 운이 강하다. 높이가 있어야 좋은 상이다.

② 의지력의 강약 : 높이가 중요하며, 동시에 콧방울이 잘 부풀어 있을수록 의지가 강하고 실행력이 있다.

③ 재물운 : 코끝이 둥글고 크며, 콧방울이 부풀어 있고 살집이 좋을수록 재물운이 있다.

④ 건강운 : 높은 코보다 낮고 넓으며 듬직한 느낌의 코가 건강하다.

⑤ 두뇌 : 일반적으로 높고 좁은 코는 머리가 좋다.

코의 표준

일본인의 코는 보통 얼굴 전체길이의 $\frac{1}{3}$보다 약간 짧다.

가로폭은 코가 시작되는 산근(山根)에서 코끝까지를 100으로 했을 때, 콧방울의 양끝 길이가 70 이하이면 좁고, 85 이상이면 넓은 코이다.

코의 높이는 마찬가지로 코의 길이를 100으로 하였을 때 약 15 전후이다.

코끝에서 콧방울까지는 55~60이 표준이다.

코의 명칭과 표준

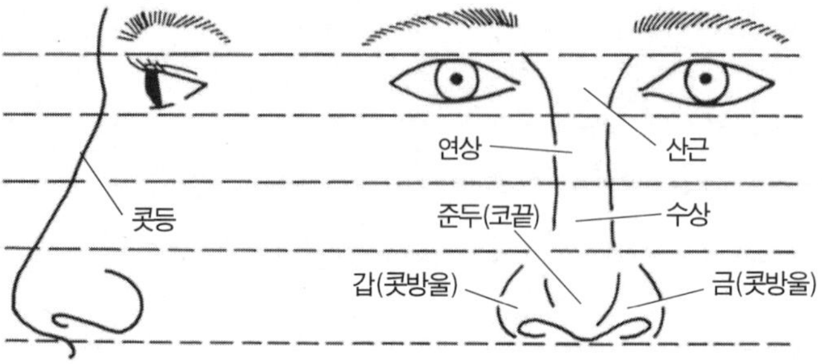

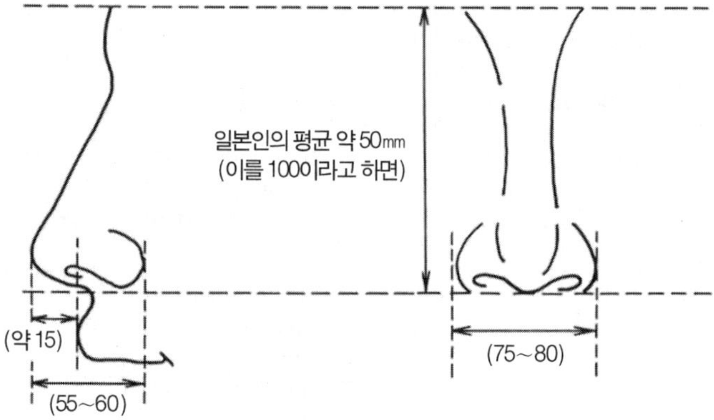

코의 길이를 100이라고 하면
가로길이가 70 이하 ······ 좁은 코
75~80 ······ 중간 넓이의 코
(일본인의 평균)
85 이상 ······ 넓은 코
가로폭이 넓을수록 콧등은 넓어지고 높이는 낮아진다.

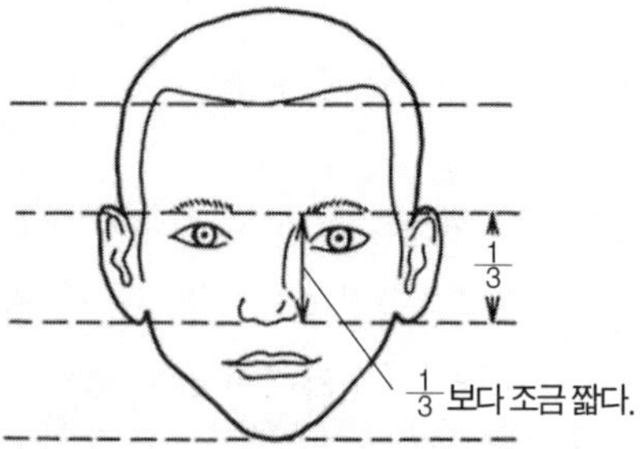

삼형질의 코

영양질

실행력이 적으며 허약형

전체적으로 둥그스름하고 콧등이 넓으며 그다지 높지 않다.

심성질

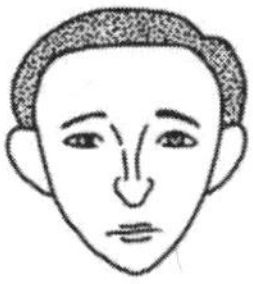

실행력이 보통이며 빈둥빈둥하는 유형

가늘고 길며 섬세하다. 코끝도 뾰족하고 작다.

근골질

실행력이 강하고 저돌적인 유형

야무지고 단단하다. 코의 크기와 높이 · 너비가 모두 적당하다.

코의 삼질형론

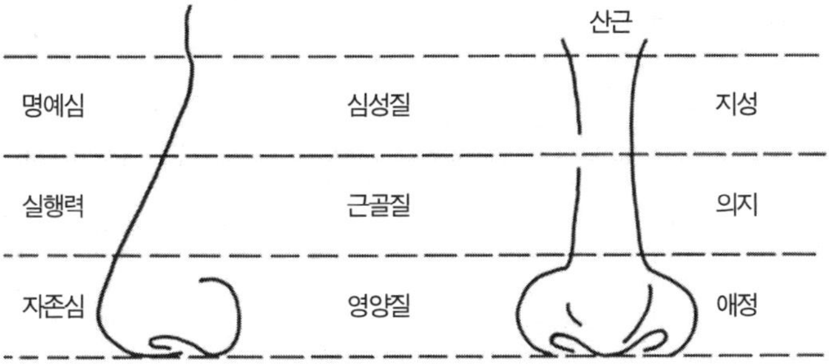

산근에서 코끝까지를 3등분한다. 위에서부터 심성질 · 근골질 · 영양질이 되며 각각의 의미가 있다.

코의 연령별 변화

아이의 코

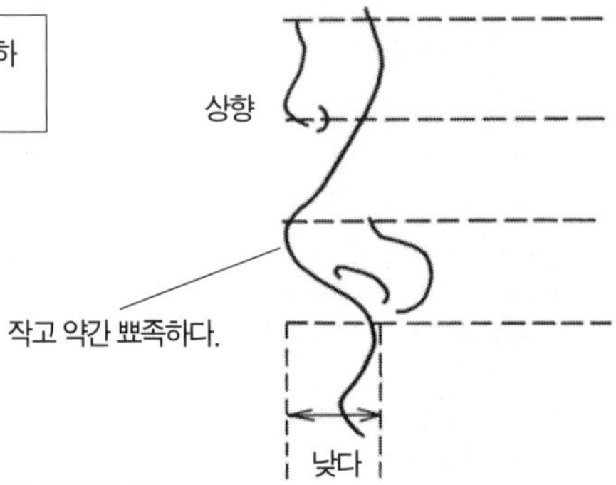

아이의 코는 심성질 부분이 아직 발달하지 않았으므로 지성도 발달하지 않았다.

지성이 높아지면서 심성질 부분이 발달한다.

어른의 코

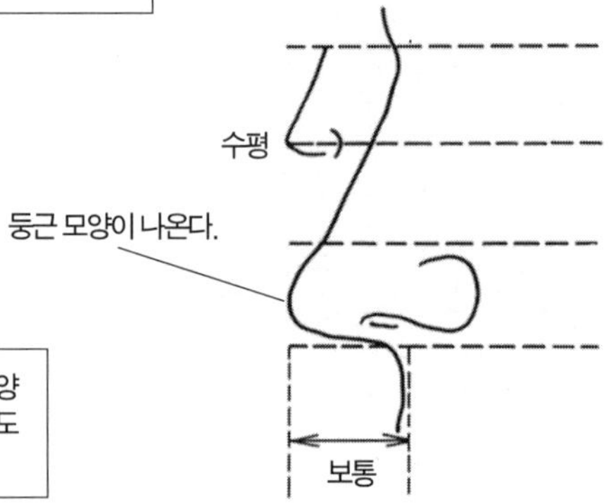

어른의 코가 되면 심성질 · 근골질 · 영양질이 모두 원만하게 발달하고 실행력도 생긴다.

노인의 코

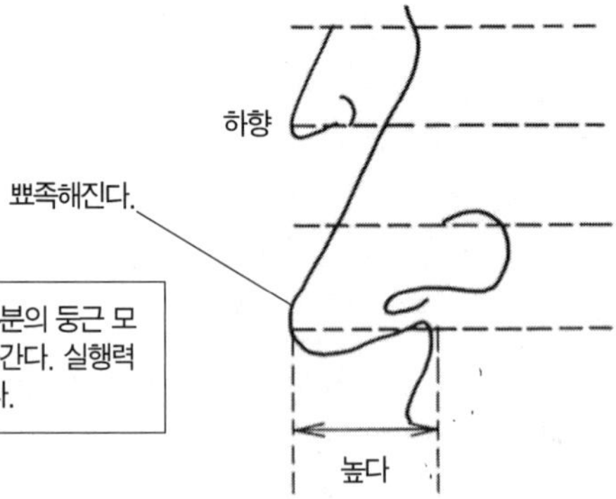

노인의 코가 되면 영양질 부분의 둥근 모양이 없어지고 애정이 말라간다. 실행력은 약해지고 고집이 강해진다.

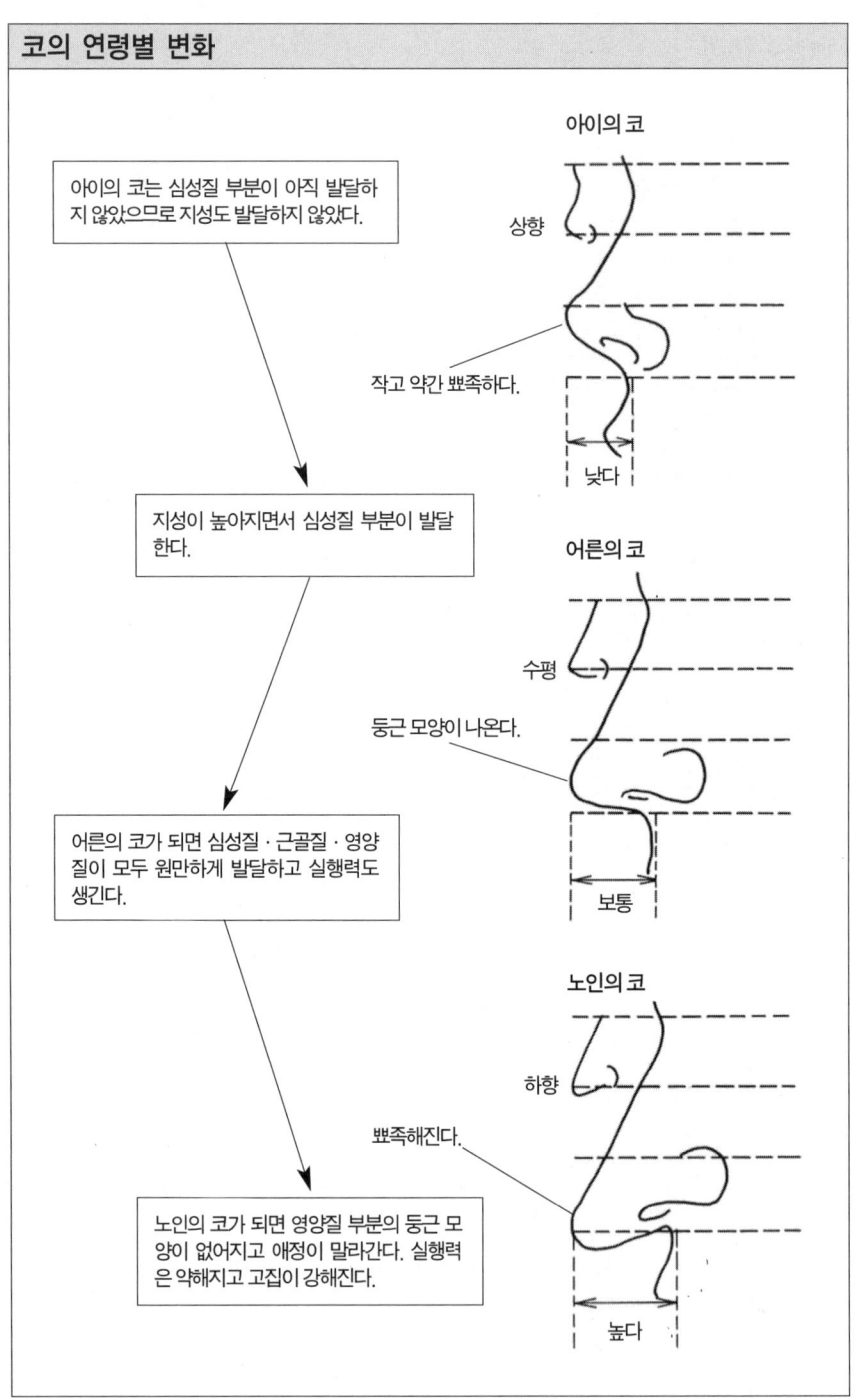

코의 크기 · 높이 · 너비

배짱이 좋고 사람들에게 호감을 산다.

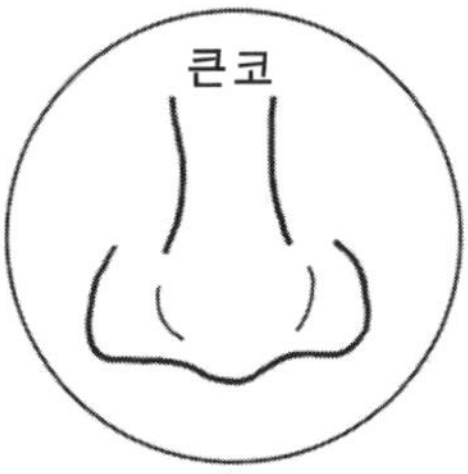

자기주장이 강하다.

본능적이며 지성이 낮다.

공격적 · 적극적이며 오만하다.

자존심이 강하지 않고 서민적이다.

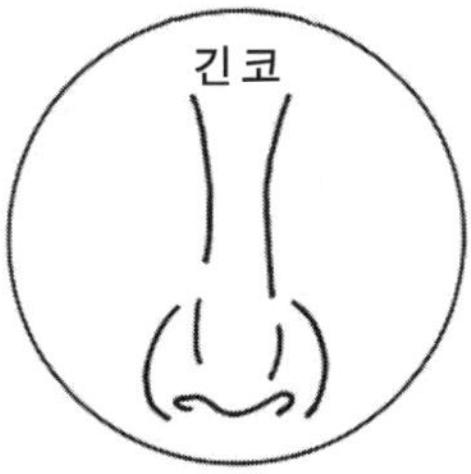

수명이 길고 온화하다.

신경질적이며 재물운이 약하다.

정력이 왕성하고 야만적이다.

위쪽의 코

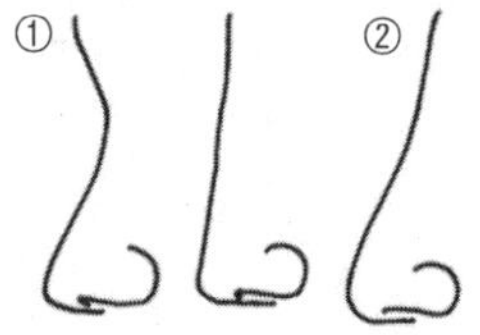

코의 제일 위쪽을 '산근'이라고 한다. 산근은 일반적으로 오목한데, 위쪽까지 오목하게 파여 있는 ①의 코는 '지성' 부분이 발달하지 못한 유형이다. 지성이 낮고 생명력이 약하며 고상하지 못하다. 영화를 보면 금방 울거나 웃는 등 감정의 기복이 심하다.

한편 '산근이 편편한 형'인 ②는 머리가 비상하지만 자존심이 강하고 사람을 업신여긴다. 콧마루가 좁으면 그 특성이 더 강해져서 사람들이 싫어한다.

중간 부분의 코

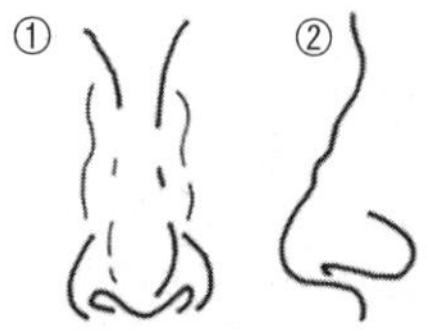

코의 중간은 중년운의 강약과 실행력, 그리고 속된 말로 콧대를 본다. 중간 부분만 발달한 코는 중년운은 강하지만, 매사에 끝을 보지 못하고 쉽게 포기하는 경향이 있다. 생각도 천박하고 깊지 못해서 실행해 옮기는 데 실패한다.

①과 같이 중간 부분의 옆쪽에 층이 있는 코는 살집이 좋으면 다른 사람의 도움을 받는다. 수완가이며 반항심이 강하다.

그러나 ②와 같이 앞쪽에 층이 있는 코는 공격적이다. 타협성이 부족해 교제를 잘 못하고, 주거운이나 부부의 인연이 약하며, 큰 병을 조심해야 한다.

아래쪽의 코

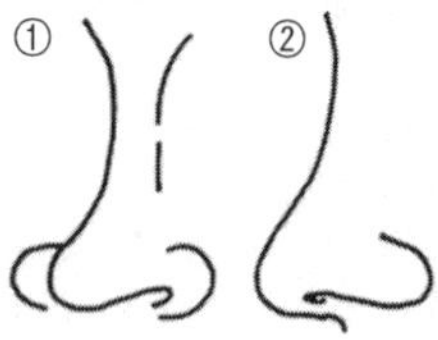

코의 아래쪽은 재물운 · 인간관계 · 정열 등을 본다. ①과 같이 아래쪽만 발달하여 콧방울이 튀어나온 코는 스스로 운을 열어가며 만년운이 좋다. 유능한 일꾼으로 다른 사람을 잘 돌보며 승부근성이 강하다.

반대로 아래쪽이 빈약하고 전체적으로 편편한 코는 모든 일에 소극적이다. 기가 약하고 몸도 튼튼하지 못하다.

②와 같이 아래쪽뿐만 아니라 중간에서 아래에 걸쳐 둥글고 큰 코는 '복코'라고 하며 평생 부유하게 산다. 재난은 피해가고, 자녀운이 좋아서 출세가 기대된다.

아래로 처진 코

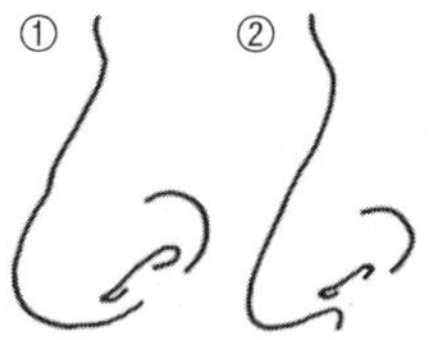

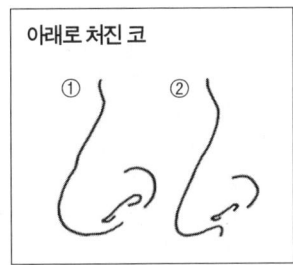

①과 같이 '복코'가 더 크고 둥글게 되어 아래로 처진 코는 오히려 좋은 상이 지나친 경우이다. 매사에 처음에는 열심히 하지만 오래 지속하지 못하고 만년에는 운이 약하다.

끝이 가는 ②의 코는 욕심이 많고 자신의 이익을 위해 계략을 세우며, 다른 사람을 깎아내리는 일도 서슴지 않는다. 아주 나쁜 일을 해도 자신은 절대 앞으로 나서지 않는다. 옹고집으로 아내와의 인연도 좋지 않아서 이혼하기 쉽다.

콧방울로 보는 코

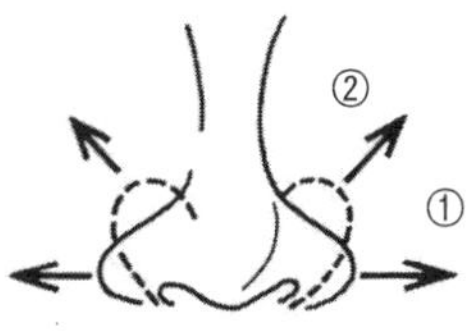

좌우의 콧방울을 인상학에서는 '금갑(金甲)'이라고 하며 금전운을 나타낸다. 재물운과 애정의 깊이를 본다. 콧방울이 작고 튀어나오지 않으면 금고가 작고 재산을 모으지 못해 항상 쪼들리며 산다. 또한 좌우 콧방울의 크기가 다른 경우도 금전적으로 도움을 받지 못하며 주거가 불안정하다.

①과 같이 콧방울이 튀어나오면 타고난 복이 있어서 돈으로부터 자유롭다.

②와 같이 콧방울이 올라간 코는 의욕이 왕성하다. 다른 사람이 도와주기도 하고, 어려워져도 힘차게 다시 일어선다.

콧구멍으로 보는 코

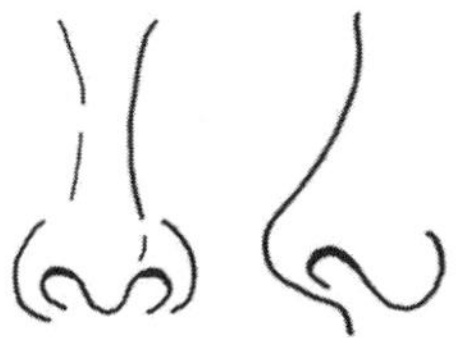

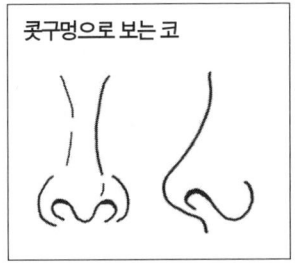

콧방울의 구멍은 돈의 출입을 나타내며, 출입의 정도는 그 크기에 비례한다. 콧구멍은 코의 모양과 일치하는데, 한 예로 콧마루가 좁고 높은 사람은 콧구멍도 가늘고 길며 곧다. 콧구멍이 크고 그림처럼 정면에서도 잘 보이면 낭비하는 유형이다. 물건을 보면 금방 욕심을 내서 재산을 없앤다. 콧구멍이 작은 경우에는 돈의 출입이 작고 소박하게 산다.

콧구멍이 작아도 콧방울이 튀어나와 있으면 돈을 규모 있게 사용하여 돈을 모은다.

그 밖의 코

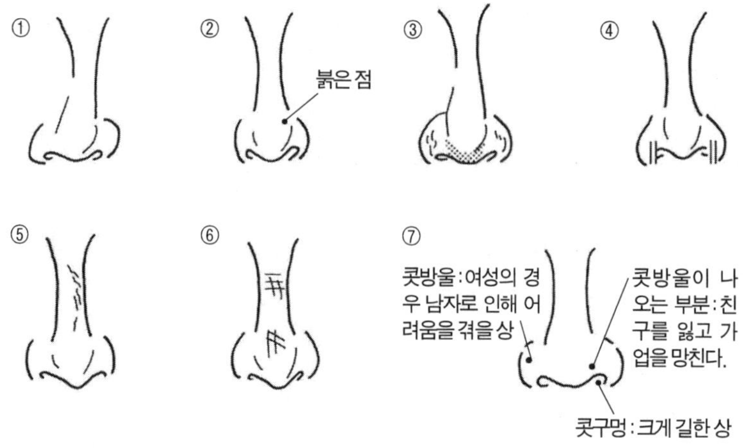

① 비뚤어진 코

몸이 약하고 삶에 부침이 있다. 말은 잘하지만 운을 불러오지 못하고 전체적으로 운이 약하다.

② 콧방울 · 코끝의 붉은 점

여드름 같은 붉은 점이나 붉은 빛을 띠는 경우 반드시 돈이 지출된다.

③ 콧방울이 탁한 색

생식기에 이상이 있다. 남성은 고환, 여성은 난소의 이상이 걱정된다.

④ 콧구멍에서 나오는 붉은 선

3년 이내에 재산을 탕진하는 상으로 매사에 조심하고 철저히 절약한다.

⑤ 콧마루에 있는 가로 세로 주름

음탕한 상으로 이른바 호색가이다.

⑥ 산근에서 코끝에 걸쳐 있는 주름

일생에 한 번 크게 곤란을 겪는다.

⑦ 코의 점

- 콧방울이 나오는 부분의 점 : 친구를 잃고 가업을 망친다.
- 콧방울의 점 : 여성이라면 남자로 인해 어려움을 겪는다.
- 콧구멍 : 대길하다.

주름을 보는 방법

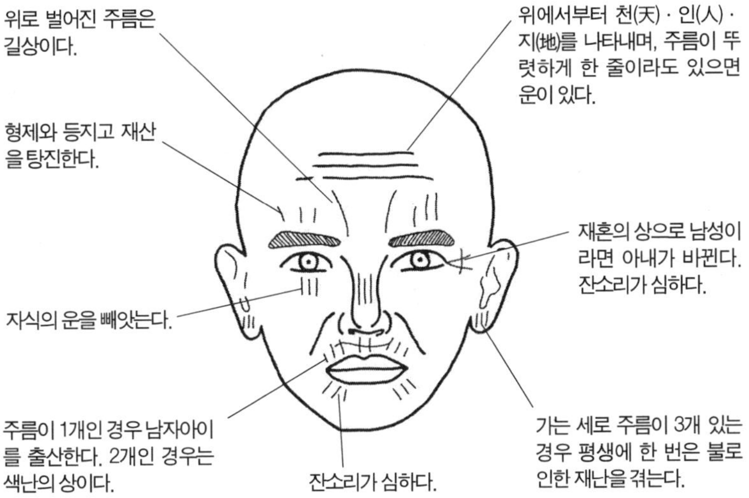
위로 벌어진 주름은 길상이다.
위에서부터 천(天) · 인(人) · 지(地)를 나타내며, 주름이 뚜렷하게 한 줄이라도 있으면 운이 있다.
형제와 등지고 재산을 탕진한다.
재혼의 상으로 남성이라면 아내가 바뀐다. 잔소리가 심하다.
자식의 운을 빼앗는다.
주름이 1개인 경우 남자아이를 출산한다. 2개인 경우는 색난의 상이다.
잔소리가 심하다.
가는 세로 주름이 3개 있는 경우 평생에 한 번은 불로 인한 재난을 겪는다.

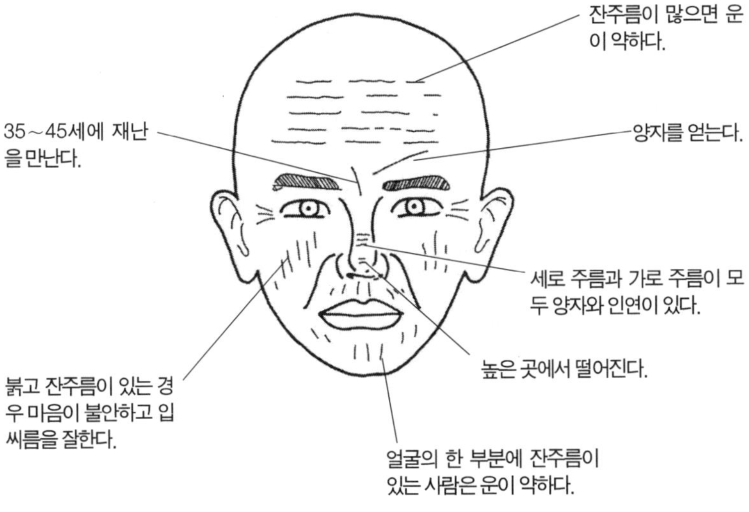
잔주름이 많으면 운이 약하다.
35～45세에 재난을 만난다.
양자를 얻는다.
세로 주름과 가로 주름이 모두 양자와 인연이 있다.
높은 곳에서 떨어진다.
붉고 잔주름이 있는 경우 마음이 불안하고 입씨름을 잘한다.
얼굴의 한 부분에 잔주름이 있는 사람은 운이 약하다.

인중

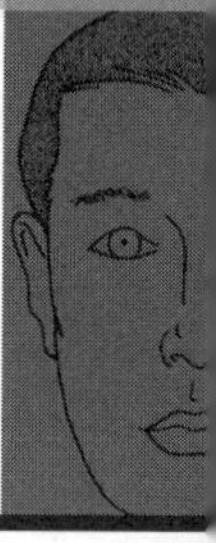

'인중'은 자신을 나타내는 코와 가정을 나타내는 입을 연결하는 길이므로 자신의 분신인 아이와의 인연이 여기에 나타난다. 골의 모양이 아름답고 뚜렷하며 깊은 것이 좋은 상이다.

인중의 표준

코 아래에서 입으로 곧게 내려가는 것이 이상적이며 표준이다. 일반적으로 아래가 벌어지는 것은 운이 강하고 늦게 성공하는 대기만성형이며, 위가 벌어지는 인중은 끈기가 없고 운도 약하다.

옆에서 보았을 때 아이의 인중은 짧고 휘었다. 어른의 인중은 거의 직선이며, 나이가 들어 늙어갈수록 길어지고 안쪽으로 휜다.

중년이 되어서도 인중이 좁은 사람은 아이 같고 겁쟁이이다. 성기도 발달하지 않아서 아이와의 인연도 적다.

인중의 연령별 변화

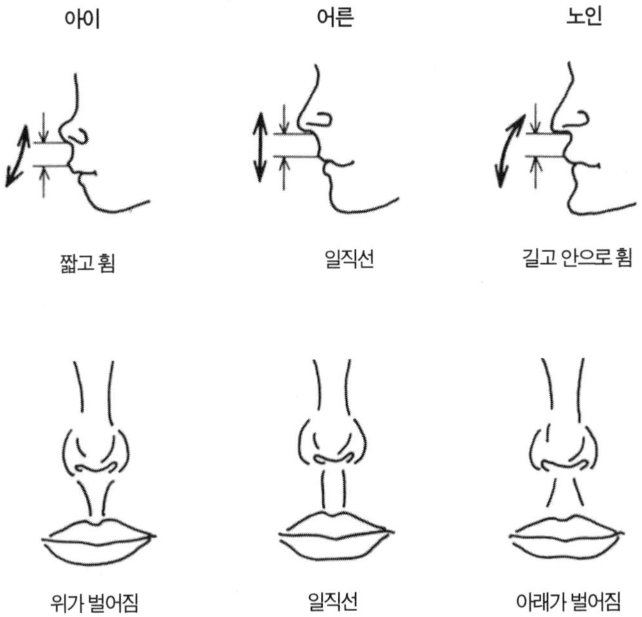

긴 인중과 짧은 인중

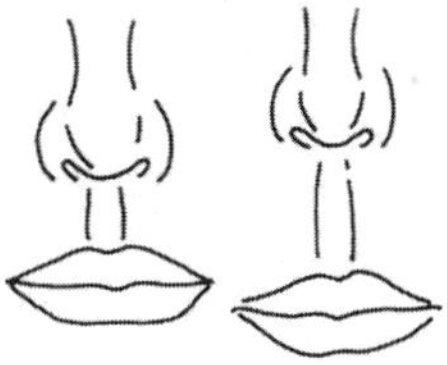

인중의 길이는 운세나 수명에 비례하여 인중이 길면 운세도 좋고 수명도 길다. 단, 골이 얕은 경우에는 그에 따라 운세가 약해진다.

인중이 짧으면 운세가 약하고 수명도 짧다. 또한 짧고 밖으로 휜 인중은 아이에게 많은 모양으로, 지성이 조금 부족하고 가끔 비상식적인 행동을 할 때가 있다. 처세술에 능하지 못하고 아이와의 인연도 희박하다. 단, 인중이 짧아도 골이 깊은 경우에는 보완이 된다.

골이 얕은 인중과 깊은 인중

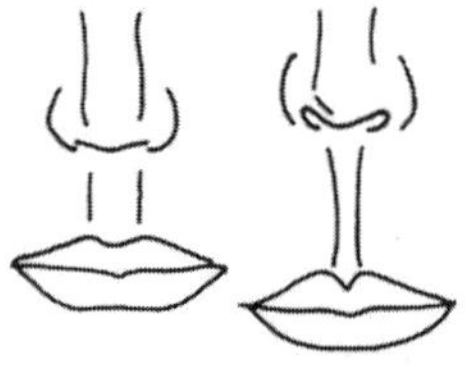

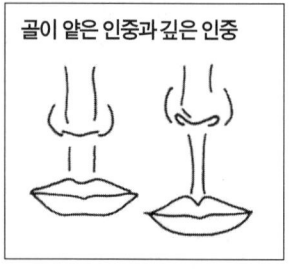

인중의 골 깊이는 그 사람의 마음상태를 나타낸다. 골이 깊은 사람은 긴장을 하고 끈기가 있다. 반대로 골이 얕은 경우, 마음에 허점이 있고 운세도 약하다는 것을 나타낸다. 골이 얕고 폭이 넓은 사람, 즉 편편한 느낌의 인중은 인내력이나 생활력이 모두 희박하며 낭비를 한다. 골이 깊고 좁은 인중, 즉 하나의 선처럼 보이는 인중은 끈기는 있지만 매사에 투덜거리는 사람이며 아이와의 인연도 희박하다.

상처 · 점 · 사마귀가 있는 인중

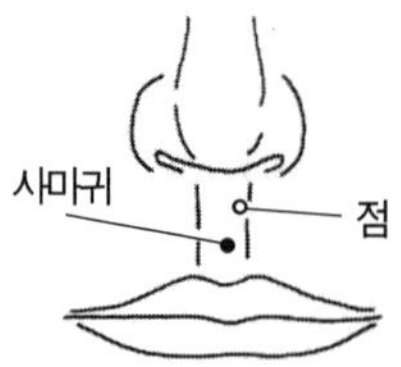

인중에 상처나 점이 있는 것은 단명할 상으로 생활력도 약함을 나타낸다. 만일 검은 점이라면 아이와의 인연이 희박하고, 물난리를 겪을 수도 있다. 또한 인중에 하얀 점이 있어도 아이와의 인연이 희박하다. 인중에 하얀 사마귀가 있는 경우에는 남자아이와의 인연이 희박하고, 오른쪽에 있으면 여자아이와 인연이 희박하다.

인중에 붉은 반점이 나오면 부부싸움 중이거나 자궁 질환의 우환이 있을 수 있으므로 의사의 진단을 받는다.

인중이 없는 사람

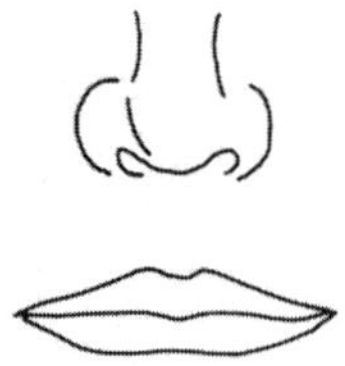

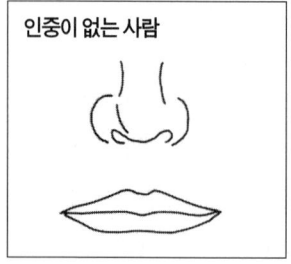

코 아래가 편편하고 인중의 골을 거의 알아볼 수 없는 사람이다. 자식과 인연이 없는데, 부부 중 한 사람에게 인중이 없어도 다른 한 사람에게 있으면 조금은 가능성이 있다.

부부 중 남성에게 인중이 없는 경우에는 아이가 태어나도 대부분 조산으로 죽거나 부모와 떨어져 타향에서 살게 되므로 결국 자식과의 인연이 적다. 여성에게 인중이 없는 경우에는 아이를 낳지 못하거나 낳아도 반 정도는 죽는다.

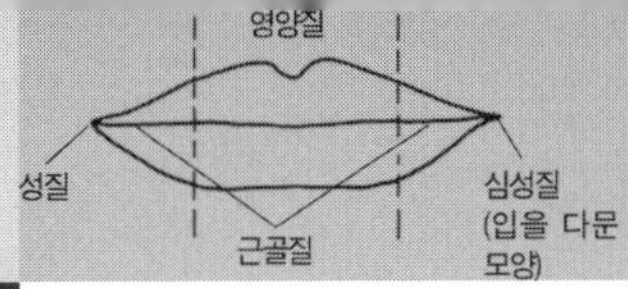

입

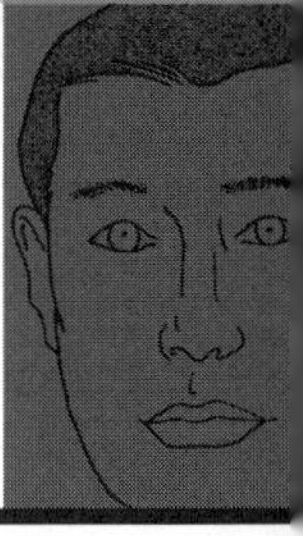

입은 하정을 대표하는 부분이다.

주로 애정을 나타내는 곳으로, 코에서 나타나는 실행력이 자신의 손익 계산에 따른 것인지 애정에 의한 것인지를 입을 통해 판단할 수 있다. 또한 금전운도 입으로 판단한다.

입의 모양으로 운세의 강약과 의지력을 보고, 입술로는 애정의 정도와 정력 · 수명 · 의지력 및 아이와의 인연 등을 본다.

특히 여성에게 입은 성(性)과 연관된 중요한 부분이다. 이는 입이 성기와 같은 신경계에 연결되어 있기 때문이다.

또한 인체에서 피부색과 다른 입술 · 유두 · 음부 · 항문 등은 모두 생식 · 소화와 관련된 부분이며, 입술의 발달 정도가 다른 부분의 발달 정도를 보여준다.

입의 표준

입의 길이는 눈 길이의 1.5배가 표준이다. 실제로 입을 볼 때는 입의 양끝이 눈의 어느 부분에 오는지로 판단한다.

눈썹 사이가 좁은 사람이나 남성은 두 눈동자의 간격을 표준으로 하고, 눈썹 사이가 넓은 사람이나 여성은 좌우 검은자위의 안쪽 간격이 표준이다.

입의 크기는 주로 생활력의 정도와 성격의 음양을 나타낸다.

또한 눈과 마찬가지로 얼굴 모양이나 크기에 비해 크게 보이는지 작게 보이는지, 입의 크기를 전체적인 느낌으로 판단하는 것이 중요하다.

입의 표준

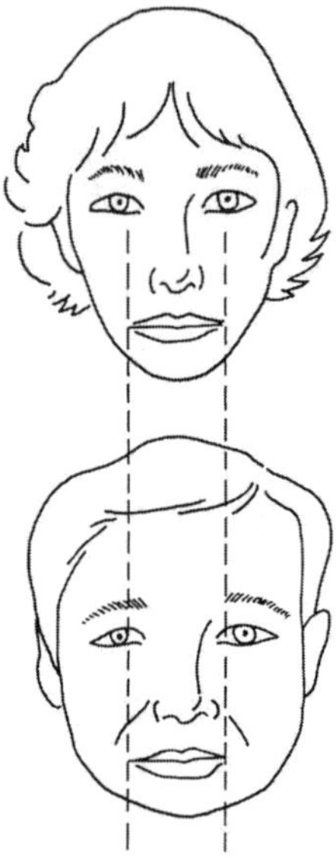

입이 큰지 작은지는 눈과 마찬가지로 얼굴 모양에서 받은 느낌으로 판단한다.

입술이 나타내는 의미

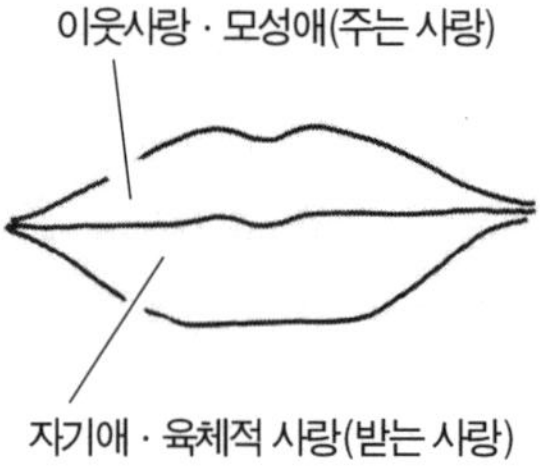

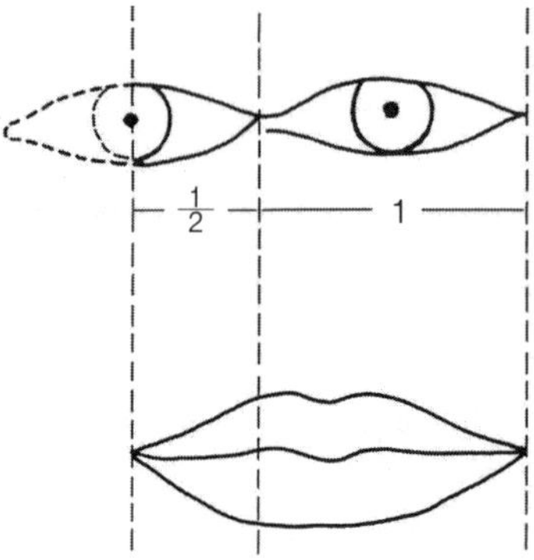

길이는 눈 길이의 1.5배

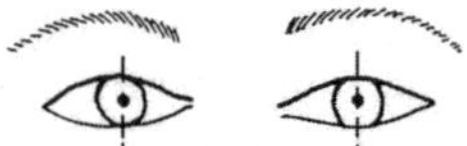

눈썹 사이가 좁은 사람이나 남성은 두 눈동자의 간격이 표준이다.

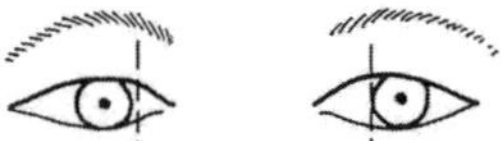

눈썹 사이가 넓은 사람이나 여성은 좌우 검은자위의 안쪽 간격이 표준이다.

삼형질의 입

심성질

크기는 영양질과 같거나 조금 작다. 입술이 얇은 것이 특징이다. 즉, 노인의 입으로 애정이 부족하고 자기 본위이다. 냉소적인 말을 많이 한다.

영양질

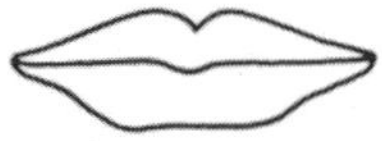

입이 약간 작은 대신에 입술이 두껍다. 사랑스런 느낌의 여성스런 입이다. 애정 과다이며, 입을 다문 상태에 따라 운세가 좌우된다.

근골질

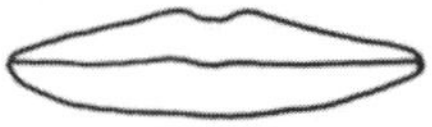

크고 입술 두께는 보통이다. 입을 다문 모양이 좋고 힘이 느껴지는 남성적인 입이다. 운세는 그런대로 순조로우며 애정도 안정적이다. 수명도 길다.

입의 삼형질론

인상 포인트

심성질 부분인 입의 양끝이 가늘지 않고 두꺼우며, 다문 모양이 좋은 입을 사자구(四字口)라고 한다. 매우 좋은 상이다. 영양질 부분이 전체적으로 퍼져 있고 양끝이 뚜렷한 근골질로 다물어져 있기 때문이다. 성격이 밝고 매사에 좋게 해석하기 때문에 사람들이 호감을 갖는다. 입신출세하고 재산을 남기며 자손도 번성하는 대부호의 상이다.

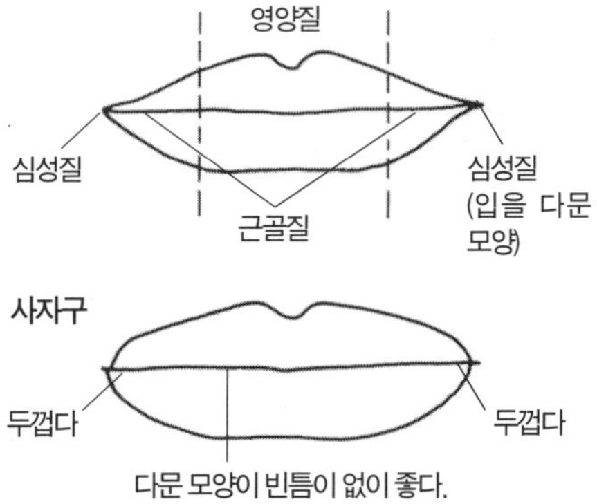

큰 입과 작은 입

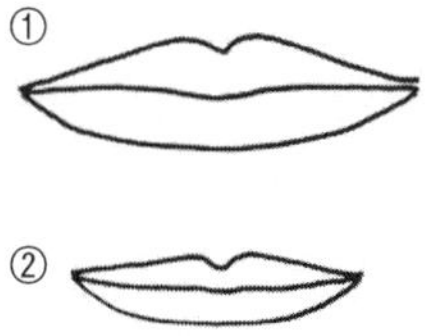

①의 큰 입은 성공하는 상으로 생활력이 있고 야심가이다. 또한 배짱이 있으며 명랑한 성격이다. 여성은 호감을 주는 인상이므로 연애결혼을 하는데, 생활력이 있어 집에서 살림만 하지 못하는 현대적인 유형이다.

②의 작은 입은 소심하고 소극적이다. 재미없는 성격이지만 한 가지 일을 이루기 위해 노력을 계속하는 인내력을 갖고 있다. 여성의 경우는 의타심이 강해 일을 혼자서는 하지 않는다. 의식주에 항상 불평 불만이 있으며, 질투심이 강한 것도 특징이다.

두꺼운 입술과 얇은 입술

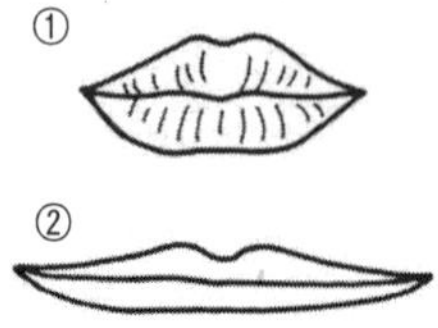

①의 두꺼운 입술은 애정이 많고 박애주의적이다. 또한 입술의 색이 선명한 사람은 금전운과 건강운이 모두 좋다. 이런 입술의 여성은 동정심이 있다. 특히 입술에 뚜렷하게 세로선이 많은 입을 환대문(歡帶紋)이라 하는데, 자식덕이 있으며 순산한다.

②의 얇은 입술은 냉정하고 동정심이 없으며 다른 사람에 대해 경계한다. 물욕이 강하고 마음도 비틀려 있다. 여성은 특히 성격이 냉정하며, 자신의 손익에 따라 이혼을 결정하기도 한다. 허리 냉증을 조심한다.

아귀가 처진 입(복주구)

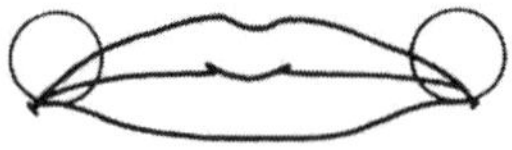

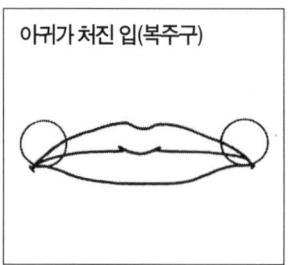

배를 뒤집어 놓은 듯한 모양의 입으로 심하면 ㅅ모양의 입이 된다. 마음씨가 나쁘고, 일에서나 다른 사람에 대해 나쁘게 생각하는 경향이 있다. 의지가 강하며 입신출세를 지향하는 노력형이다. 어려운 일이 생기면 어금니를 악물고 열심히 움직이기 때문에 자연스럽게 입술의 양끝이 꽉 다물어져서 처지는데, 이 때문에 노력형이라고 한다. 이 입이 고정되면 지기 싫어하는 정도가 심해져서 사람들이 싫어한다. 정치가에게 많은 책사형이다. 얇은 입술에 많으며, '복주구(覆舟口)' 라도 입술이 두꺼우면 운이 좋아진다.

양끝이 올라간 입
(영주구, 까진 입)

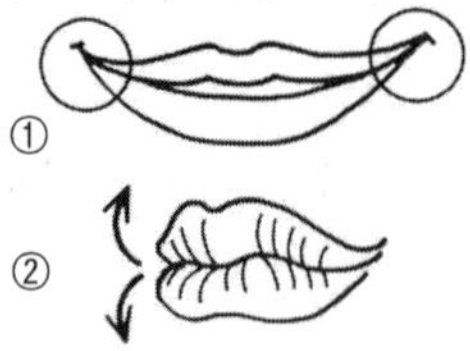

①의 영주구(迎舟口)는 복주구와 반대로 양끝이 올라간 입이다. 밝고 명랑하며 매사에 긍정적으로 생각하는 양성(陽性)의 사람이다. 사람들에게 사랑을 받으며 건강상태도 좋고 입신출세한다.

반면 ②와 같이 입술이 위아래로 까져서 말려 올라간 사람은 자신을 적극적으로 알려서 잘 보이는 유형으로, 예술인 등에는 적합하지만 일반인이라면 너무 나서는 사람으로 보인다. 항상 자신의 존재를 과시하고 어디서나 주목을 받고 싶어한다. 성격이 좋은 쪽으로 나타나면 매력적이며 반응도 예민하다. 아동형.

아랫입술이나 윗입술이 나온 입

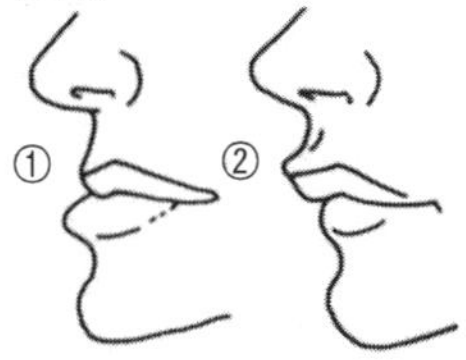

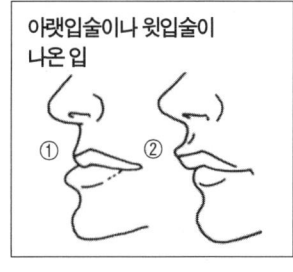

①처럼 아랫입술이 나온 모양의 애구(愛口)는 따지기 좋아하고 무슨 일에나 일단 반대의사를 표시해야 직성이 풀리는 사람이다. 아랫입술이 나오면 나올수록 이런 성격이 강하고 다른 사람을 믿지 않기 때문에 사람들에게 신뢰를 받지 못한다. 그러나 입술이 조금 나온 사람은 건설적인 의견을 내놓고, 자신이 납득해야 행동하는 철저한 사람이다.

②처럼 윗입술이 나오면 덜렁이이다. 보통은 말이 없지만 말을 하면 경솔하게 말한다. 평생 출세를 못 하고 시시콜콜 따지지만 가정을 소중히 여긴다.

입술의 상처와 말하는 입모양

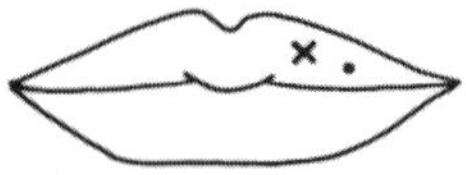

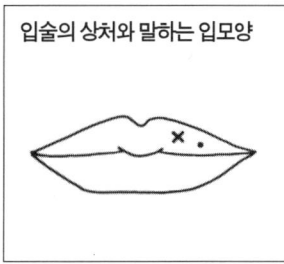

입술에 상처가 있는 경우 애정운이나 금전운이 없으며 실망이 크다. 또한 치질이나 위장 질환이 생기기 쉽다.

말하는 입모양으로도 성격을 판단할 수 있다. 말할 때 입술이 아래로 비뚤어지는 사람은 대개 거짓말을 한다. 근성이 나쁘며 자조형이기도 하다.

입의 한쪽만 올라가는 사람은 자신만만한 유형이며, 그 때문에 운을 놓치는 경향이 있다. 또한 감정이 격해져서 입술이 씰룩거리는 사람은 말로 인해 잘못되기 쉬우며 질투심이 강하다.

mini Column

인상으로 위험을 감지한다

어느 개인택시 운전기사의 아들이 인상을 공부하고 있었다.
어느 날 아버지가 일하러 나가실 때 아들이 아버지의 얼굴을 보고 문득 "아버지, 오늘은 코가 이상하니까 조심하십시오." 라며 배웅하였다.
아버지는 '조심해야지' 생각하면서 나갔는데 여느 날보다 일찍 귀가하였다.
아버지의 얼굴이 창백한 것을 본 아들이 "무슨 일이십니까?" 라고 묻자 "내가 오늘 같이 놀란 적이 없다. 집을 나설 때 네가 주의를 주어서 사람을 치지 않았지만, 더 이상 일할 마음이 없어서 돌아왔다." 고 하였다.
아슬아슬하게 사고를 면했던 것이다.

부위별 인상법 포인트

:: 이마 – 지능을 나타낸다

· 이마의 가로폭이 넓을수록 실리적인 사고를 하고(계산형), 이마가 높을수록 수준 높은 사고를 한다(재치형).

· 이마 모양이나 머리카락이 난 모양이 나쁠수록 가족과의 인연이 좋지 않고 지혜도 적다. 생각도 치밀하지 않다.

:: 눈썹 – 형제나 친척 · 지능을 나타낸다

· 굵은 눈썹은 굳센 기운을 나타내며 지능은 보통인데 눈썹의 털이 가지런하면 지능이 좋다. 사회운이 있다.

· 반달눈썹은 원만하고 온화하며 형제와의 인연이 좋고 금전운이 있다. 초승달눈썹은 신경과민형이다.

:: 눈 – 애정 · 의지력 · 성격을 나타낸다

· 크고 둥근 눈은 밝은 성격이고, 작고 가는 눈은 어두운 성격이다.

· 올라간 눈은 의지가 강하고, 처진 눈은 의지가 약하다.

· 일반적으로 큰 눈이나 열정적인 눈은 애정이 깊다(모양보다 눈빛에 중점).

:: 코 – 성격을 나타낸다

· 큰 코는 자기주장이 강하고 자기중심형이며, 좁고 높은 코는 공격적이고 오만하다.

· 아이의 코는 감정의 변화가 있고 밝다.

:: 법령 – 부하운 · 직업운을 나타낸다

· 법령이 뚜렷할수록 부하운과 직업운이 좋다.

:: 입 – 애정 · 의지 · 생활력을 나타낸다

· 크고 두꺼운 입은 보통이고, 입을 다문 모양이 좋으면 남성적인 성격이다. 장수한다. 애정이 깊고 대범하며 운세가 순조롭다. 반면에 조금 작고 도톰한 입은 여성적인 성격이다. 애정과다.

· 얇은 입은 노인형으로 애정이 별로 없고 말이 많다. 자기중심형.

:: 귀 – 건강운 · 금전운을 나타낸다

· 단단할수록 건강하고 정력적이며 금전운도 있다. 속귀가 나올수록 응석꾸러기이고 건강운은 조금 약하다.

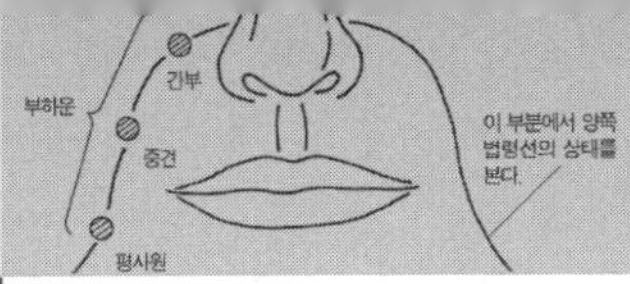

법령

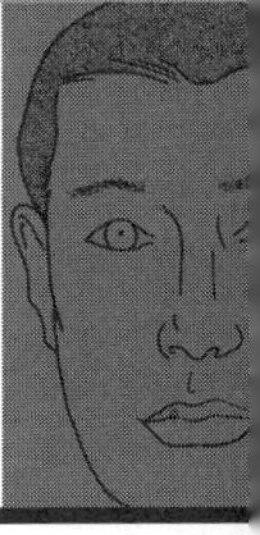

'법령(法令)'이란 콧방울 위에서 입의 양옆을 지나 아래턱으로 이어지는 얼굴의 주름으로 중정에서 하정에 걸쳐 있다. 끝쪽이 점점 넓게 펴질수록 좋은 상이며, 주름이 입과 가까울수록 운이 적다.

법령은 운세적으로는 부하운 · 가정운 · 직업운 · 주거운을 보며, 질병점을 볼 때는 다리와 허리의 건강을 본다.

또한 자립 여부를 나타내는데, 이른바 직업의식이나 프로 의식을 상징한다. 따라서 법령이 뚜렷한 여성은 직업적으로 성공하지만 주부로서는 맞지 않는다.

법령은 누구나 보기 쉽고 판단도 비교적 어렵지 않지만, 중년이 되어야 뚜렷이 나타나기 때문에 젊은 사람을 점치기는 어렵다.

이럴 때는 웃는 얼굴을 본다. 웃을 때 생기는 입 주위의 주름이 나중에 법령이 된다.

법령의 표준

법령은 20대에 점차 얕은 주름이 생기기 시작하여 40세 이후에 깊고 뚜렷해진다. 자립심을 나타내는 것으로 나이를 먹어도 법령이 없는 사람이 있고, 반대로 젊어도 뚜렷한 사람이 있다.

콧방울의 바로 위에서 시작하여 입술의 중심선보다 조금 아래에서 끝나는 것이 보통이다.

단, 법령의 끝이 입술의 상단과 아랫입술의 하단 사이에 있으면 표준이다.

법령의 표준

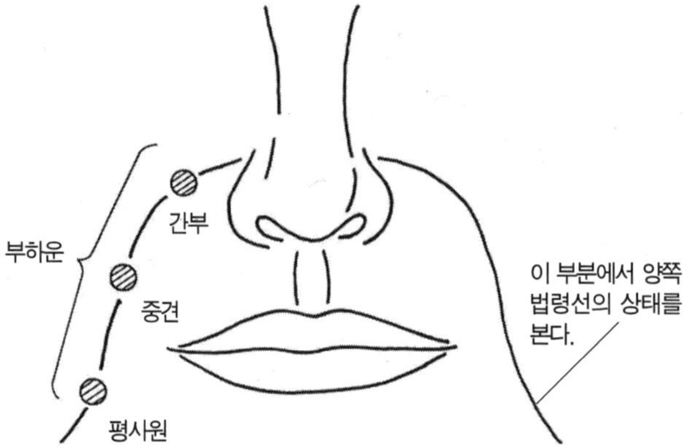

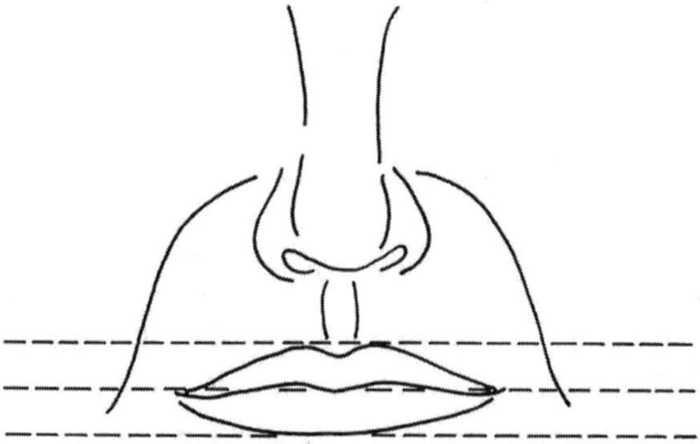

법령은 20대에 흐리게 주름이 생기기 시작하여 40세 이후에 깊고 뚜렷해진다. 콧방울의 바로 위에서 시작하여 입술 중심선의 조금 아래쪽에서 끝나는 것이 표준이다.

넓이와 폭

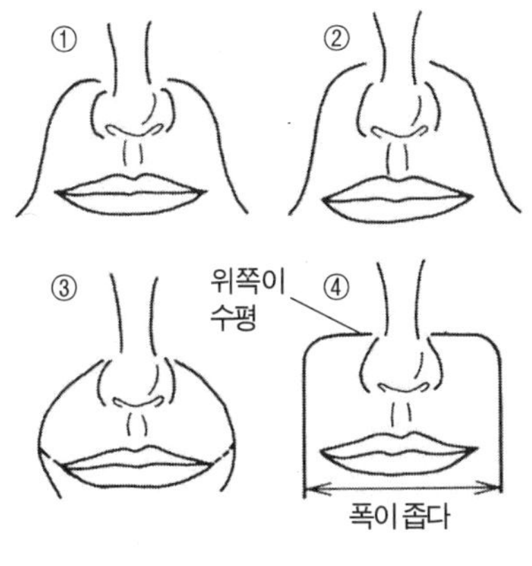

①과 같이 주름이 뚜렷하고 점점 옆으로 퍼지는 법령은 반드시 입신출세한다. 특히 예능 관계에서 성공한다. 전체적으로 운세가 좋고 가정도 원만하며 부하운도 좋다.

②와 같이 콧방울에서 시작하는 법령은 고집스런 면이 있고, 자신을 적극적으로 알려 젊어서 출세한다.

③과 같이 입을 둘러싼 듯한 법령은 실패하기 쉬운 상이다. 위와 장이 약하고 먹는 양도 적다.

④와 같이 법령이 일직선으로 내려오는 경우는 폭이 넓으면 좋지만, 좁으면 고독한 상이다. 먹고 사는 것도 궁하다. 또한 위쪽이 수평이면 조심성이 없고 다른 사람의 말을 듣지 않으며, 운을 깨는 유형이다.

산만한 주름

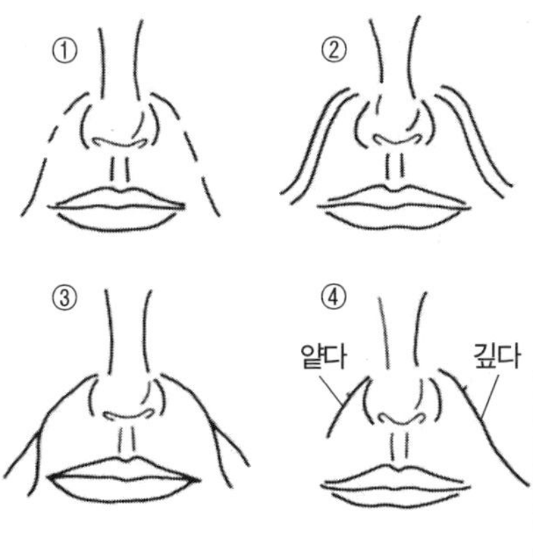

①처럼 법령선이 드문드문 끊어진 경우, 직업이 일정하지 않고 수명이 짧으며 부모와의 인연도 적다.

②처럼 법령선이 두 개인 경우, 부모와의 인연이 좋지 않고 직업도 금방 바꾼다. 좋은 의미에서는 직업을 두 개 갖는 사람이다.

③처럼 법령선이 여러 개로 갈라져 있는 경우, 특히 바깥쪽을 향해 갈라지면 갈라지는 지점의 나이부터 사업이 발전하는 좋은 상이다. 또한 여러 개로 갈라지는 시기부터 두 개의 직업을 갖는다.

④처럼 균형을 이루지 않은 법령, 즉 좌우 균형을 이루지 않은 법령은 부모님 중 한 분과 인연이 희박하다. 왼쪽의 주름이 깊고 뚜렷한 경우, 남성은 아버

지와의 인연이 깊고 여성은 어머니와의 인연이 깊다. 반대로 오른쪽의 주름이 깊고 뚜렷한 경우는 이와 반대이다.

법령의 상처와 점

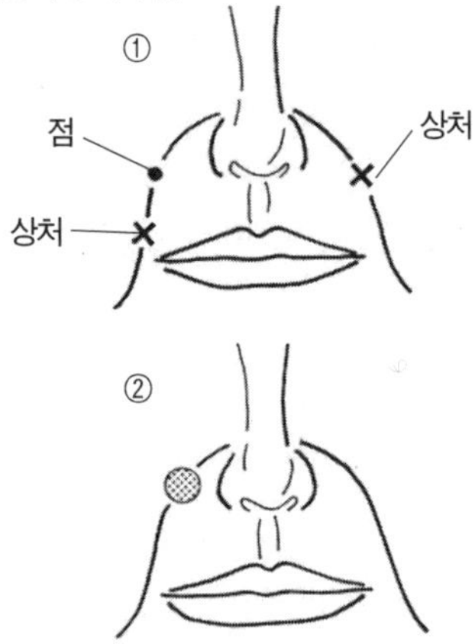

①처럼 법령선 위에 상처나 점이 있는 사람은 부모님 중 한 분과 인연이 희박하다. 왼쪽 법령선 위에 있는 경우 남성은 아버지, 여성은 어머니와 인연이 없다. 반대로 오른쪽 법령선 위에 있는 경우 남성은 어머니, 여성은 아버지와 인연이 없다.

②처럼 법령선 위에 옅게 거무스름한 얼룩이 있으면 믿는 부하직원이 달아난다.

이 경우 거무스름한 얼룩이 있는 위치로 부하직원의 중요도를 알 수 있다. 이것이 코와 가까우면 가까울수록 간부급의 중요한 부하를 의미한다.

법령이 없는 경우

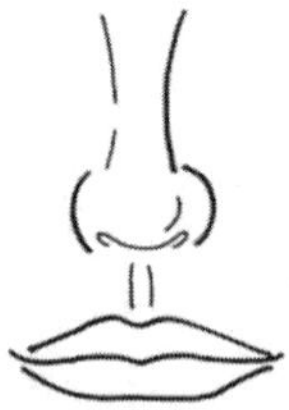

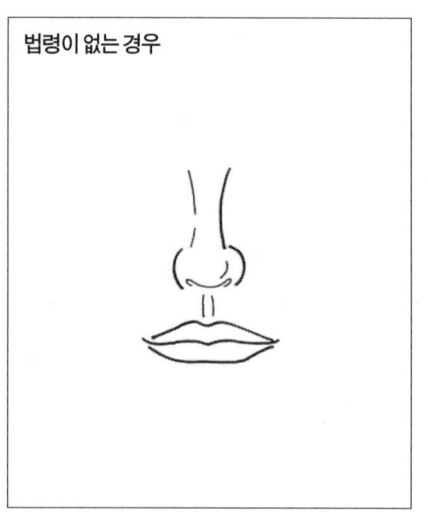

그림처럼 나이를 먹어도 법령이 없는 사람은 운이 일정하지 않으며, 세상의 평가도 일정하지 않다.

반대로 젊어서 법령이 있는 사람은 자립심이 강하고 젊어서부터 고생하는 상이다.

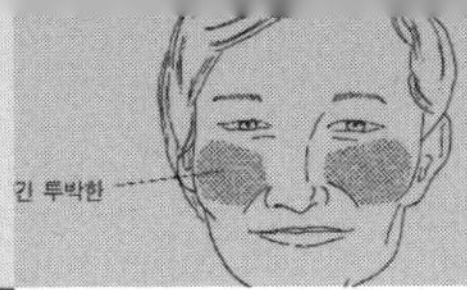

광대뼈(관골)

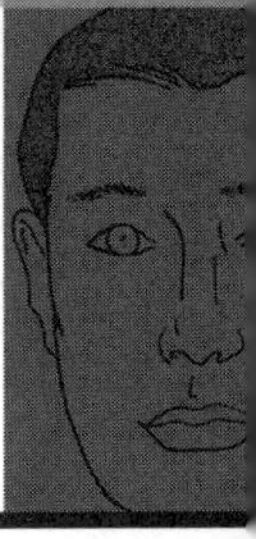

인상학에서는 광대뼈를 '관골(觀骨)' 이라고 한다.

광대뼈는 중정을 대표하는 코를 보조한다.

일반적으로 볼은 광대뼈와 그 아래에 뼈가 없는 부분을 모두 포함해서 보지만, 인상학에서는 광대뼈를 제외한 부분으로 본다.

광대뼈는 남성에게 잘 발달해 있고 여성의 경우는 그다지 잘 눈에 띄지 않는다.

광대뼈로 알 수 있는 것은 내적으로는 인내력과 기력이며, 외적으로는 저항력과 그것을 표현하는 방법, 세상의 평가 등이다.

광대뼈가 나온 방향이나 뻗는 방향을 잘 보고 앞쪽이 나온 사람, 옆쪽이 나온 사람, 양쪽이 모두 나온 사람, 양쪽 모두 나오지 않은 사람으로 나눌 수 있다.

또한 옆쪽의 광대뼈가 뻗은 방향을 보고 수평인 사람, 위로 향하는 사람, 아래로 향하는 사람으로 나눈다.

광대뼈의 구조와 명칭

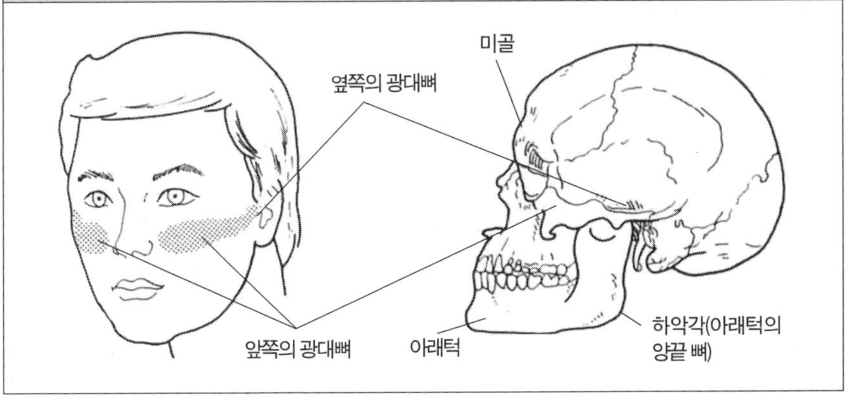

삼형질의 광대뼈

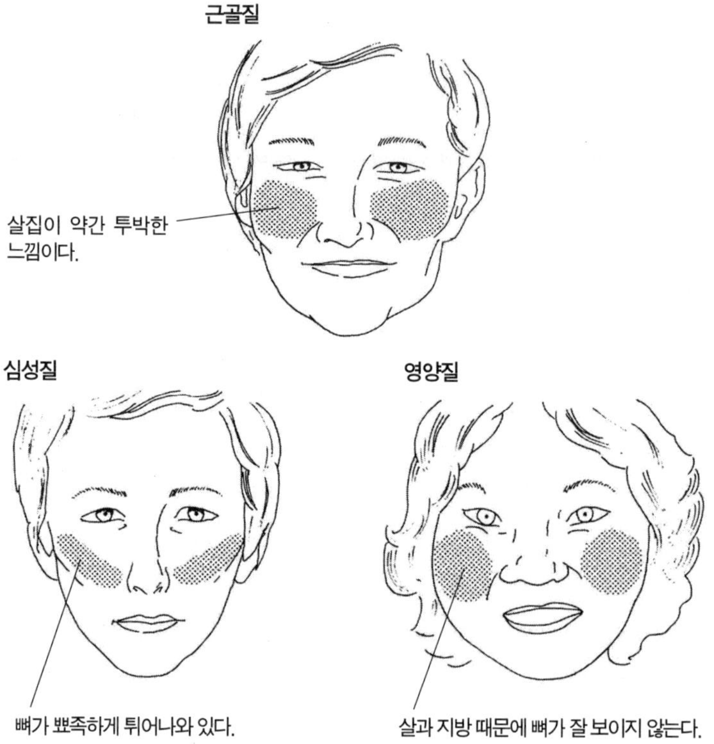
근골질
살집이 약간 투박한 느낌이다.
심성질
뼈가 뾰족하게 튀어나와 있다.
영양질
살과 지방 때문에 뼈가 잘 보이지 않는다.

앞쪽 광대뼈가 나온 사람

일반적으로 경쟁심이 강하다. 기력이 있고 건강하다. 어떤 일이든 무서워하지 않고, 누가 험담을 하면 그 자리에서 반론을 하며 뒤에 앙심을 품지 않는다. 인정이 있지만 깊이가 얕다. 앞쪽의 광대뼈가 나와 있고 코(코끝)도 높으면 부추김에 잘 넘어가는 성격이므로 주의한다.

여성의 경우는 여성상위의 기질이 있으며 활달하다. 광대뼈가 지나치게 나온 사람은 남녀 모두 성질이 급하고 의지가 약하다. 자아만 주장하는 '잘난체하는 사람' 이다.

옆쪽 광대뼈가 나온 사람

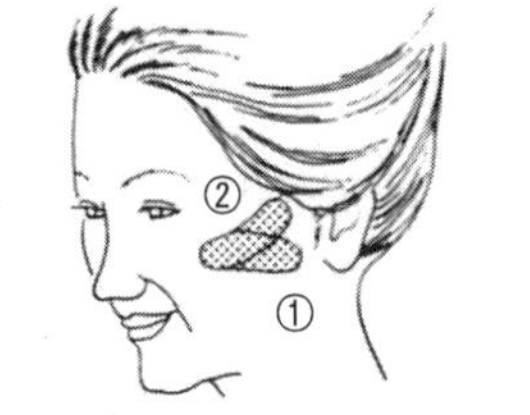

기력이 왕성하고 저항심도 강하지만, 앞쪽 광대뼈가 나온 사람이 양성인 데 반해 이 경우는 음성이다. 저항심도 겉으로 드러내지 않고 은밀히 속으로 대책을 강구한다. ①처럼 광대뼈가 귀 쪽을 향해 내려갈수록 성격이 음험해서 안 좋은 소리를 들으면 대수롭지 않게 받아들이는 척하면서 언젠가 앙갚음을 하려고 기회를 엿보는 형이다. ②처럼 광대뼈가 귀 쪽을 향해 올라가는 것은 학자나 예술가에게 많다. 음험함이 덜하고, 인간의 깊이와 진정한 용기를 가진 사람이다. 조용히 노력하는 사람이다.

앞쪽과 옆쪽의 광대뼈가 모두 나온 사람

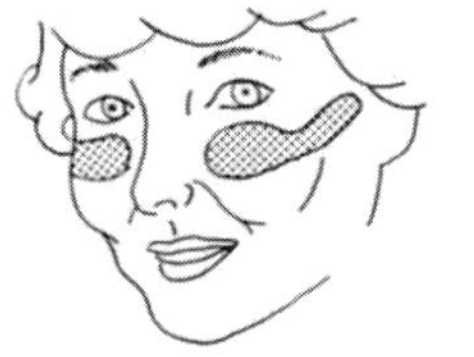

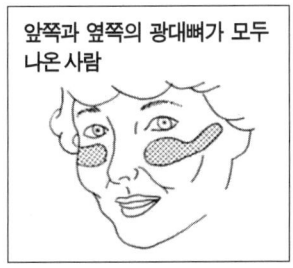

앞쪽이 나와 있을 때 나타나는 급한 성질과 옆쪽이 나와 있을 때 나타나는 음험함이 가려지고 양쪽의 좋은 면만 나타난다. 기회를 엿보는 데 민첩하며 상대에게 트집을 잡더라도 확실한 증거를 갖고 말한다. 특히 양쪽 광대뼈가 나와 있고 살까지 있으면 가장 좋다. 적당히 흘려버리고 적당히 반론하면서 어느 틈엔가 자신의 페이스에 맞춰가는 유형이다. 뼈가 나타내는 가시를 살이 덮고 있으므로 항상 냉정하고 근성도 있으며, 동료나 주위 사람의 평판도 좋다.

그 밖의 광대뼈

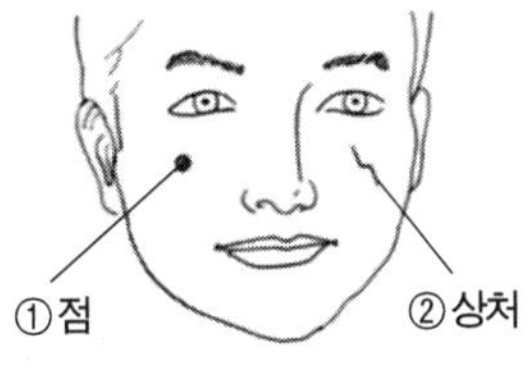

앞쪽과 옆쪽이 모두 안 나온 사람은 인내심이 부족하다. 사람들에게 눌려서 우유부단한데 어떤 의미에서는 참을성이 있다고 할 수 있다. 광대뼈가 나와도 좌우 크기가 다르거나 상하 차이가 있어서 불균형인 경우 매사에 성공하지 못하고 사람들과의 교제도 오래 못 간다.

광대뼈에 상처나 점이 있으면 질병이나 재난에 주의한다. 특히 46~47세가 위험하다. 상처가 있으면 재난의 원인이 자신에게 있고, 점이 있으면 주위나 그 밖의 상황 때문이다. 평판이 좋으면 색이 좋고, 평판이 나쁘면 색이 나쁘다.

직장인의 인상

흔히들 첫인상이 중요하다고 하는데, 취직시험의 면접 등에서도 첫인상은 특히 중요하다.

인상법으로 본 첫인상의 개선 방법은 다음과 같다.

① 얼굴이 사각형인 경우 일을 시원스럽게 잘 처리하는 실행형으로 보이지만, 한편으로는 성질이 급한 인상을 준다.

② 이마 위쪽의 머리카락이 나는 발제 부분에 역삼각형으로 머리가 난 곳이 세 군데나 있으면 반항적인 상이다. 가능하면 다른 사람의 말을 듣도록 한다.

③ 이마 위쪽의 머리카락이 나는 발제 부분에 삼각형으로 머리가 난 곳이 있고 아랫입술이 나와 있으며, 턱에 보조개와 오목하게 들어간 부분이 있는 경우는 경계심이 많다. 말이 많은 잔소리꾼으로도 보인다.
단, 턱의 모양으로만 보면 한 가지 재주가 뛰어나서 성공하는 사람도 있으며, 말한 것은 반드시 실행하는 힘도 있다.

④ 머리카락이 뻣뻣하면 일도 열심히 하는 사람처럼 보인다.

⑤ 눈썹이 짙고 일직선이면 가족을 자랑하는 유형이다. 일과 가정, 그리고 종업원을 모두 존중한다.

⑥ 눈이 가는 사람은 조심하지 않으면 무심코 말을 많이 해서 말꼬리를 잡힌다. 졸린 듯 보이기도 하지만 무슨 생각을 하는지 알 수 없어 보이기도 한다. 남의 말을 잘 듣는다.

⑦ 코끝이 뾰족한 사람은 막다른 상황이 되면 냉정한 면이 있다. 그러나 인정에 좌우되지 않고 계산이 빠른 수완가이다.

⑧ 인중이 짧은 사람은 성질이 급하다는 인상을 준다.

⑨ 입술이 얇고 ㅅ 모양으로 다물어져 있는 사람은 대단한 노력파이다. 또한 이쪽에서 하는 말을 솔직하게 받아들이지 않고 반대나 배신으로 받아들일 수 있다. 성의와 증거를 보여줘야 한다.

이것들은 인상을 한마디로 표현한 것으로 길거리에서 점을 보는 사람들이 상대를 보고 한눈에 파악할 때 이용한다.

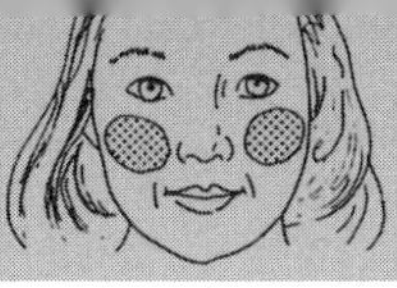

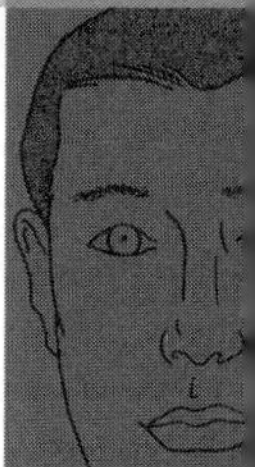

볼

광대뼈 밑의 뼈가 없는 부분, 즉 물이나 공기를 머금었을 때 볼록해지는 부분을 '볼' 이라고 한다.

살이 있어서 통통하고 팽팽한 것이 좋은 상이며, 팽팽하지 않은 볼은 운세도 좋지 않다.

또한 앞에서 말한 광대뼈와 볼 부위가 윤기 있는 사람은 운세도 좋고, 이 부분의 모양이 나타내는 좋은 의미가 더 강해진다.

볼은 가정운 · 노년운 · 부하운 등을 나타내며, 성격적으로는 애정을 의미한다. 질병으로는 위장 장해를 나타낸다.

볼의 통통함은 복부에 비례한다. 볼이 통통한 사람은 복부도 포동포동하고 크다. 따라서 식욕이 왕성하고 운도 열린다.

단, 너무 통통해서 볼이 처진 듯한 경우에는 운이 쇠하기 시작한다.

보조개가 있는 사람

애교가 있으며, 결코 나쁜 상이 아니지만 좋은 상도 아니다.

부모에게 사랑을 받으며 자라지만 태어날 무렵부터 가운이 기울어간다.

보조개를 개성으로 살릴 수 있는 예능 관련의 일이 좋다.

주위 사람에게는 인기가 있지만 가정적으로는 행복하기 어렵다.

통통한 볼과 팽팽하지 않은 볼

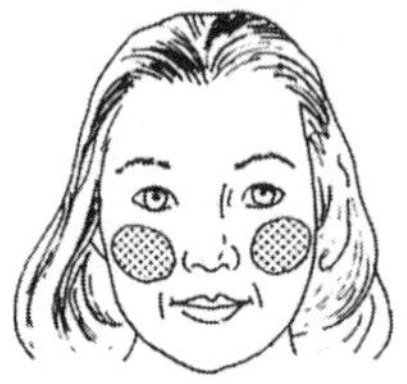

볼이 통통하고 피부가 팽팽한 사람은 노년으로 갈수록 운세가 강하고, 좋은 부하와 좋은 가정을 갖는다.

그러나 왠지 피부가 처지는 느낌이며 팽팽하지 않은 볼은 팽팽함이 없어질 때부터 운이 약해진다. 갑자기 이렇게 될 경우에는 큰 재난이나 질병이 찾아올 전조이므로 조심한다. 특히, 볼이 지나치게 통통해서 처지는 사람은 오히려 운이 쇠하여 몸도 운도 점점 쇠잔한다.

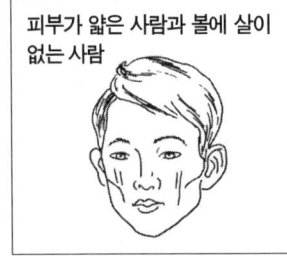

피부가 얇은 사람과 볼에 살이 없는 사람

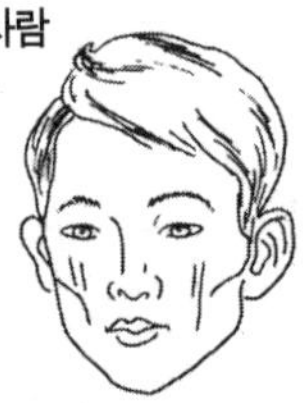

볼이 통통해도 피부가 얇은 사람은 금세 감정적으로 되는 경향이 있다. 피부가 얇은 것은 아이의 볼로 어딘가 어린애 같은 면이 있어서 질투가 강하고 감정이 격하지만, 시간이 지나면 언제 그랬냐는 듯이 잊어버린다. 인정이 많아 보이지만 일단 이해가 상반되면 다른 사람처럼 매몰차게 변한다.

볼에 살이 없는 사람은 마음이 관대하지 못하고 운도 약하다. 게다가 그림과 같이 세로로 주름이 있으면 변비에 걸리기 쉽다.

mini Column

인상의 감정 결과를 전달하는 방법

상대를 감정한 뒤에 그 결과를 전달하는 방법도 중요하다.
당신은 이런 성격이므로 이렇게 될 경향이 있습니다. 그러나 그것은 장점도 있고 단점도 있으므로 "장점으로는 이렇게, 단점으로는 이렇게 하면……" 하고 말한다.
즉, 단점이 장점이 되도록 지도한다.
'반드시 운이 있다'
근골질은 항상 운이 있고 실행력이나 정력도 있으므로 언제든지 운을 잡을 수 있다. 심성질은 학자형으로 만년에 고독한 상에 가깝지만 초년운이 있으므로 초년에 운을 잡으면 좋다. 영양질인 사람이 정말로 운을 잡는 시기는 중년이다. 반드시 운은 잡을 수 있다. 이와 같이 언제 어떤 운이 있는지 금전운 · 재물운 · 명예운 · 가정운 등 요점을 구체적으로 말한다.
또한 어떻게 하면 좋은지 지도하거나 나쁜 점을 교정해주며, 얼굴을 그리면서 설명해주면 효과적이다. 건강이 걱정되는 상이라면 건강 이야기부터 시작하는 것도 좋다.

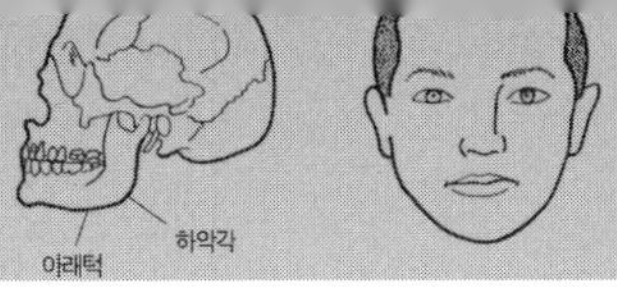

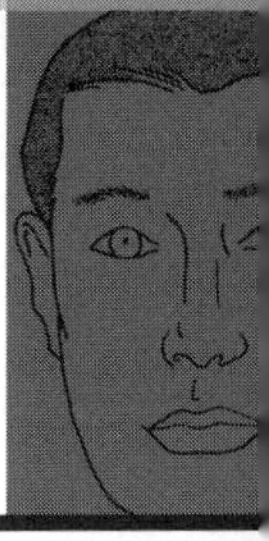

아래턱

‘아래턱’은 얼굴의 가장 아랫부분으로 하정의 가장 아래에 위치한다.

이마의 머리카락이 난 발제 부분이 초년운 · 지성 · 조상을 나타내는 데 비해, 아래턱은 만년운 · 가정운 · 애정 · 자손을 나타낸다.

즉, 자신의 지나온 삶의 결실을 나타내는 부분이며, 또한 그것을 예측할 수 있는 장소라고 할 수 있다.

아래턱에서는 살집으로 본능적인 욕정 및 애정 · 주거운 등을 본다. 뼈의 모양이나 튀어나온 형태로는 의지력과 의지를 겉으로 표현하는 방법 등을 알 수 있다.

아래턱이 중년이 되어서도 좁고 짧으면 고독하고 쓸쓸한 만년을 보낸다. 따라서 따뜻한 마음을 키우고 널리 세상에 애정을 쏟으며, 마음을 풍요롭게 하는 취미를 가지면 좋다.

동아리 등에 들어가서 인맥을 넓히는 것도 좋은 방법이다.

아래턱의 구조와 명칭

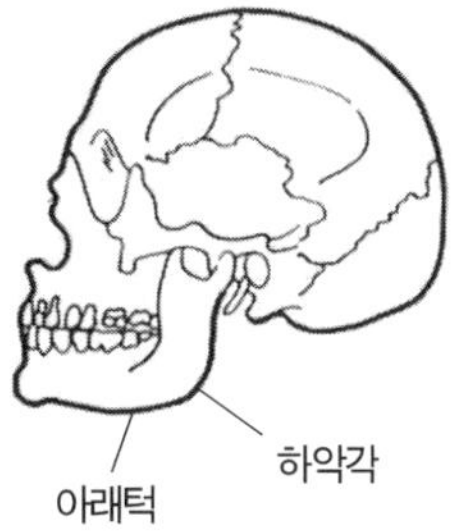

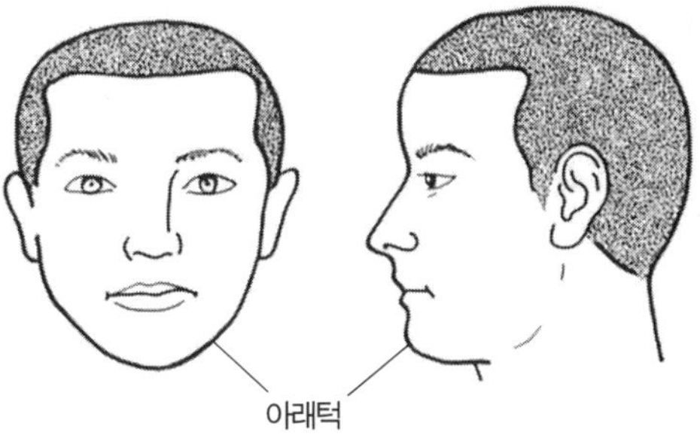

아래턱의 연령별 변화

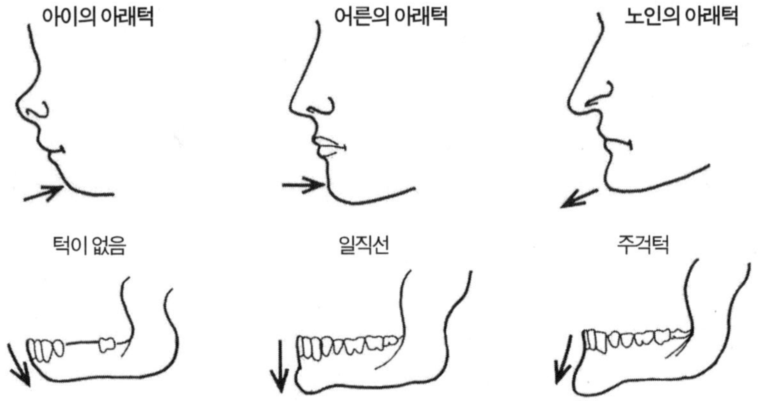

삼형질의 아래턱

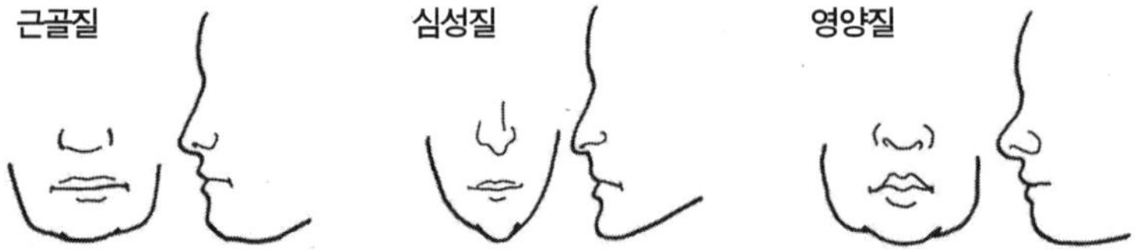

근골질: 각이 지고 뼈가 튀어나와 있다. 전체적으로 다부진 느낌이다.

심성질: 아래가 좁아지는 모양으로 뾰족하고 살도 없다. 전체적으로 빈약한 느낌이다.

영양질: 둥그스름하고 살집이 좋다. 전체적으로 통통한 느낌이다.

큰 턱과 작은 턱

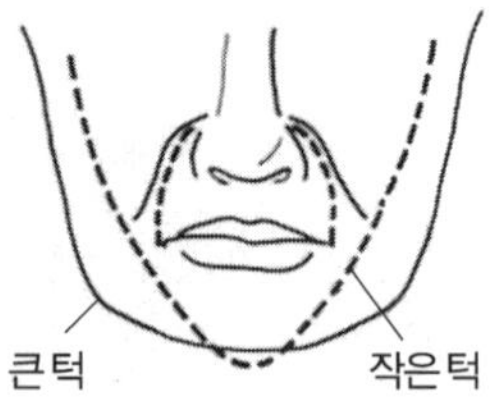

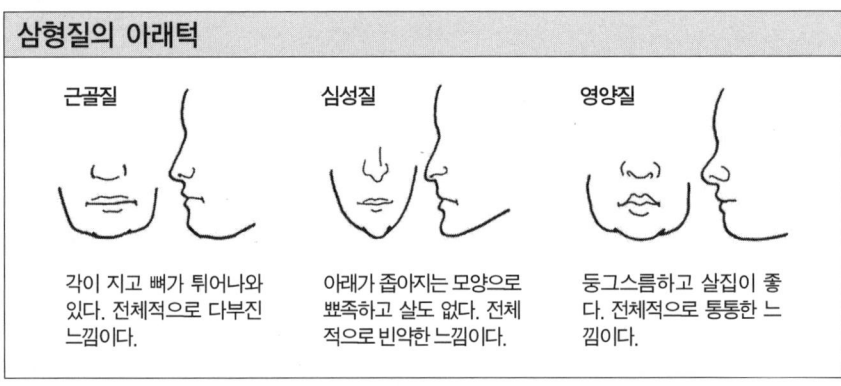

앞에서 법령을 설명하며 법령에 둘러싸인 부분이 넓을수록 주거운 등이 좋다고 하였는데, 이런 의미에서도 큰 턱은 좋은 상이다. 크고 튼튼한 턱은 주거가 안정된다는 것을 의미한다. 예를 들어 크고 작은 방이 여러 개 있으면 그 중에서 가장 큰 방을 자신의 서재나 침실로 사용함으로써 운이 더욱 좋아진다(법령에 준한다).

반대로 턱이 작고 좁은 사람은 주거가 불안정하고 큰 방에 있으면 안정이 안 된다.

각지고 큰 턱

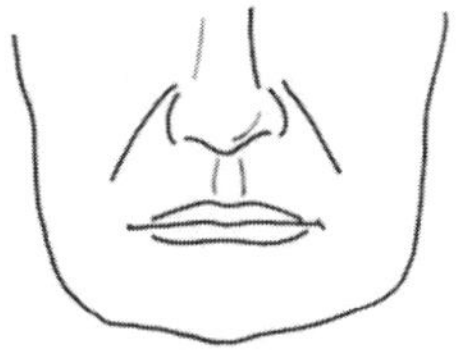

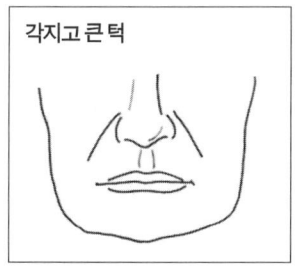

강하고 열심히 일하는 대표적인 근골질의 모습이다. 참을성이 많고 의지가 굳으며 매사에 성실하고 계획적이다. 만년운도 안정적이다.

이런 아래턱에 코가 높고 코끝이 뾰족하면 자아가 강하고 인정이 많으며 고집스럽다. 단, 턱이 다부지므로 자제력이 있으며, 고집으로 인해 나쁜 점은 없다. 더욱이 입술이 얇으면 지기 싫어하는 성격이 더해져서 빈정거리는 면이 나타난다. 여성인 경우 건강하고 열심히 일하여 내조를 잘 하지만 경제적으로 넉넉지 않다.

둥글고 큰 턱

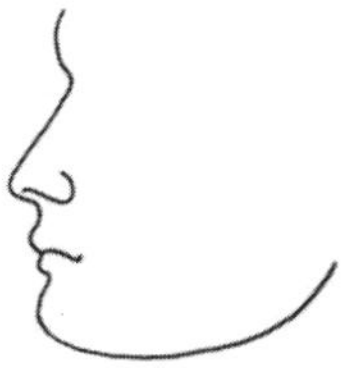

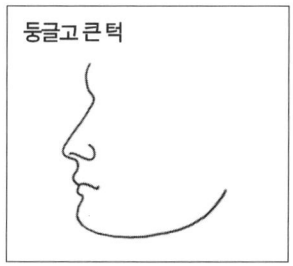

살집이 좋고 포동포동한 대표적인 영양질의 모습이다. 만년이 유쾌하고 즐거우며, 원만하기 때문에 가정이나 이웃과의 관계도 좋다. 그러나 살에 탄력이 없으면 일을 추진하는 의지가 부족해서 무사안일주의가 된다.

특히 여성이라면 좋은 상으로, 애정이 넘치는 가정에서 아이들과 함께 행복한 노년을 보낸다. 단, 지나치게 둥근 턱은 애정과다로 문제를 일으킬 수 있다. 그러나 유흥업소에는 잘 맞으며 손님에게 인기가 있어서 성공한다.

아랫부분이 오목하게 들어간 턱

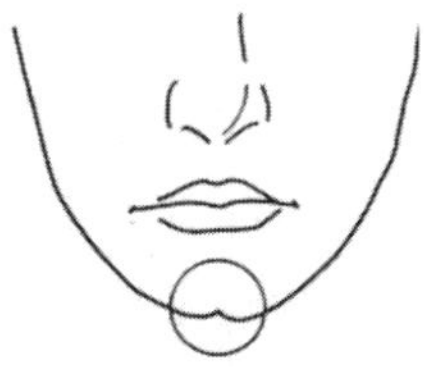

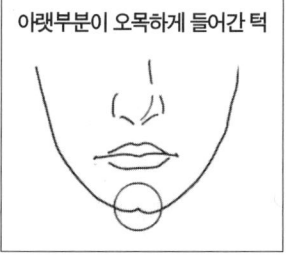

아랫부분이 들어간 턱은 좋은 상에 포함된다. 정열가로 고집스런 면이 있으며 매사에 끝까지 파고든다. 좋은 의미의 완고한 면이 있다. 한편, 중년에 주의해야 한다.

한 가지 재주가 뛰어난 사람이 많고 노력가로, 남성 중에 많이 있는데 여성에게도 인기가 있다. 단, 가업을 잇지 않고 독립하여 성공한다. 또한 턱이 오목하게 들어가면 시원스럽고 늠름해 보이기 때문에, 사랑의 적수 역할을 하는 배우들이 이 부분을 푸르게 칠해서 남자다움을 강조하기도 한다.

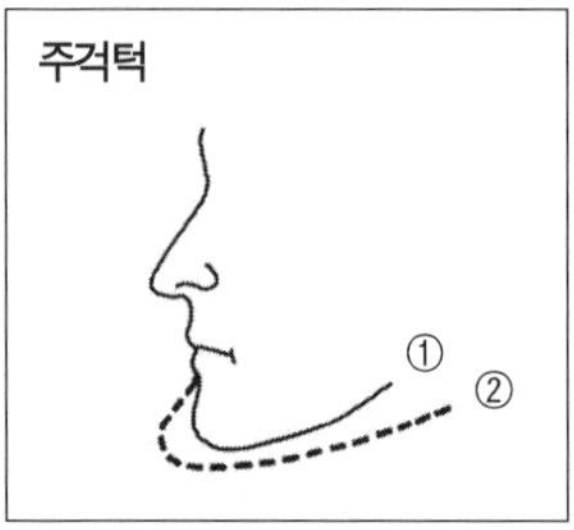

턱이 앞으로 나와 있는 사람은 일반적으로 고집스럽고 감정의 기복이 심하다. 아래턱의 폭에 따라 ①처럼 좁고 앞으로 나온 턱은 생활이 불안정하고 운이 약하다. 여성의 경우 생식기가 발달하지 않고 몸도 허약하다. ②처럼 폭이 넓고 앞으로 나온 턱은 자신의 생활이나 영역을 지키는 일에 열정적이며, 이를 관철시키는 의지력이 있다. 다른 사람이 자신의 영역을 침범하는 것을 매우 싫어하지만, 그런대로 자신의 세계를 지키며 행복한 만년을 보낸다.

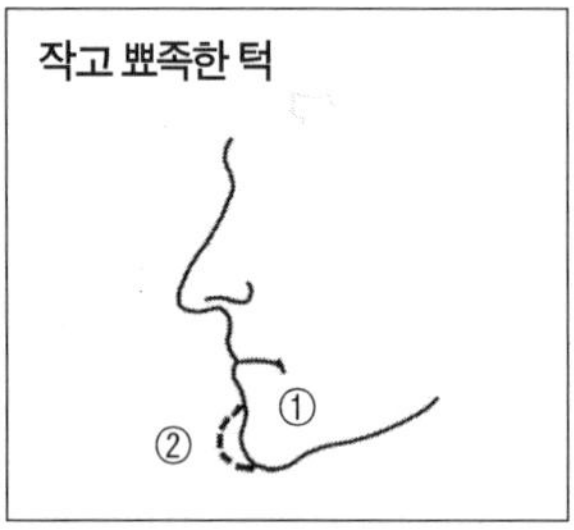

빈약한 턱은 인상에서 별로 좋지 않다. 작고 살이 없으며 평면적이고 뾰족한 ①의 턱은 항상 애정을 좇고 외로워하는 사람이다. 견실함이 부족하고 몽상가이다. 가정적으로 좋지 않고 처세술도 좋지 않다. 여성은 화려한 것을 좋아하고 이상만 추구한다. 작고 뾰족해도 끝부분에 살집이 좋고 볼록한 ②의 턱은 작지만 자신의 영역을 구축하는 재주가 있다. 가정도 잘 운영하고 윤택한 만년을 보낸다.

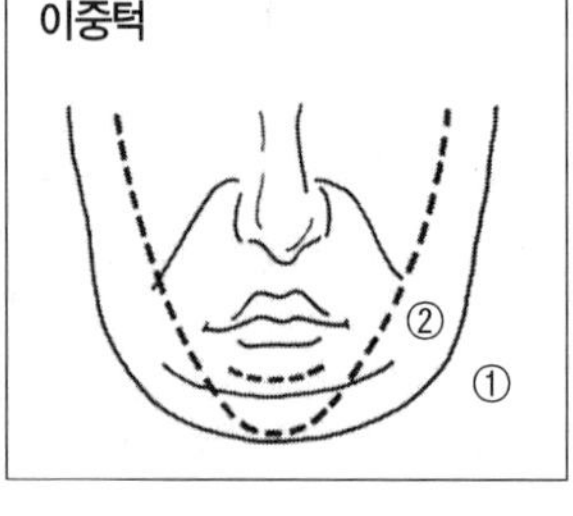

①처럼 영양질이 더해져서 살이 찐 이중턱은 좋은 상이다. 금전적으로 불편함이 없고 자식복도 있어서 만년이 좋다. 단, 포동포동하게 살쪄서 탄력이 없이 처지면 그렇게 된 시기부터 운이 약해진다. 이런 턱을 가진 사람은 장남이라도 집을 나와서 독립하여 생활한다. ②처럼 이중이면서 좁은 턱은 시작하기가 어렵지만 은밀한 정열의 소유자이다. 턱은 작지만 가정을 소중히 하기 때문에 만년이 안정된다.

튀어나온 턱

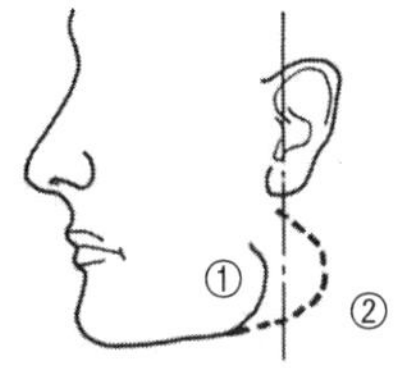

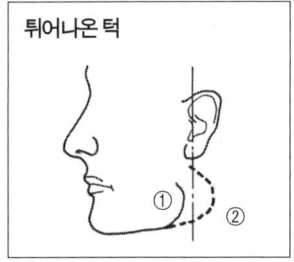

하악각(아래턱의 양끝 뼈)이 튀어나온 사람은 자아가 강한데, 이는 하악각이 튀어나와서 적극성이 늘기 때문이다. ①처럼 하악각이 나왔지만 귀의 선보다 앞에 있는 사람은 호기심이 강하고 근성도 있어서 일을 완수하는 능력이 있다.

②처럼 턱이 귀의 선보다 뒤까지 튀어나오면 사소한 부분까지 신경을 쓰는데, 이해관계가 얽히면 급변해서 심한 말을 하여 사람을 놀라게 하기도 한다. 여성은 일반적으로 성기능이 좋고 적극적으로 이끄는 유형이다.

그 밖의 턱

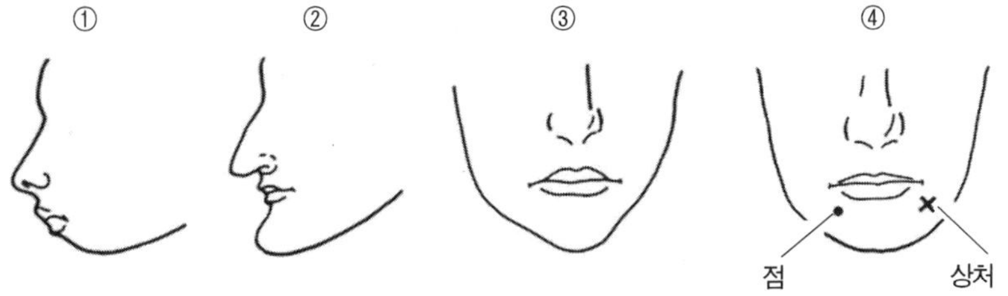

① 짧은 턱

중년에도 아이처럼 턱이 짧아서 턱이 없다시피한 경우 매사에 끈기가 없고 자아만 강하며 자식운이 없다. 그 때문에 만년이 고독하고 주거도 불안정하다.

② 노인형 주걱턱

30대에 턱이 앞으로 나온 사람은 솔직하지 않고 심술궂어서 만년이 고독하다.

③ 불균형인 턱

턱의 좌우가 불균형인 사람은 은혜를 원수로 갚는다고 한다. 가령 사고로 불행하게 이런 턱이 되더라도 서서히 성격이 변한다.

④ 점이나 상처가 있는 턱

턱에 점이나 상처가 있는 사람은 40세 전후에 한번은 실패하며, 재산을 잃고 가정도 붕괴된다. 단, 턱의 살집이 다부지면 다시 한 번 재활할 능력이 있다.

화상(畵相)이란

화상은 쉽지 않고, 예로부터 인상학에서 기혈색 등과 함께 책이 아닌 구전으로 많이 전해져 온 극비전(極秘傳)이다.

예전에는 이것을 '상물(象物)' 이라고 하였으며, 사람의 얼굴 이외에 관계가 있는 여러 형상(인물 · 사물 등)을 보고 판단하는 것을 말한다.

『신상전편(神相全篇)』을 시작으로 '지나상법(支那相法)' 이 게이안 시대[慶安, 1648~1651년, 도쿠가와 이에미츠(德川家光) 시대] 에 수입된 뒤 '마의상법(麻衣相法)', '장상법(莊相法)' 등이 속속 일본에 들어와서 인상 연구가 활발해졌다.

일본에서는 이것을 일본인용으로 개정하고, 개운법으로서 절식(節食)의 가르침으로까지 승화시켰다.

그리고 미즈노 난보쿠(水野南北, 1760~1834년, 에도 시대 중기의 인상학 대가)가 인상법 세계에 그 때까지 은밀히 극비로 전해지고 있던 '상형관법(象形觀法)', '상법(相法)' 에 '화상' 이란 이름을 붙였다.

도쿠가와 말기의 하야시 분레이(林文嶺)도 저서에서 보면 미즈노 난보쿠와 같이 기인 대열에 속하는 사람인데, 분레이는 인상법 세계에서 그 때까지 은밀하게 전해지던 '상형간법(象形墾法)' 이란 인상법을 '화상' 이라 하여 세상에 널리 알렸다.

분레이 또한 난보쿠 정도의 기인이었는지 다양한 이야기가 전해지고 있다. 어느 날 감정을 하다가 갑자기 "앗, 당신 집의 지붕에 고양이가 달아났습니다." 라고 소리쳤는데, 나중에 그 말이 사실로 밝혀졌다고 한다.

오늘날은 인상비전(人相秘傳)이라고 하면 반드시 화상을 생각하게 되었으며, 기혈색과 관련하여 화상을 보는 방법과 판단이 연구되고 있다.

즉, 화상이란 옛날에 상물이라 하던 것을 분레이가 화상이라고 하였으며 필자도 이를 따랐다.

'상(象)' 이란 모양 · 본뜨다의 의미로 인상 · 현상 · 기상 · 상형 · 상징 등을 뜻하고, '상(相)' 이란 모습 · 상태의 의미로 인상 · 수상 · 가상(家相) · 진상(眞相) 등을 뜻한다.

주역에는 '모양을 본다' 는 의미가 있다. 즉, 팔괘나 산목(算木)에 다양한 모양을 창조하고 상상한다[설괘전(說卦傳)].

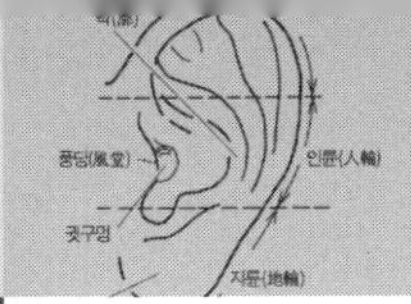

귀

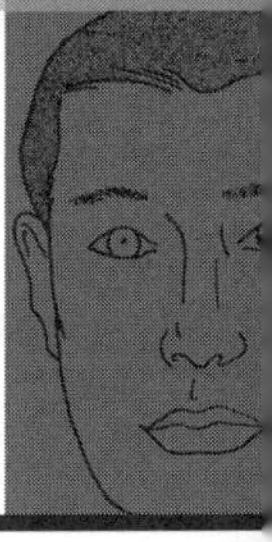

귀는 오관의 하나로 중정에 있는데, 얼굴의 바깥쪽에 있고 객관적으로 초년운부터 만년운까지의 일생을 일찍부터 암시하는 곳이다.

귀는 모양으로 유전, 복, 재물운, 체질적인 건강상태, 성격, 음식물에 대한 기호 등을 판단하고, 색으로는 현재의 건강상태나 감정을 알 수 있다.

지금까지 상정에서 하정(이마 위쪽의 발제 부분에서 아래턱까지)에 걸쳐 초년운부터 만년운의 순서로 각각이 나타내는 성격과 운세를 알아보았는데, 귀는 말하자면 그 결정판이라고 할 수 있다.

귀는 '복귀'라고 하여 살집이 좋고 잘 발달해 있는 것이 좋다. 불상처럼 길게 늘어지는 큰 귀를 부처 같은 복귀라고도 하는데 이것은 '부처님귀'라 하여 따로 구별한다.

반면에 역삼각형으로 귓불이 빈약하거나 살집이 없으면 만년운이 별로 좋지 않다.

귀의 표준

귀의 길이는 코의 길이와 같은 것이 표준이다.

위치는 얼굴을 정면에서 보았을 때 중앙부의 바깥쪽에 있는 것이 표준이다.

단, 이 표준은 중년 이후의 것으로 나이를 먹음에 따라 점점 아래로 처지고 뒤쪽으로 옮겨간다.

또한 귀의 길이도 나이와 함께 길어진다.

귀는 14~15세에 대강의 형태가 완성된다. 단, 귓불은 나이나 운세에 따라 커졌다 작아졌다 한다. 또한 두께도 몸 상태나 운세에 따라 변한다.

귀의 구조와 명칭

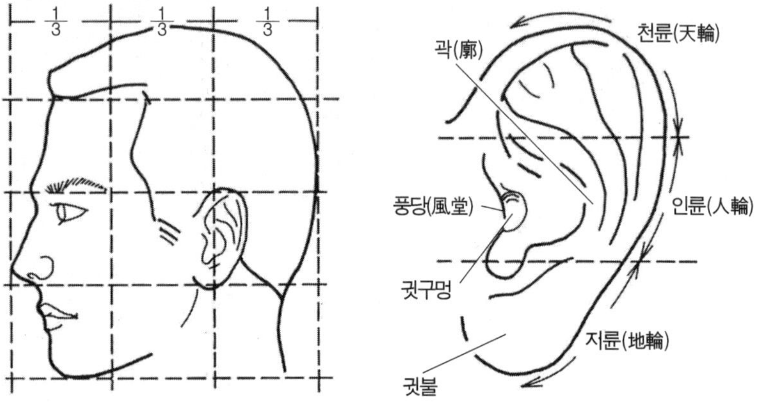

귀의 연령별 변화

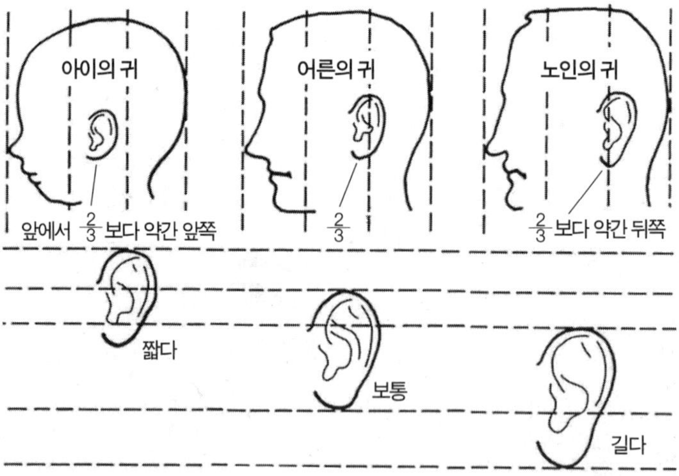

삼형질의 귀

근골질

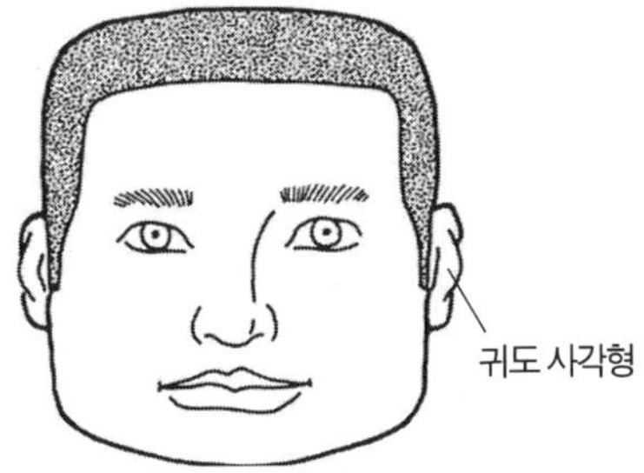

정면에서 잘 안 보인다.

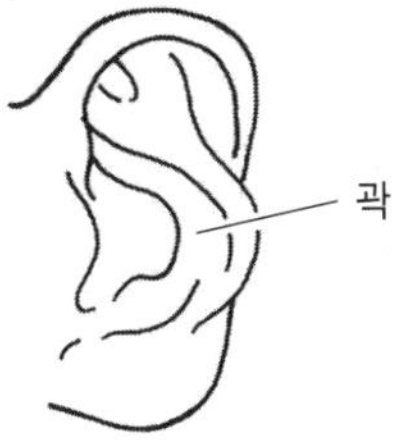

귀 전체가 작고 곽이 나와 있다.

심성질

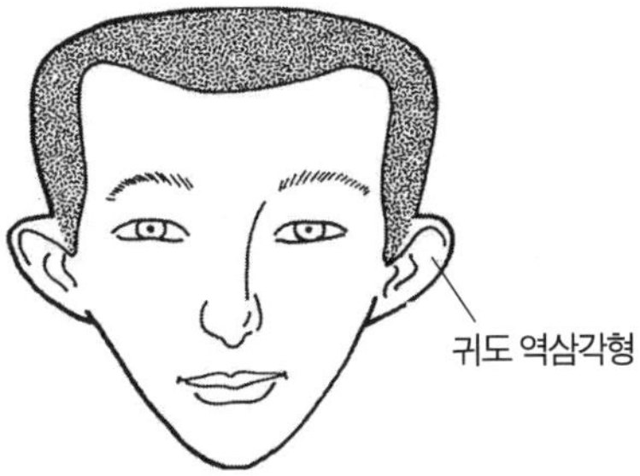

정면에서 잘 보인다(벌어져 있다).

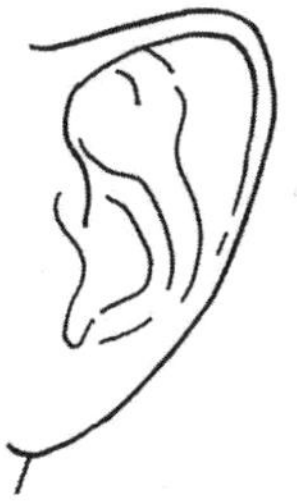

살이 얇고 귓불이 빈약하다.

영양질

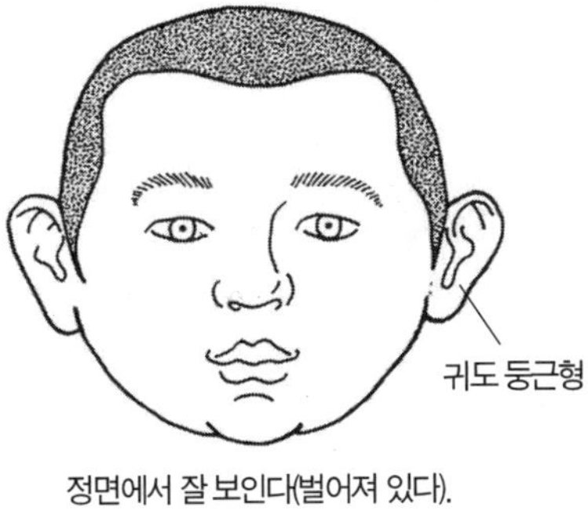

정면에서 잘 보인다(벌어져 있다).

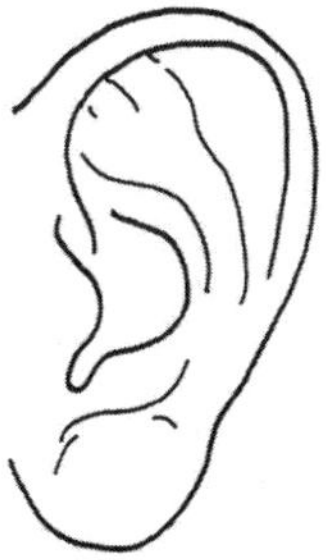

귀 전체가 크다.

귀의 삼형질론

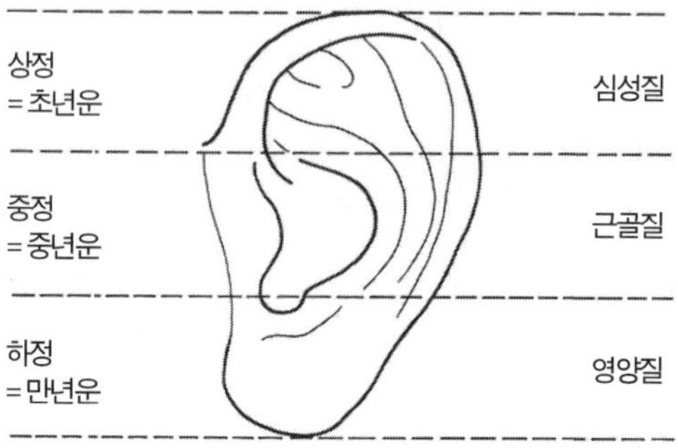

큰 귀

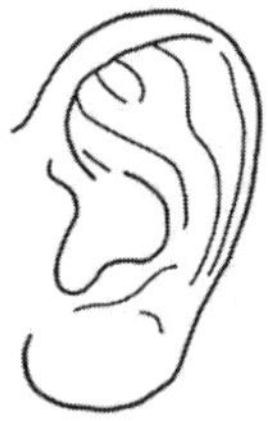

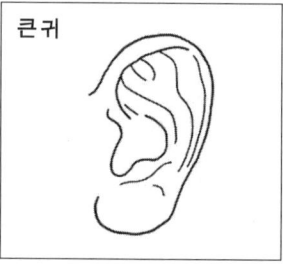

크고 살이 두툼하며 윤곽이 뚜렷하고 머리 쪽에 붙어 있으면서 단단한 귀가 좋다. 특히, 두툼하고 단단한 귀는 좋은 운의 필수조건이다.

사회운 · 재물운 · 가정운 · 건강운이 모두 좋으며, 만년으로 갈수록 운세가 안정되고 자손도 번성한다. 각 특성별로 나누어서 살펴보면 큰 귀는 낙천적인 사람이다. 단, 지나치게 큰 귀는 음난한 상이다. 또한 두툼한 귀는 실리적이고, 머리 쪽에 붙어 있는 귀는 행동파이다. 단단한 귀는 정력적이고 건강하며 끈기가 있다. 그러나 지나치게 단단하면 본성이 나쁘고 성질이 비뚤다.

작은귀

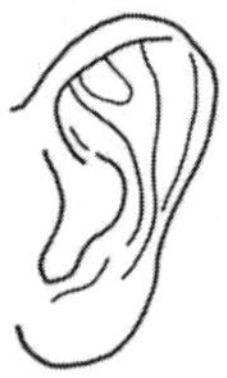

작고 살이 얇으며 윤곽도 뚜렷하지 않고, 날개를 편 듯이 양쪽으로 튀어나와 있으면서 부드러운 귀는 일반적으로 운이 약하다. 그러나 귀가 작아도 두툼하고 단단하면 그만큼 운이 좋다. 각각의 특성이 나타내는 성격을 보면 작은 귀는 소심하고 끈기도 별로 없다. 얇은 귀는 생명력이 약하며, 양쪽으로 벌어진 귀는 경계심이 강하고 실행력이 없다. 부드러운 귀는 끈기가 없고 몸도 약하다. 그러나 귀가 작고 운세가 약해도 다른 부분에서 운을 보완하면 운이 열린다.

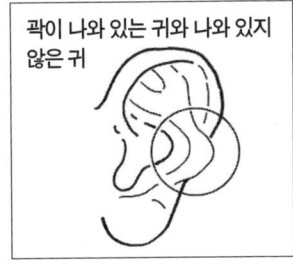

곽이 나와 있는 귀와 나와 있지 않은 귀

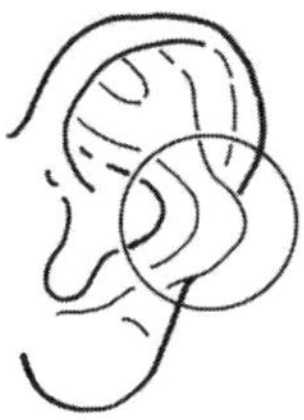

곽과 귀의 둘레가 살집이 좋고 뚜렷해 보이는 것이 좋다. 곽은 대외적인 성격을 나타낸다. 곽이 바깥쪽으로 나와 있을수록 적극성이 나타난다. 너무 많이 나와서 귀의 둘레보다 튀어나오면 근골질이 강조된 귀로 자아가 강하고 마음이 좁으며, 그로 인해 스스로 운을 깎아서 쓸쓸한 만년을 보낸다. 대외적으로 인간관계가 좋으므로 영업에 알맞다. 곽은 귀의 둘레보다 나오지 않는 정도가 좋지만, 조금 나오면 일반적으로 내성적인 사람이다. 그러나 가정은 평화롭다.

위쪽이 발달한 귀

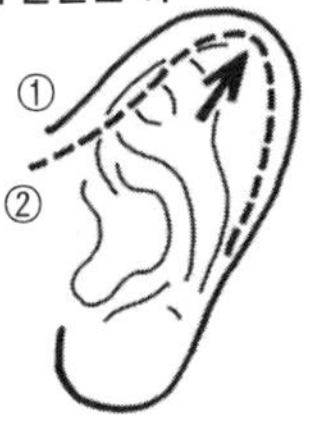

위쪽이 발달하고 살집이 좋으며 크게 위쪽으로 뻗어 있는 ①의 귀가 좋다. 재주와 지혜가 있고 창조력도 풍부하며, 지적 능력으로 재물을 얻는다. 단, 머리가 지나치게 좋은 것이 단점이다.

위쪽이 뾰족한 ②의 귀는 흔히 '마법사의 귀'라고 하며, 살이 얇은 경우가 많고 험난한 상(사고를 당하기 쉽다)이다. 성질이 나쁜 상이라고도 하며, 성격이 어두운 사람이 많다. 단, 뾰족해도 살이 두툼하면 그만큼 운세도 좋고 자제력도 있다.

가운데가 발달한 귀

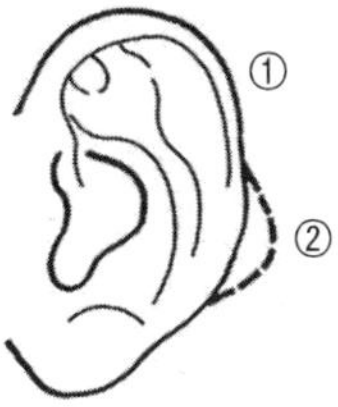

①처럼 자연스럽게 곡선을 이루는 둥근 귀와 ②처럼 각이 져서 가운데가 나온 귀가 있다. 모두 행동파로 매사에 적극적으로 임한다.

실행력이 있고 기술자의 면모를 갖고 있다. 가운데가 중년을 나타낸다는 점에서 이 부분이 발달해 있다는 것은 중년기의 개화를 의미한다.

가운데가 발달해 있고 귓불도 두둑하면 아이디어맨이며, 더욱이 실행력도 있어서 재물을 모은다. ①처럼 둥그스름하게 나와 있는 귀는 스스로의 힘으로 집안을 일으키는 사람이다. 귓불까지 좋으면 만년에 재물을 모은다.

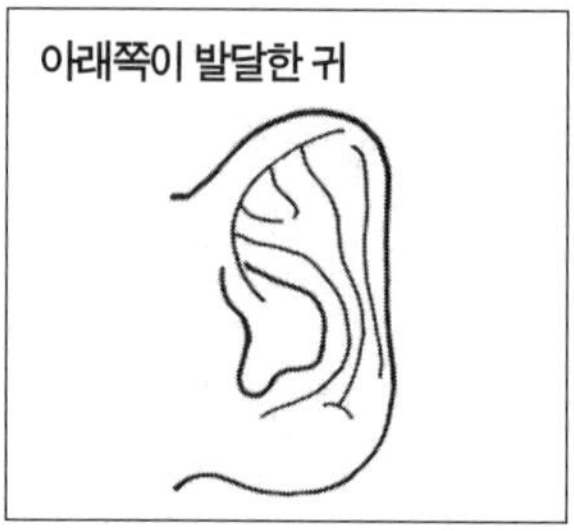

운세가 좋고 성격도 온화하며 다른 사람의 도움을 받는다. 가령 위쪽이 빈약해도 귓불이 두둑하면 반드시 만년에 행복하다.

특히 귓불이 위쪽으로 말려 올라간 귀는 '쌀알을 얻을 수 있는 귀' 라고 하며 복을 부른다. 반대로 뒤로 젖혀져 있는 귀는 복이 적고 단명한다.

귀의 모양은 얼굴에 비례하여, 귀에 살이 많은 사람은 애정이 많고 얼굴도 아래쪽이 불룩한 경향이 있다.

귀가 커도 살이 얇으면 그만큼 운이 약하다.

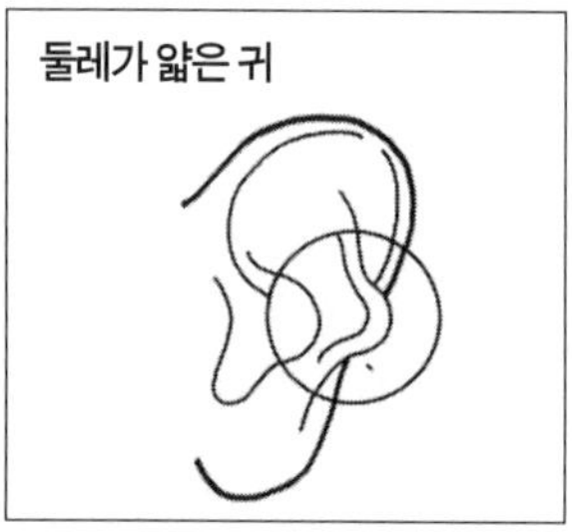

귀의 둘레로 가정 · 유전 등 전반적인 운세를 본다. 이 부분에 살이 적고 곽이 거의 없는 사람은 가정운이나 복이 모두 적다. 특히 어머니나 아버지 어느 한 쪽과의 인연이 희박하고, 배우자나 자식과의 인연도 좋지 않다. 적극성이 부족하고 보수적이며 색정으로 실패하는 경우도 있다. 특히 한쪽 귀가 벌어져 있으면 이런 의미가 더 강해진다. 그림처럼 곽이 나와 있으면 기가 세서 가정을 깨기 쉽다. 병에 걸리거나 가난하고 주거도 안정되지 않는다.

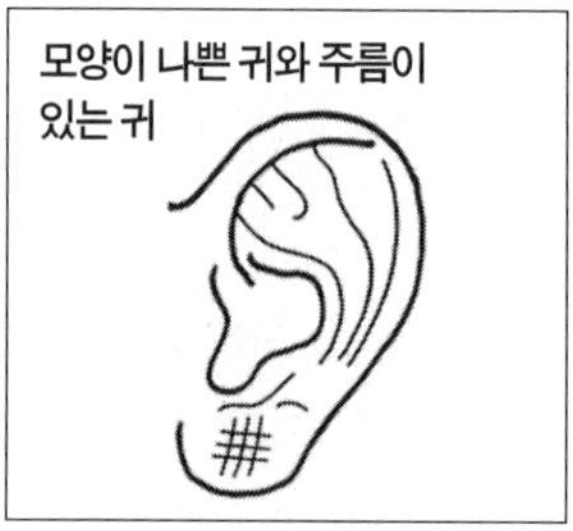

찌그러져 보이거나, 살이 두툼했다 얇아졌다 하며 모양이 나쁜 귀는 모두 가정운과 건강운이 나쁘다는 것을 나타낸다.

또한 좌우의 귀가 불균형인 경우에는 어머니나 아버지 중 어느 한 쪽과 인연이 없으며, 성격도 모가 나기 쉽고 박복하다.

귓불에 주름이 있는 경우, 가로로 주름이 있으면 좋고 장수하는 상이다. 세로로 두세 개의 주름이 있으면 불로 인해 재난을 겪을 상이므로 불을 사용하고 난 후의 뒷정리에 주의한다.

풍당으로 보는 귀

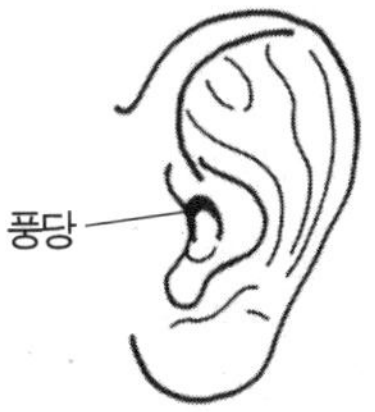

'풍당(風堂)' 이란 귓구멍 앞에 있는 삼각형의 돌기를 가리킨다.

귓구멍 앞(옆)에 있고 가운데보다 약간 아래쪽에 있는 것이 표준이며, 표준보다 위에 있으면 성공하는 상으로 크게 이름을 날린다. 눈보다 내려가 있으면 머리회전이 약간 둔하고 운도 떨어진다.

크기는 눈으로 봐서 적당해 보이는 것이 좋다. 너무 크면 운이 좋지 않고, 크기가 클수록 절약형이다.

반대로 풍당이 너무 작으면 욕심이 많고 성격도 교활하다.

구멍에 털이 나 있는 귀

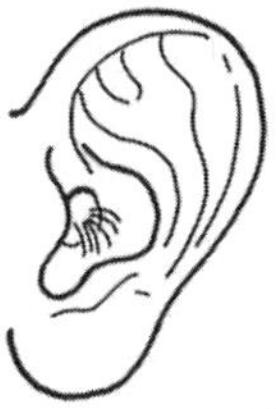

귓구멍에 털이 나서 밖에서도 보이는 것을 인상학에서는 '이호(耳毫)' 라고 한다. 젊어서 털이 있는 사람도 있고 나이가 들어서 나타나는 경우도 있는데, 30세 전후에 털이 있는 사람은 고집쟁이로 비뚤어진 성격이 많으며 운세도 나쁘고 장수하기도 어렵다.

35세 이후에 나타나는 것은 좋다. 털이 많을수록 운세도 좋고 나이를 먹으면서 발전한다. 단, 털이 많아도 귀가 얇으면 장수만 할 뿐 좋은 일은 없다.

귀의 색과 윤기

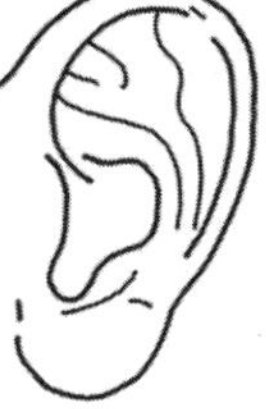

귀의 색과 윤기는 그때 그때의 운세와 건강상태를 나타낸다. 약간 핑크빛이 감도는 아름다운 색이 가장 좋으며, 주로 윤기의 상태에 주의를 기울인다. 얼굴보다 귀의 색이 좋은 사람은 서서히 운이 좋아진다. 반대로 얼굴보다 귀의 색이 나쁜 사람은 현재는 운이 좋아도 결국은 안 좋아진다.

안색과 귀의 색·윤기가 모두 좋은 사람은 좋은 운이 계속된다. 귀의 색이 좋지 않으면 건강도 나빠진다. 특히 귀의 색과 윤기가 나쁘고 생기가 없어 보이면 죽음이 가깝다는 표시이다.

귀의 점

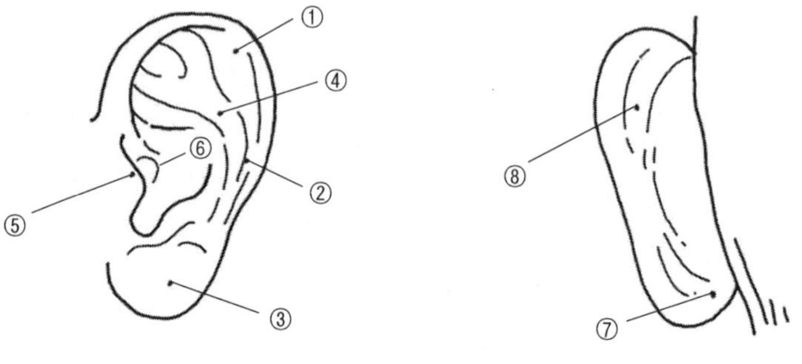

귀에 있는 점은 대개 좋으며 효도의 표시이다.

①과 같이 귀의 바깥쪽 둘레 중 천륜에 점이 있으면 사람의 도리를 아는 사람이다.

②와 같이 인륜에 점이 있으면 가정운이 좋다.

③과 같이 지륜에 있는 점은 남을 돕는 선의의 점으로 자신도 복을 받는다. 특히 중앙에 있으면 대길이다.

④와 같이 곽의 안쪽에 있는 점은 복이 있다는 표시이다.

⑤와 같이 풍당 위에 점이 있으면 머리가 좋고 발명에 재능이 있다.

⑥과 같이 귓구멍에 있는 점은 안에 있을수록 좋으며, 사람들이 모르게 재산을 남긴다.

⑦과 같이 귀 뒤에 있는 점 중에서 귀가 달린 부분 가까이에 있는 경우에는 금전운이 있는데, 그대신 타고난 복이 적어진다.

⑧과 같이 귀 뒤의 위쪽에 있는 점은 운세를 약화시킨다.

운이 좋아지는 방법

:: 개운의 포인트

운을 좋게 만드는 포인트는 크게 3가지이다.

① 목소리

② 상관관계가 있는 부위의 혈행

③ 마음의 웃음, 얼굴의 웃음

항상 명랑하게 웃으면 마음이 자연히 따라간다. 또한, 항상 웃고 있는 사람은 나쁜 인상을 주지 않는다.

:: 매력 있는 얼굴 표현과 동작

① 먼저 머리를 오른쪽으로 기울이고 눈은 왼쪽 위를 보며 빙그레 웃으면 여성은 희망에 가득차 보인다.

② 고개를 오른쪽으로 기울이고 눈은 오른쪽 위를 보며 빙그레 웃으면 여성은 명랑하고 사랑스러워 보인다.

③ 고개를 오른쪽 아래로 숙이고 웃음을 참으면 슬픔과 우울함이 느껴진다.

④ 고개를 오른쪽 아래로 숙이고 왼쪽 아래로 시선을 보내면 색기가 느껴진다.

⑤ 머리를 왼쪽으로 기울이고 오른쪽 위를 보면 명랑함과 사랑스러움이 느껴진다.

⑥ 머리를 왼쪽으로 기울이고 왼쪽 위를 보면 희망에 가득차 보인다.

⑦ 고개를 왼쪽으로 숙이고 왼쪽 아래를 보면 슬픔이 느껴진다.

⑧ 턱을 20° 위로 하고 입을 다문 뒤 눈은 아래를 본다. → 멸시

⑨ 턱을 10° 위로 하고 입을 다문 뒤 눈은 아래를 본다. → 유혹 각도

⑩ 턱을 10° 아래로 하고 입을 다문 뒤 눈은 아래를 본다. → 경의를 표현

⑪ 턱을 20° 아래로 하고 입을 다문 뒤 눈은 아래를 본다. → 경의를 표현

항상 같은 표정을 짓고 있으면 얼굴이 고정된다. 그리고 이렇게 턱의 각도와 표정이 굳어지면 마음도 그대로 고정된다. 좋은 표정이 굳어지면 좋지만, 나쁜 표정이 굳어지면 "저 사람은 항상 저 표정이라서……"라며 평판이 나빠진다. 따라서 점술가는 항상 좋은 표정을 짓도록 조언한다.

또한 점술가는 상담자의 얼굴에서 한 가지 특징만 보고 판단하면 안 된다. 표정도 마찬가지로 다양한 각도에서 보고, 다양한 점을 조합하여 결론을 내리는 것이 이상적이다. 한 가지 특징으로만 판단하면 큰 실수를 할 수도 있다.

'생각한다'와 '~이다'는 큰 차이가 있으며, 생각하는 것과 단정은 다르므로 주의한다.

Column

미용성형과 인상

보다 아름다워지고 싶다는 소망은 모든 여성의 생각일 것이다. 최근에는 여성뿐 아니라 남성 중에도 성형수술을 하는 사람이 늘고 있다.

미용성형의 시작은 기원전으로 거슬러 올라가는데, 현대사회에서도 그렇듯이 당시에도 눈과 코 수술을 희망하는 사람이 많았던 것 같다.

성형수술로 콤플렉스를 없애고 자신감이 생겨서 행동이 적극적으로 되고 진취적으로 살아갈 수 있다면 그것도 좋은 일이다. 그와 함께 성격도 하루가 다르게 변해갈 수 있다고 한다. 단, 사람의 얼굴은 나름대로 균형이 잡혀 있는 것이므로, 한 군데를 수정해서 오히려 더 안 좋은 결과가 나타나는 일이 절대로 없다고 할 수는 없다.

어느 명의는 "환자는 수술 이후의 모습에 관심을 갖지만, 의사는 성형한 곳이 몇 년 후에 어떻게 변할지를 내다봐야 한다." 고 말한다.

Column

:: 눈 성형

눈 성형에서 압도적으로 많은 것이 쌍꺼풀이 없는 눈을 쌍꺼풀로 만드는 수술이라고 한다. 인상학에서 보면 쌍꺼풀이 없는 사람은 마음이 좋고 온화하며 예술성도 높다. 단, 심지가 강한 면이 있다. 또한 쌍꺼풀이 없는 사람은 보통 눈썹과 눈 사이(전택)가 넓은 경우가 많으므로 유산이나 부모덕이 있다고 한다.

그런데 쌍꺼풀을 만들려면 전택에 상처를 내야 한다. 곧 덕을 버리는 것이 된다.

그러나 쌍꺼풀이 있으면 머리회전이 좋고 일처리를 잘 하며 옷차림이나 겉모습에도 신경을 쓴다. 즉, 쌍꺼풀이 없을 때의 소극적 · 수동형에서 쌍꺼풀의 적극적 · 능동형으로 변하며, 연애에서도 적극적이 된다.

:: 코 성형

코는 자기 주장과 재물운을 나타낸다. 성형의 대부분이 코를 높이는 것이며, 드물게는 낮추기도 한다.

그러나 코를 높게 하면 코만 부각되는 느낌으로, 성격이 차갑고 온유함이 적어지며 자기 멋대로 행동하고 자기 주장도 강해진다. 대체로 코만 높은 사람 중에 이런 성격이 많다. 특히 성형으로 콤플렉스가 없어진 경우에 이런 경향이 강하다.

:: 피어스 구멍

최근에는 귀에 피어스 구멍을 뚫는 것이 보통이고, 그 중에는 두세 개씩 뚫는 사람도 꽤 있다. 피어스도 자신의 귀 모양을 잘 관찰하여 구멍을 뚫었을 때 덕이나 복이 달아나지 않도록 신중히 검토해서 한다.

운수별 인상

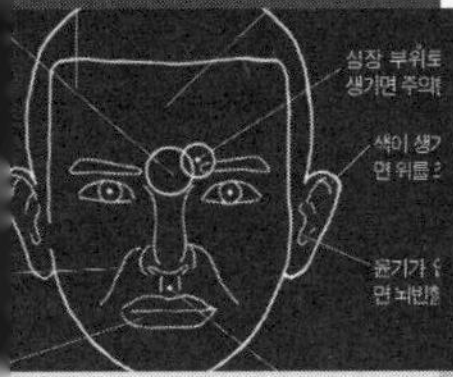

애정운 / 성격운 / 재물운 / 사회운과 직업 / 건강과 장수운 / 가정운 / 스포츠운

Part 3

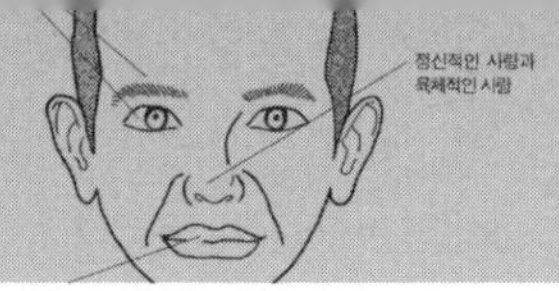

애정운

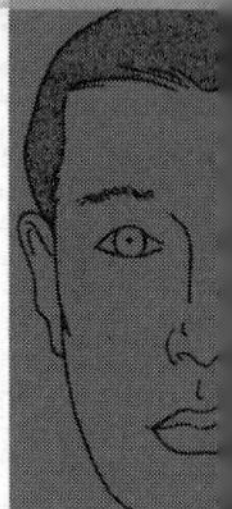

한마디로 애정이라고 해도 정신적인 사랑, 육체적인 사랑, 박애, 계산적인 사랑 등 다종다양하며 그 표현방법도 여러 가지이다.

애정은 아래턱 · 입술 · 코 · 눈썹 · 눈으로 판단하는데, 부위에 따라 나타내는 것이 각기 다르다.

» 애정운을 보는 순서와 포인트

● 아래턱 – 본능적인 사랑

먼저 아래턱을 보고 본능적으로 사람을 사랑하는 마음이 어느 정도인지 판단한다. 아래턱이 나타내는 사랑은 좋아한다든가 싫어한다는 개인적인 감정이 아니라, 좀더 넓은 의미에서 애정에 대한 본질적인 자세를 말한다.

정신적인 사랑은 물론 육체적인 것까지 모두 포함된다. 어떤 의미에서는 맹목적인 동물적 사랑이라고도 할 수 있다.

이중턱같이 볼록한 아래턱은 너그러운 사랑의 소유자이며, 때로는 박애주의적인 사랑을 나타내기도 한다.

● 입술 – 육체적인 사랑

입술은 특히 두께와 모양으로 섹스에 관해서 농염한 유형인지 담백한 유형인지 판단한다.

입술이 두꺼울수록 섹스를 좋아하는 유형이며, 입술로 성적인 궁합 또는 사랑을 요구하는 사람인지 주는 사람인지 판단한다.

●코 – 정신적인 사랑과 육체적인 사랑

코의 전체적인 모양이나 야무진 상태로 육체적인 사랑, 즉 섹스의 강도를 알 수 있다. 코끝(준두)의 모양으로는 정신적인 사랑의 깊이를 본다.

둥글고 살집이 있으며 윤기가 있을수록 마음이 따뜻한 사람이다. 반대로 코끝이 좁고 뾰족할수록 계산적이고 냉정하다.

●눈썹 · 눈 – 정신적인 사랑

눈썹으로 상냥함과 성격을 보고, 마지막에 눈으로 상대에 대해 어느 정도 애정을 갖고 있는지 판단한다.

마음이 곱고 애정이 풍부하며 상대의 작은 것까지 세심하게 살펴주는 사람은 눈썹의 두께가 적당하고 초승달형이며 털도 가지런하다.

눈도 애정을 나타낸다.

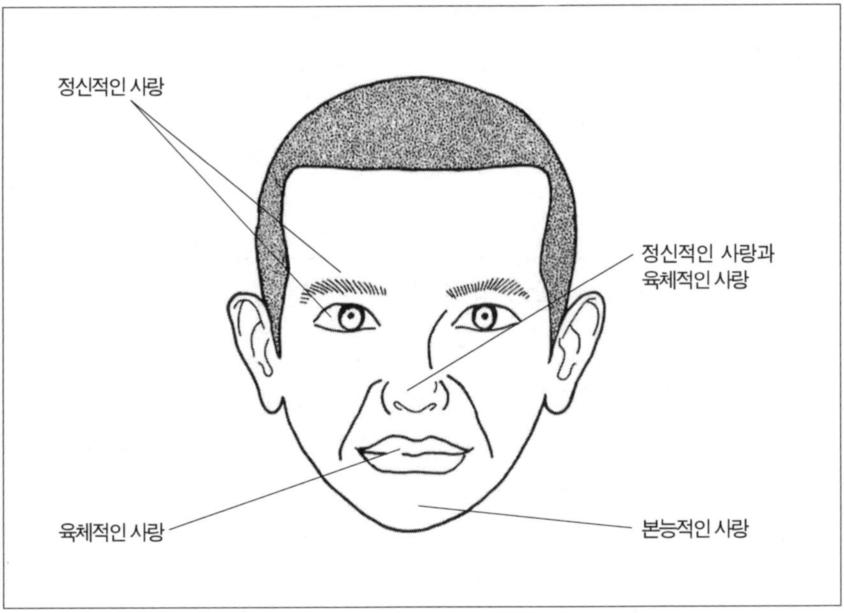

애인이 잘 생기는 여성의 인상

① 둥글고 작은 얼굴

누구에게나 사랑받는다.

② 조금 작고 두꺼운 입술

육감적이어서 안고 싶은 충동이 생긴다. 게다가 입술이 약간 벌어져 있으면 마음에 빈틈이 있어서 남자가 접근하기 쉽다.

③ 옆에서 보아 볼록하고 아래턱이 사각형이며 살집이 좋다

자신의 마음을 적극적으로 상대에게 전한다. 애인이 잘 생긴다기보다 스스로 만드는 유형이다.

④ 약간 낮은 코

사람이 좋고 친해지기 쉽다.

⑤ 눈썹과 눈 사이가 넓다

이성운이 좋다.

⑥ 살이 있고 힘이 없는 눈, 둥근 눈, 속눈썹이 긴 눈

모두 호기심이 강하고 연애를 동경하며, 눈으로 애정을 구하거나 호소할 수 있다.

⑦ 올라간 눈꼬리와 입 주위의 점

이른바 사랑의 점이다. 연애를 잘 하지만 속기도 하고 실연도 많이 한다.

애인이 잘 생기는 남성의 인상

① 사각형 얼굴과 강건한 코

적극적이고 실행력도 있으며 믿음직한 사람이다. 좋아하는 사람에게 먼저 접근한다.

② 둥근 얼굴과 부드러운 눈

충고를 귀담아 듣는 인격과 사교성이 있으며, 따뜻함이 느껴진다.

③ 두껍고 말린 입술

누구와도 잘 지내며, 자신을 적극적으로 알리는 것을 잘 한다.

④ 약간 굵고 둥근 눈썹

여성에게 믿음직한 인상을 준다.

애인이 잘 생기지 않는 인상(남녀 공통)

① 지나치게 역삼각형인 얼굴

너무 이성적이라 관계가 더 이상 발전하지 못한다.

② 오목한 옆얼굴

내성적이고 소극적이어서 애인이 잘 생기지 않는다. 단, 어떤 계기가 있어서 놀랄 만큼 과감한 연애를 할 수도 있다.

③ 얇은 입술

차가운 성격으로 의지가 너무 강해서 꺼려지는 경향이 있다.

④ 좁고 힘이 없는 코

병약하며 여러 가지로 소극적이다.

⑤ 콧마루가 층이 진 코

튀고 싶어하고 자기주장이 강하며, 상대방의 말을 잘 듣지 않아서 꺼려한다.

연애결혼형 인상

구애를 하는 사람과 구애를 받는 사람은 인상이 다르다.

① 둥근 아래턱, 특히 이중턱

따뜻한 성격으로 구애를 받아서 연애결혼한다.

② 살이 있는 광대뼈

밝은 성격으로 자신이 먼저 '이 사람이다'라고 생각하는 사람에게 구혼한다. 가정의 분위기도 밝다.

③ 사각형 얼굴

리드형으로 강행하여 억지로 결혼한다. 부부가 모두 이 유형이면 싸우기 쉽다. 활동적인 가정이 된다.

④ 두꺼운 입술

아랫입술이 두꺼운 경우 자신이 구애하는 적극적인 유형이다(요구하는 사랑).

윗입술이 두꺼운 사람은 자신이 먼저 사랑을 주는 사람이다(주는 사랑).

두 가지 유형 모두 단란한 가정을 꾸린다.

중매결혼형 인상

① 귀가 벌어져 있다

쓸데없는 걱정이 많아서 연애에 적극적으로 나서지 못한다.

② 이마가 넓고 지나치게 가지런한 미인

다가가기 힘든 인상을 준다. 또한 이마가 넓으면 머리가 너무 좋아서 자부심이 강하다. 자신이 먼저 조건을 내걸고 그에 맞는 상대를 고른다.

③ 높은 코

경쟁심이나 자의식이 강하기 때문에 이상이 높아 연애를 잘 못한다. 특히 코의 폭이 좁고 깎아놓은 듯이 높은 사람은 자연히 중매결혼을 한다.

④ 좁은 이마

고독한 상으로 교제를 잘 못한다.

정열적인 인상

순간에 모든 것을 거는 정열적인 사랑에도 정신적인 사랑과 육체적인 사랑이 있다.

정신적으로 정열을 불태우는 사람은 얼굴이 역삼각형에 진한 눈썹과 넓고 높은 이마를 갖고 있다. 눈썹은 진하고 일자(一)인 것이 특징이다. 놀랄 정도로 정열적이지만 결혼 후에는 정열이 식고 자신의 틀 안에 안주한다.

육체적으로 정열적인 사람의 인상은 다음과 같다.

① 약간 굵은 일자눈썹

눈썹이 굵고 직선적이면 직선적일수록 정열적이다.

눈썹은 그 때의 감정을 나타내며, 한 가지 생각에 몰두해 있을 때 옆에서 보면 털이 서 있다.

② 사각형이나 둥근형 얼굴, 이마의 주름

정열과 함께 실행력도 있다. 살이 있고 피부가 거칠수록 주름이 잘 생긴다.

③ 코끝이 둥글며 콧방울이 튀어나오고 살이 있다

적극적인 정열을 갖고 있다.

④ 가늘게 세로 주름이 있는 입술

입술에 나타나는 가늘고 뚜렷한 선을 환대문이라 하며, 이름과 같이 즐거움을 기다리는 무늬이다. 정열적이며 성감도 좋다.

⑤ 속눈썹이 길며 둥글고 큰 눈

속눈썹이 길수록 다정다감하며 성감이 좋다는 것을 의미한다. 크고 둥근 눈은 쉽게 뜨거워졌다 쉽게 식는 성격으로 열정적으로 되면 그대로 돌진한다.

⑥ 가는 눈

질투가 심한 반면에 정열적으로 보인다. 그러나 이 정열은 상대를 자신의 것으로 만들기까지이며 오래 지속되지 않는다.

첫눈에 잘 반하는 인상

첫눈에 반하기 쉬운 인상은 감수성이 강하고 조금 경솔한 사람이다.

똑같이 첫눈에 반해도 '사각형'은 적극적으로 다가가고, '둥근형'은 상대의 태도를 보고 행동하며, '역삼각형'은 조용히 다가가는 등 표현방식이 다르다.

① 앞으로 조금 튀어나온 큰 눈

솔직하고 개방적이다. 경솔하기 때문에 첫눈에 반한다.

② 꿈꾸는 눈

인상에서는 '도화안(桃花眼)' 이라고 하는데, 안약이라도 넣은 것처럼 촉촉하고 농염한 눈이다. 꿈꾸는 듯 동경하는 눈이며, 마음이 붕 떠서 이성이라면 누구든 괜찮다고 생각할 때 이런 눈이 된다.

③ 조금 벌어진 입술

마음도 긴장하지 않고 있기 때문에 상대의 분위기에 빠져 첫눈에 반한다.

남자에게 매달려서 결혼하는 여성의 인상

일반적으로 여자가 먼저 적극적으로 행동하여 결혼하게 되는 경우이다.

① 옆얼굴이 오목한 형

적극적이라고 할 수 없지만 말수가 적고 끈질기게 매달린다.

② 아래턱이 나와 있다

억지로 밀어붙이는 유형이다.

③ 머리카락이 거칠고 뻣뻣하다

하고 싶은 대로 하는 자유분방한 유형으로 좋아하면 강제로 밀어붙인다.

④ 입술이 두껍고 크다

이성이나 가정에 대한 동경이 강하고 실행력이 있다. 적극적이지만 혐오감은 없다.

뜻밖의 행운으로 사랑을 얻는 인상

생각지 못한 행운을 만나려면 전체적으로 인상이 좋아야 한다. 특히 애정지대인 눈썹이나 눈 부위가 깨끗하고 점이나 상처가 없어야 한다.

사랑에 빠지기 쉬운 인상

사랑에 빠지기 쉬운 사람은 이성운이 나쁘다고 볼 수 있다.

① 처진 눈과 처진 눈썹

눈썹이나 눈이 처진 사람은 이성에게 야무지지 못해서 홀딱 반하기 쉽고 속는 일도 많다.

② 눈썹 사이가 너무 넓다

상대를 무비판적으로 좋아하고 모든 것을 포기하는 유형이다.

③ 애정지대(눈썹 · 눈)에 상처나 점이 있다

연애 중에 방해나 장애가 생기기 쉽다. 단, 한 번 어려움을 겪으면 장애를 피해갈 수 있다.

섹스에 강한 인상

건강하고 튼튼한 것이 첫 번째 조건이지만, 마르고 역삼각형의 얼굴 중에 의외로 섹스에 강한 사람이 많다.

① 단단하고 살이 도톰한 귀, 탄력 있고 단단한 귀

정력이 왕성하다. 귀의 크기와는 관계없다.

② 콧방울이 잘 튀어나와 있다

콧김이 세다는 말이 있듯이 섹스에도 강하다.

③ 편평한 코

섹스에서 지속성이 있는 이른바 호색한이다.

④ 머리카락이 거칠고 뻣뻣하다

섹스에 강하지만 조금 난폭한 면이 있으며 자기 중심으로 되기 쉽다.

여성을 이용하는 남성의 인상

① 눈썹머리가 올라간 일자눈썹으로 눈썹이 짙고 검다

태연하게 거짓말을 하는 사람으로 행동도 재빠른 것이 특징이다. 금방 반응하는 예민한 면이 있고, 이해타산을 위해서 세심하게 배려하는 자상함도 있다.

② 눈자위의 상처

좌우 눈자위에 상처가 있는 사람은 선천적으로 여성을 불행하게 만들기 쉽다.

③ 폭이 넓고 높은 코

인정이 없는 사람이다. 더욱이 ①처럼 눈썹머리가 올라가 있거나 눈이 날카로우면 그런 성향이 더 강해진다. 여성의 적이다.

mini Column

클레오파트라의 얼굴

클레오파트라의 코를 두고 역사가 바뀌었을지도 모른다고까지 하는데, 그녀가 그리스계 미인이었다면 분명히 코가 높았을 것이다. 높은 코는 남성적인 요소로 콧마루 주위에 살이 없으면 더 높아 보이며, 다가가기 힘든 위엄과 자의식이 느껴진다. 이 코가 높고 약간 층이 있다면 33세 전후에 파란이 있고, 일에 빈틈이 없으며 처세에 뛰어났을 것이다. 아래로 처진 코는 욕심을 위해서 수단을 가리지 않고, 사람의 마음을 간파하는 현명함이 있다. 클레오파트라는 미인이라기보다는 개성이 강하고 음영이 뚜렷한 얼굴이었을지 모른다.

생활방식으로 볼 때는 마른 형에 광대뼈가 튀어나왔으며, 강한 자아와 시원시원한 태도, 만년에 고독을 나타내는 아래가 좁은 얼굴형, 생활력이 있는 입, 조금 큰 눈, 달변의 얇은 입술, 높은 이마와 직선적인 눈썹에서 냉철한 두뇌였음을 상상할 수 있다. 크고 긴 눈이 아름다움의 포인트였을 것이다.

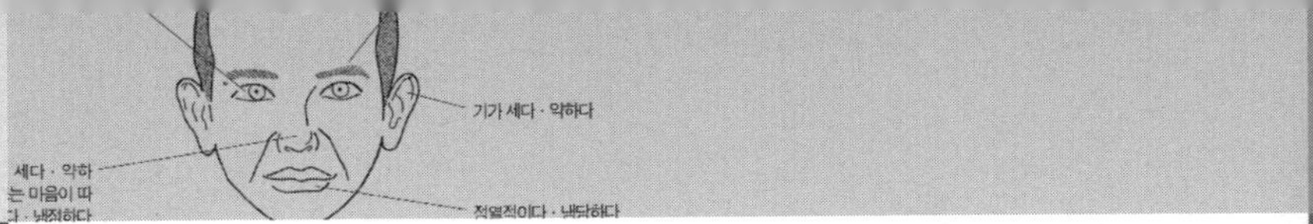

성격운

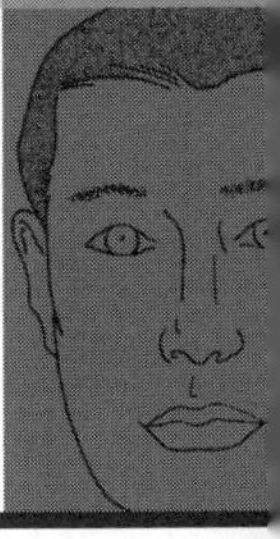

사람들은 '저 사람은 상냥하다', '기가 세다' 하며 자신은 물론 다른 사람에 대해서도 끊임없이 '성격'에 관심을 갖고 관찰한다.

성격도 잘 관찰해보면 타고나는 선천적인 것과 자라면서 형성되는 후천적인 것으로 나뉜다. 그리고 이것들이 복잡하게 얽혀서 성격이 된다.

선천적인 성격이란 그 사람이 가진 본질적인 성격이다. 중대한 기로에 서거나 위험에 닥쳤을 때, 또는 기회 있을 때마다 나타난다.

후천적인 성격은 사회생활을 하면서 여러 제약이나 수양에 의해 만들어진, 겉으로 드러나는 성격이다.

» 성격을 보는 방법

① 제1베이스 – 내면적 성격

입체적 · 복합적인 얼굴을 귀의 선으로 자른 것이 제1베이스로, 이것이 사람의 내면(본질)을 나타낸다.

② 제2베이스 – 일상적인 행위

생활환경으로 인해 본질에 가깝게 확립된 성격을 나타낸다. 예를 들어, 역삼각형에 둥근형이 결합된 경우 일상생활에서 교제를 잘 하고 대인관계가 원만하지만, 조금 마음에 들지 않으면 내면의 역삼각형의 성질이 나타나서 음험해진다.

③ 얼굴의 각 부위 – 후천적 성격

- 귀 : 기가 세다 · 약하다, 또는 내성적이다 · 외향적이다

• 눈썹 : 성질이 느긋하다 · 급하다
• 코 : 기가 세다 · 약하다 또는 마음이 따뜻하다 · 냉정하다
• 입 : 정열적이다 · 냉담하다
• 눈 : 전체의 종합적인 해석

기본형이 역삼각형으로 비사교적이라도 얼굴의 어느 한 부위에 사교성을 나타내는 부분이 있으면, 일반적으로 사교적이고 인간관계도 좋다고 할 수 있다.

그러나 본질적으로는 비사교적이므로 이해관계가 얽히면 본래의 냉정한 모습이 나온다. 그래서 평소의 태도나 말에 속은 듯한 인상을 받는다.

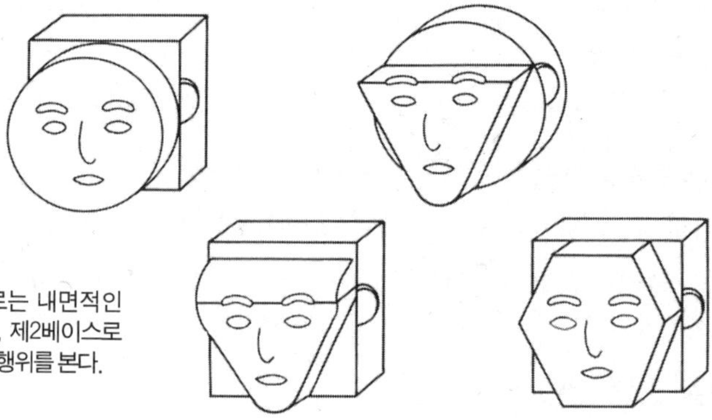

제1베이스로는 내면적인 성격을 보고, 제2베이스로는 일상적인 행위를 본다.

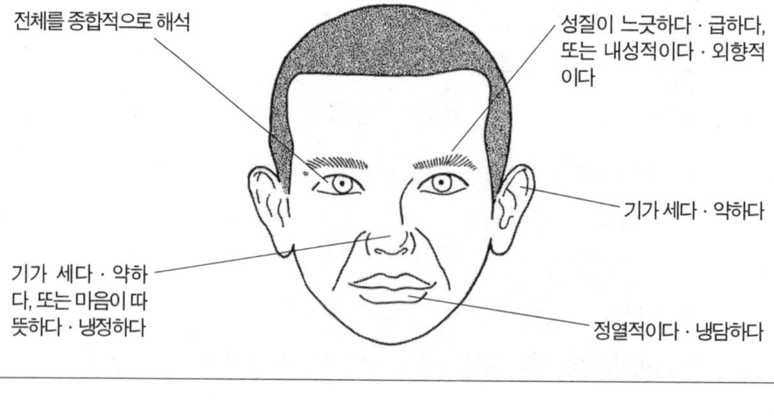

사교적인 인상

밝고 사람을 잘 사귀며 마음이 따뜻해서 부드러운 인상이다.

① 제1베이스는 둥근형

본질적으로 밝고 따뜻한 사람이다. 위에는 둥근형이나 사각형이 와야 한다.

둥근형에 사각형이 겹쳐진 사람은 따뜻한 분위기로 일을 척척 처리하는 실행력도 있으며 사교적이고 믿음직하다.

② 귀가 둥글고 곽이 나오지 않은 사람

온화하며 상대를 추켜세워 기분이 상하지 않게 하고, 다른 사람의 말을 잘 들어준다.

③ 코가 약간 위를 향하고 콧구멍이 조금 크며 끝이 둥근 코

마음에 모난 구석이 없으며, 특히 코끝(준두)이 둥근 사람은 친해지기 쉬운 유형이다.

④ 눈썹 사이가 넓고 약간 처진 눈썹

눈썹 사이가 넓은 사람은 마음이 느긋하고 작은 일에 연연하지 않는다. 처진 눈썹이면 이런 성격이 더 강해진다.

⑤ 입이 크고 입술이 두껍다

입이 큰 사람은 말이 많고 호언장담을 하는데, 입술 두께에 따라서 이것이 사람을 끌어당기는 매력으로 작용한다.

비사교적인 인상

① 기본 베이스가 역삼각형

② 가늘고 약간 올라간 눈썹

머리는 좋지만 냉정한 사람이다. 가는 눈썹은 자기 중심적이며, 가족 이외의 사람과 교제가 적다는 것을 나타낸다. 눈썹이 위로 올라가면 이런 성향이 더 강해진다.

③ 높고 피부가 얇으며 작은 코

마음이 좁고 차가운 성격이다. 억지로 이끌어가기 때문에 주위로부터 고립되는 경향이 있다.

④ 작은 입

비사교적이며 고독을 즐긴다. 또한 질투심이 강하다. 입술이 얇으면 이런 성격이 더 강해진다.

신경질적인 인상

기본적으로는 앞의 '비사교적인 인상' 과 특징이 같다.

① 기본 베이스가 역삼각형

② 피부가 얇은 역삼각형 얼굴이며, 곽이 없는 귀

자기 안에 갇혀 지내는 유형으로 예민한 성격이다.

③ 눈썹 사이의 주름

눈썹 사이에 주름이 한 개 있거나 팔자형의 주름이 있다.

호방한 인상

강한 생명력, 좀스럽지 않은 대범함, 풍부한 애정 등을 고루 갖춘 형이다.

① 제1베이스가 사각형

내면이 근골질이어야 하는 것이 첫 번째 조건이다.

② 제2베이스가 둥근형

다른 사람의 기분을 상하게 하지 않는 영양질 특유의 성격이 사각형에 더해져야 한다.

③ 굵고 진한 눈썹

조금 익살스럽고 유머를 안다. 자랑만 하는 구석이 있다.

④ 크고 벌어진 입

웃으면 주먹이 들어갈 정도로 입이 큰 사람은 도량이 넓어서 누구나 받아들이는 유형이다.

⑤ 두꺼운 피부

보기만해도 투박한 느낌이다. 피부가 얇으면 ①~④의 특징을 갖고 있어도 진짜 호방한 인상이라고 할 수 없다.

무사태평형 인상

악의가 없는 사람으로 사람들에게 무엇인가를 빌려도 금방 잊어버리는 느긋한 성격이다.

① 둥근형으로 눈썹 사이가 넓고 볼에 살이 많다

② 넓적하게 퍼진 코

③ 팽팽하지 않은 피부

구두쇠형 인상

① 역삼각형 얼굴

머리가 좋은 사람이 많고 모든 일에 계산이 빠르다.

② 피부가 얇은 '유대인 코'

선천적으로 금전욕이 강하다.

③ 얇은 입술, 주걱턱, 얇은 피부

모두 사람들과 교제가 적으며, 금전욕이 강해서 일단 손에 들어온 것은 잘 놓지 않는다. 이른바 구두쇠형으로 한 푼 두 푼 모아서 적은 돈을 남긴다.

리더로 알맞은 인상

① 제1베이스가 사각형이고, 제2베이스 또는 하정이 둥근형이다

② 굵고 진한 일자눈썹

기질이 과격하고 사고방식이 치밀하다. 가족이나 부하를 보호한다.

③ 옆으로 튀어나오고 단단한 코

여유가 있고 웬만한 일에는 지치지 않을 만큼 강인하다.

④ 아래쪽이 볼록한 하정

부하운이 좋을 뿐 아니라 근성과 저력이 있다.

⑤ 크고 잘 다물어진 입

의지가 강하고 끝을 볼 때까지 열심히 한다.

아이디어맨의 인상

① 넓고 높은 이마

지성을 나타내는 이마가 넓고 높은 것이 첫 번째 조건이다.

② 이마의 양끝이 벗겨져 올라간다

추리력과 직관력이 뛰어나다.

③ 더부룩하고 부드러운 눈썹꼬리

털이 촘촘히 나 있어야 한다. 털이 굵고 털이 난 모양이 좋지 않으면 머리 쓰는 일을 잘 못한다.

이런 인상에 얼굴이 둥근형이면 아이디어로 재물을 모으고 실업가가 된다.

역삼각형이면 아이디어는 있어도 사업화하기 어렵고 발명으로만 끝나기 쉽다. 얼굴이 둥근형이고 넓은 사람을 협력자로 택하면 좋다.

히스테리형 인상

이른바 '선이 가는 사람' 은 히스테리형이 되기 쉽다.

더욱이 눈썹이 위로 올라가고 눈썹머리의 털이 특이하게 서 있는 사람, 눈과 귀가 각지고 특히 날카로운 눈매에 눈이 치켜 올라간 사람은 질투심이 강하고 히스테리를 잘 일으킨다.

① 제1베이스와 제2베이스가 모두 역삼각형

② 콧날이 서 있다

협력자를 얻기 힘든 성격으로 안절부절못하고 히스테리해진다.

③ 작고 얇은 입술

생각이 편협되고 조바심을 잘 낸다.

④ 검은자위가 작다

어떤 형태의 눈이든 검은자위가 작으면 사고 범위가 좁고 감정이 변덕스러우며 잘 격해진다.

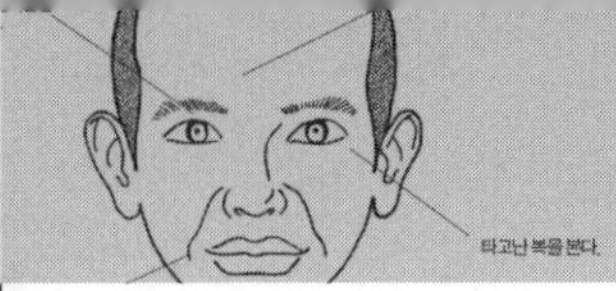

재물운

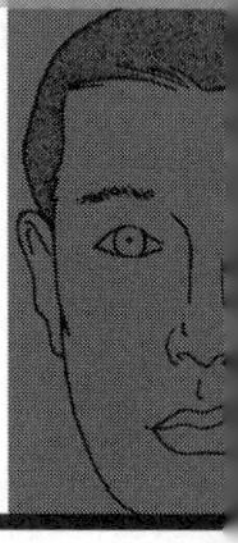

재물운을 볼 때 점학에서는 부동산운과 현금운으로 나누어 생각한다.

부동산운이란 토지 · 가옥 등은 물론 재산이 될만한 큰돈도 포함한다. 현금운은 일상생활에서의 원활한 자금 회전과 일정한 수입 상태 등 생활비가 되는 것을 가리킨다.

재물운이 있다고 해도 생각지도 않은 큰 재물이 생기는 경우는 아주 드물다. 보통은 성격이 큰 비중을 차지한다.

» 부동산운을 보는 방법

① 피부 – 타고난 복

두꺼운 피부는 좋은 재물운의 최대 조건이다. 다른 좋은 조건을 갖추고 있어도 피부가 얇으면 재산을 유지하거나 자손에게 남기지 못한다.

피부의 두께는 타고난 복에 비례한다. 피부의 두께를 보는 기준은 이마의 주름이다. 세 개의 주름이 뚜렷하게 있는 것이 최상으로, 피부가 얇으면 선도 중간중간 끊어진다.

② 이마 – 타고난 운

이마는 타고난 재물운을 보는 곳으로, 피부의 두께 이외에 살집이 좋고 볼록한 것이 중요한 조건이다. 물론 상처나 점이 있으면 그만큼 운이 적다.

③ 전택 – 조상에게 물려받는 토지와 가옥

'전택(田宅)' 이란 눈썹과 눈 사이를 말하며, 말 그대로 토지[田]와 집[宅]을 나타낸다.

색이 좋고 윤기가 있으며 상처나 주름이 없고 살집이 있는 것이 좋으며, 조상에게 재산을 물려받을 수 있다. 이마가 큰 재산(자산)을 나타내는 데 반해서 전택은 주로 생활에 필요한 재산을 본다.

④ 법령 – 일해서 얻는 재물운

법령은 직업운인 동시에 일해서 얻는 재물운을 나타낸다. 아래로 가면서 넓은 법령을 가진 사람은 장사를 크게 해서 재물을 쌓는다.

또한 법령으로 둘러싸인 입 주위를 '식록(食祿)'이라고 하여 주택운과 재물운을 본다. 큰 집에 살지, 자산이 있을지 등을 안다

» 현금운을 보는 방법

① 코 – 바로 사용할 수 있는 재산

코는 인상학에서 '재백궁(財帛宮 = 재물궁)' 이라고 하며, 바로 사용할 수 있는 재산을 볼 때 중요하다. 폭이 넓고, 특히 콧방울에 살이 있으며 잘 뻗어 있는 것이 좋다. 대개 재산이 있는 사람은 코가 넓직하게 퍼지고 조금 납작한 경우가 많다.

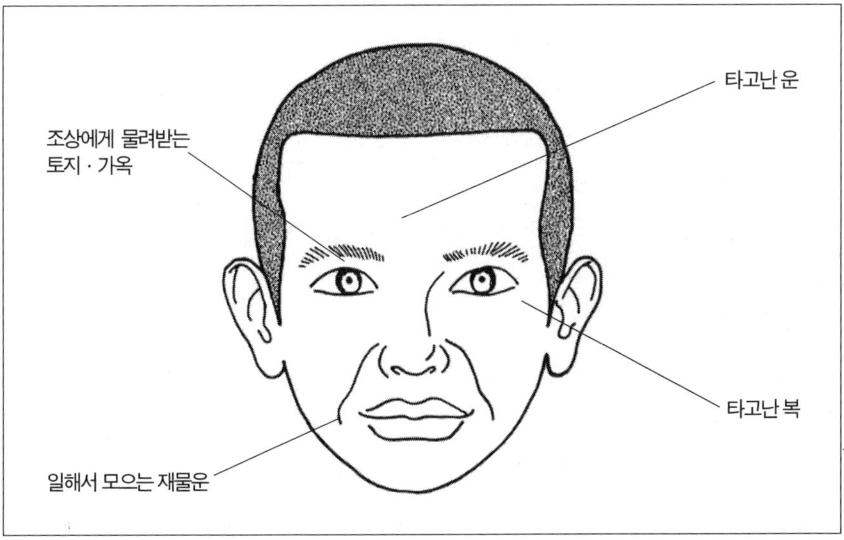

그 밖에 살집과 다부진 정도가 중요하고, 이런 코는 빛이 나 보인다.

또한 코의 폭은 협조자와 인내력을 나타내는데 넓으면 운이 열린다.

② 아래턱 – 재산을 모으는 방법

어떻게 재산을 모으는지 보는 곳이다. 코에 어느 정도 재물운이 있어도 아래턱이 두둑하지 않으면 구두쇠 성향을 띠게 되며, 돈을 좇기만 할 뿐 진정한 자신의 재물이 되지 않는다.

③ 눈썹 – 팔자눈썹이 좋은 상

눈썹이 '팔자(八)' 인 사람은 돈을 잘 다루어서 재산을 불리는 명인이다.

팔자눈썹에 폭이 넓고 눈썹꼬리에 눈썹이 많으면 어느 의미에서는 막된 사람이 되지만, 한편으로는 이것이 재물을 가져온다.

재계에서 성공하기 위한 필수조건이다.

거부가 되는 인상

재물운이 따르는 좋은 상의 조건을 모두 갖고 있으면 두 말 할 필요도 없이 거부가 될 수 있다.

그러나 다음의 조건 중에서 몇 개만 해당하는 경우에는 해당하는 수로 재물운이 좋고 나쁨을 점치며, 얻을 수 있는 돈의 성질도 알 수 있다.

다시 말해, 무리를 하지 않아도 자연스럽게 돈이 모이는 사람인지, 사람들에게 원한을 사서 돈을 모으는 사람인지 부분적인 것을 종합해서 판단할 수 있다.

① 제1베이스가 사각형

피부가 두꺼워야 하며, 어떤 어려움이 있어도 꿈쩍 않는 근성과 실력을 갖고 있다. 노력형 재물운이 있다.

② 제2베이스가 둥근형

원만한 인간관계와 능숙한 사교술이 재물운을 부르며, 포동포동한 느낌이 좋은 인상을 준다.

제2베이스도 사각형이면 지나치게 모가 나서 조화를 이루지 못하고, 깍쟁이 기질이 있어서 재물을 모으기 어렵다. 상재형(商才型) 재물운이 있다.

③ **크고 두툼한 이마**

이마가 부드러운 곡선모양이며 양끝이 아름다워야 한다. 이마는 부동산과 해외자산 등 먼곳의 재물운을 나타내는데, 이마가 가지런히 정돈되어 있어야 한다는 것이 주요 조건이다.

④ **팔자눈썹과 넓은 전택**

앞에서 말했듯이 재물운에서 없어서는 안 될 조건이다.

⑤ **넓은 미간**

큰 꿈을 이루기 위한 주요 조건이다. 그 밖에 좋은 색과 윤기가 성패의 근거가 된다.

⑥ **폭이 넓고 다부진 코**

콧방울이 튀어나오는 것이 중요하다. 코가 넓직하고 끝이 둥글며 콧방울이 나와 있으면 어떠한 경우에도 자기 잇속은 챙긴다. 돈을 벌기 위해서는 어떤 일이라도 하는 만족할 줄 모르는 욕심과 끈기가 있어야 하며, 이것이 장사를 하는 사람에게 빼놓을 수 없는 조건이다.

또한 큰 사업을 하기 위해서는 콧구멍도 적당히 커야 한다. 콧구멍이 크면 씀씀이도 큰데, 살집이 있으면 재물로 이어질 수 있다. 콧구멍만 크고 주변에 살이 없으면 큰돈이 그냥 지나쳐버린다.

⑦ **큰 입과 적당히 두꺼운 입술**

큰 사업을 하려면 배짱이 필요하므로 반드시 입이 커야 한다. 또한 입술이 적당히 두꺼워야 한다. 입술이 얇으면 돈 때문에 인정을 버리며, 반대로 너무 두꺼우면 색난으로 재산을 탕진할 우려가 있다.

⑧ **많이 각진 턱과 굵고 짙은 눈썹**

모두 부동산운이 강함을 나타낸다. 턱 아래에 점이 있으면 운이 더 강해진다.

⑨ **크고 다부진 귀**

귀의 두께와 크기는 타고난 복에 비례한다.

또한 귓구멍도 큰 것이 좋고, 귓불이 입 쪽을 향해 있는 것도 재물운이 좋음을 나타내는 포인트이다. 물론 귓불은 도톰해야 한다.

생각지도 않은 큰돈이 생기는 인상

한 장의 복권으로 수억 원의 현금이 생기거나, 얼굴도 모르는 친척의 유산을 모두 상속받는 등의 행운아이다.

기본적으로는 거부의 상에 준하지만, 거부의 특징이 없고 역삼각형의 얼굴이라도 다음의 조건을 갖추면 큰돈이 생길 기회가 있다.

① 이마와 미간이 아름답고 그윽하게 빛이 난다

② 미간과 눈썹 위쪽에서 옆에 머리카락이 난 곳까지 이어지는 부분이 아름다우며 색과 윤기가 좋다

③ 이마의 한쪽 구석에서 눈썹꼬리 또는 미간에 걸쳐 살이 불거져 있다

살이 울룩불룩하게 나와 보인다.

특히 불거진 살에 황색을 띤 엷은 핑크빛 선이 있으면 유산이나 큰돈이 들어올 징조이다.

다른 사람의 도움을 받는 인상

사회와 상사의 평판이 좋고 동료와 부하운 등이 좋아야 한다. 여기에서 원조가 생기고 재물운이 열린다.

① 살이 포동포동한 광대뼈

광대뼈는 세상과의 관계를 나타내는 곳으로 뼈가 앙상하지 않고 살이 있어야 한다.

광대뼈가 납작한 사람은 사람들과의 교제폭도 좁고, 자신의 틀 안에 갇혀 있어 도움을 기대할 수 없다. 살집이 좋아도 지나치게 볼록하면 자신을 드러내고 싶어하여 오히려 사람들에게 외면당한다.

② 뚜렷한 법령

대인관계가 원만하고 부하운도 좋다는 것을 의미한다. 법령의 모양도 표준과 같이 끝으로 갈수록 넓어지는 것이 가장 좋고, 뚜렷하지만 입에 닿을 정도로

폭이 좁으면 좋은 운을 살리기 어렵다.

③ 둥글고 도톰한 턱

인덕이 있어서 주위에 저절로 사람들이 모여든다.

④ 코의 양옆에 살집이 좋다

코의 양옆, 특히 완만하게 경사진 부분에 살집이 좋은 사람은 다른 사람의 도움을 받는다.

돈이 잘 나가는 인상

한턱을 잘 내거나 돈 쓰는 것을 좋아하는 사람과 근본적으로 돈을 모으지 못하는 두 가지 유형이 있다.

① 코가 위를 향한다

코가 위를 향하면 사람을 좋아하고 분위기에 잘 휩쓸리며, 즐거운 일이 있으면 한턱을 내기도 한다.

② 콧구멍이 크다

콧구멍이 큰 사람은 돈이 있으면 그 날로 써버리기 때문에 돈이 생기면 쓰고 싶어서 안달을 한다.

구두쇠형 인상

① 코가 매우 크고 콧구멍이 작으며 코끝이 아래를 향한다

모두 이기적이고 금전 제일주의이다.

② 작고 단단한 귀

배짱이 없고 항상 불안하기 때문에 돈에 관해서 인색하다.

③ 풍당이 너무 크거나 너무 작다

이른바 '구두쇠'로 욕심이 많다.

도박에 약한 인상

① 약간 가늘고 날카로운 눈

추리력과 결단력을 겸비한 사람이다.

② 콧등이 오목하게 들어간 코

근본적으로 승부와 관련 있는 일이나 도박을 좋아하며, 이길 때까지 그만두지 않는다.

③ 귀가 작고 단단하며 달라붙어 있다

귀가 머리에 딱 붙은 듯한 모양으로 승부와 관련있는 것을 좋아한다.

한 푼 두 푼 저축하는 인상

① 작아도 살이 단단하고 야무진 코, 양옆에 살이 있고 콧구멍이 작은 코

한 푼 두 푼 착실히 모으는 유형은 코 전체는 물론 콧구멍도 별로 크지 않다. 말하자면 돈이 나가는 것을 막는 상이라고 할 수 있다.

② 귓구멍이 작다

구두쇠형의 하나이다. 큰돈은 못 가지지만 절약해서 한 푼 두 푼 착실하게 재물을 모은다.

사회운과 직업

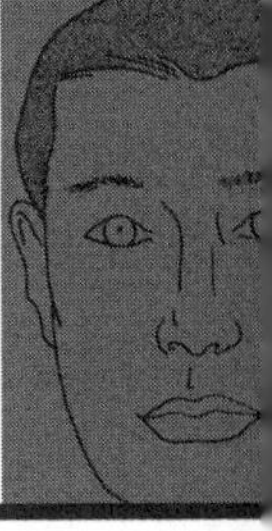

'사회운' 이란 자신의 일에서 얼마나 두각을 나타내며, 직장에서 얼마나 역량을 발휘하는지, 또는 얼마나 성공할 수 있는지 등 사회생활의 운세를 말한다.

예를 들어 직장인이라면 상사에게 발탁되어 인정받고, 자신에게 맞는 일을 받는 것이 성공과 결부된다. 또한 상점을 경영한다면 손님에게 신뢰를 얻고 사랑을 받아야 번성할 수 있다.

기술직이나 프리랜서도 좋은 인간관계가 만들어지지 않으면 성공할 수 없다.

'적성에 맞는 직업' 이란 성격에 맞는 직업을 말한다. 외향적인 성격이라면 접객업이나 영업, 내성적인 성격이라면 내근 사무직이 어울린다.

» 사회운과 적성에 맞는 직업을 보는 방법

사회운과 적성에 맞는 직업을 보기 위해서는, 먼저 그 사람의 성격을 파악하는 것이 중요하다. 따라서 「성격운」에서 설명한 '성격을 보는 방법' 을 완전히 이해해야 한다.

» 삼형질의 사회운과 적성에 맞는 직업

- 근골질(사각형) : 기술자
- 심성질(역삼각형) : 경리 · 사무 · 실무 · 설계 등의 내근직
- 영양질(둥근형) : 상점 경영 · 영업 등

한 나라의 최고 통치자가 되는 인상

크게 출세를 하는 사람은 인상도 보통사람과 달리 심상치 않다. 인상학에서는 이런 얼굴을 '이상(異相)'이라고 한다. 한마디로 '이목구비가 뚜렷한 얼굴'이다.

① 전체적으로 얼굴이 크다

도톰한 얼굴이다.

② 제1베이스와 제2베이스 중 어느 한 쪽이 사각형이다

③ 눈 · 코 · 입 · 귀 · 눈썹의 오관이 크고 뚜렷하다

직장인으로 성공하는 인상

회사나 조직에서 직장인으로 성공하기 위해서는 상사에게 발탁되는 것이 필수조건이다.

① 높고 깨끗한 이마와 뚜렷한 법령

이마는 상사를 나타내며, 법령은 부하 등 업무상의 인간관계를 나타낸다. 이 두 곳에 상처나 점이 있으면 좀처럼 출세하기 어렵다.

② 이마의 중앙부가 볼록하다

재능을 발휘하여 발탁될 가능성이 많으며 순조롭게 출세를 한다.

③ 부드러운 곡선모양이며 털이 가지런한 눈썹(특히 눈썹꼬리가 굵다)

성격이 온화하고 인상이 좋으며 학구파이므로 일을 맡기기 쉽다. 머리가 좋다.

④ 귀의 곽이 윤보다 나와 있지 않다

인간성에 꼬인 구석이 없고 세련된 인상으로 순조롭게 승진한다.

⑤ 이마의 주름

이마에 있는 세 개의 주름은 위에서부터 순서대로 상사 · 자신 · 부하를 나타낸다. 세 개가 모두 뚜렷한 경우는 상사운도 있고 부하운도 있으며, 자신도 능력을 발휘할 수 있다. 그러나 세 개 모두가 아니라도 위의 한 줄이 뚜렷하면 상사운이 좋고 승진도 기대할 수 있다.

⑥ 광대뼈

살집이 좋고 적당히 튀어나온 광대뼈는 동료나 세간의 평판이 좋음을 나타낸다.

프리랜서로 성공하는 인상

어떤 분야에서나 실력은 물론 안면이 전혀 없는 상태에서도 신뢰와 인간관계를 쌓아가는 사교술이 가장 중요한 요소이다.

다음으로 어떤 고난에도 굴하지 않는 불굴의 정신이 성공의 열쇠이다.

다음에 설명하는 특징이 프리랜서가 되어서도 나타나지 않는 사람은 둥근형의 조수를 두거나 역삼각형의 조언자를 두면 좋다.

① 이마가 낮고 피부가 두껍다

이마가 낮은 사람은 회사나 조직의 상사에게 발탁되는 것을 기대할 수 없다. 따라서 필연적으로 프리랜서를 할 수밖에 없다. 실행력이 있고 성실하기 때문에 독립해도 확실히 발전한다.

② 이마 위쪽에 삼각형으로 머리가 처져서 나 있다

반항하는 상이며, 자신의 능력으로 어려움을 헤쳐 나가는 정신력을 가지고 있다.

③ 옆으로 튀어나온 콧방울

자립형이며 끈기가 있다.

④ 약간 둥글고 아래쪽의 가운데가 오목하게 들어간 아래턱

아래턱 가운데에 오목하게 들어간 부분이 있는 사람은 고집스럽고, 자신이 계획한 일이나 그와 관련된 계획을 어떻게든 끝까지 해낸다.

⑤ 볼록한 광대뼈

사교적으로 사람을 잘 사귄다.

예술가형 인상

① 제1베이스가 역삼각형

예술에 꼭 필요한 감수성이 풍부한 얼굴이다. 단, 건축이나 조각 · 장식품 등의 조형예술에서는 턱이 단단하고 피부가 거친 사각형의 특징이 필요하다.

② 조금 얇고 넓으며 높은 이마

하늘의 계시를 받은 듯이 놀라운 재주를 가진 유형이다. 피부가 두꺼울수록 세속적이 된다.

③ 가늘고 긴 눈썹

정서가 풍부하고 감정이 섬세하다. 눈썹이 진할수록 정교한 표현을 잘 하여 회화의 경우 세밀화를 잘 그린다.

반대로 눈썹이 옅으면 표현이 대범하고 대담해지며, 핵심을 극단적으로 변형시키는 일러스트레이션을 잘 한다.

④ 눈썹 두덩이 높고 볼록하다

직감이 뛰어나고 예리하며 신비스런 면이 있다.

⑤ 귀가 벌어져 있다

귀가 머리에 붙지 않고 벌어져 있는 사람은 견문이 넓다. 다양한 것을 보고 듣고 받아들인다.

스타가 되는 인상

① 얼굴의 십자 존의 색이 아름답다

십자 존 전체, 또는 일부의 색이 아름다울 때는 스카우트 기회가 생긴다.

여기서 '아름다운 색' 이란 핑크빛에 황색이 감도는 색으로, 예를 들면 손가락 사이의 햇볕에 그을리지 않은 색이며 윤기 있고 촉촉한 것을 의미한다.

② 눈썹머리 · 눈썹꼬리 · 입 주위의 점

흔히 '예능점' 이라고 하여 예능계에서 성공한다. 단, 점의 위치에 따라 큰 차이가 있으므로 주의한다(p.79 〈얼굴에 있는 점의 의미〉 그림 참조).

③ 이마 한쪽의 아름다운 색

이마의 한쪽에 주름이 사선으로 내려오고, 이 주름이 황색이 감도는 핑크빛이면 발탁된다. 또한 첫만남이 기회가 된다.

④ 눈이 빛난다

눈이 반짝반짝 빛나면 스스로 행운을 부른다.

학자형 인상

① 이마의 양끝이 벗겨져 올라가 있다

이마의 양끝이 머리 부분까지 파고 들어가서 넓은 상도 마찬가지이다. 지능형 이마로 생각이 깊고 독창성도 있지만 조금 따지기를 좋아한다. 더욱이 얼굴이 역삼각형이라면 속세를 초월하여 상아탑에 틀어박혀서 자신의 연구에 몰두하는 유형이다.

② 팔자눈썹에 눈썹꼬리가 굵다

학구열이 있으며 항상 열심히 공부한다. 눈썹이 상하로 겹치듯이 서 있는 경우에는 더욱 의욕이 넘친다.

③ 뚜렷한 법령

법령의 모양은 밑으로 갈수록 퍼지는 것보다 입 주위를 둘러싸는 듯한 모양이 학자형이다. 좁은 범위를 깊이 파고들어 연구한다.

유흥업으로 성공하는 인상

① 제1베이스와 제2베이스가 모두 둥근형이다

사교가이다. 손님 대접을 잘 하고 술에 취한 상대도 잘 접대하여 인기를 얻는다. 특히 여자는 이중턱이거나 그에 가까우면 유흥업에 안성맞춤이다.

② 관자놀이가 볼록하다

관자놀이는 맛에 대해 민감한 정도를 보여주는 곳으로 관자놀이가 볼록한 사람은 맛을 잘 내며 음식 전문가이다. 맛으로 승부하는 장사가 좋다.

③ 납작코

억척스럽고 강인하기 때문에 부침이 심한 유흥업계에서도 확실하게 살아남는다.

전직을 잘 하는 인상

① 옆얼굴이 오목하고 도톰하지 않은 얼굴

노력도 안 하고 실행력도 없으면서 '이 일은 장래성이 없다', '나와 맞지 않는다' 하며 안이하게 직장을 옮긴다. 의지가 약한 것도 전직의 원인이다.

② 좁고 팽팽하지 않은 코

자주성이 없어서 다른 사람의 말에 현혹되어 쉽게 직장을 옮기거나 사소한 일로 싫증을 낸다.

③ 짧고 옅은 눈썹

지구력이 없고 생각이 얕아서 감정에 좌우된다.

④ 둥글고 큰 눈

새로운 것에 마음을 쉽게 빼앗기고 체념이 빠른 것이 화가 되며, 직장을 전전하여 정규직으로 일하지 못한다.

인상 에피소드 ①

생면부지의 영혼이 알려준 일

나고야에서 온 사람이 근처의 맨션을 구입하려고 하는데 길흉을 봐달라고 하였다.

그가 구입하려는 맨션은 친구의 소유로 권리금 등도 다른 것에 비해 저렴한데, 친구가 지정한 방을 사용해야 한다는 조건이 있었다. 방을 지정하는 것이 아무래도 마음에 걸려서 인상을 보니, 이마의 왼쪽 구석에 가로누운 사람의 모습이 보였다. 외진 곳이 부동산을 나타내므로, 혹시 그 맨션의 방에서 죽은 사람이 있는 것은 아닐까 생각되었다.

그것이 주술에 걸린 영혼이라면 고사를 지내면 되겠지만, 그렇게 해서 효과를 볼 수 있을 것이라고 단정할 수는 없다. 그렇게 진정될 영혼이라면 방을 구입해도 괜찮지만, 그렇지 않다면 이사 뒤에 큰 걱정거리가 될지도 모른다.

역(易)으로 점을 쳐보니 고사를 지내서 될 일이 아니라는 점괘가 나와서 맨션 구입은 무리라고 판단했다. 알아보니 아니나 다를까 그 방은 불행한 일이 있어서 터무니없이 저렴했던 것이다. 유령이 나오기 때문에 집세가 싸다고 종종 들어본 것 같은 이야기이다. 어떤 사정이 있든 재난을 부를 수도 있으므로 구입을 미루기로 하였다.

맨션을 구입하려는 사람에게 말을 안 해도 되고, 또한 돌아가신 분과 교류도 없었는데 나타났다는 것은 점괘라기보다 괴담처럼 불가사의한 일이다. 왜 다음에 입주하려는 사람의 이마에 나타난 것일까?

점(占)을 통해 사람들의 기구한 운세를 접하다보면 '영적' 이라는 말로밖에 설명이 안 되는 이야기들을 만나는 경우가 많다. 또한 점술가도 인상점의 영역을 벗어난 불가사의한 세계와 만나는 경우가 있다.

점술은 심령 현상과 만나기 쉽고, 점술가에게 신비한 능력을 요구하기도 한다.

그러나 드물게 심령 현상 같은 불가사의한 일을 만난다고 해도 그 힘이 항상 나타나는 것이 아니며, 영감이나 신비한 능력은 그때 그때 강해졌다 약해졌다 한다.

점이란 마음 속에 고민이 있거나 운명을 결정하기 어려운 사람을 상담하고 조언하는 것이므로 불확실한 '신비' 만으로 점을 치는 것은 위험하다.

만일 점을 쳐서 이런 현상을 만나더라도 휘둘리지 말고, 냉정하게 경험과 지식이 뒷받침된 확실한 증거를 갖고 대처한다.

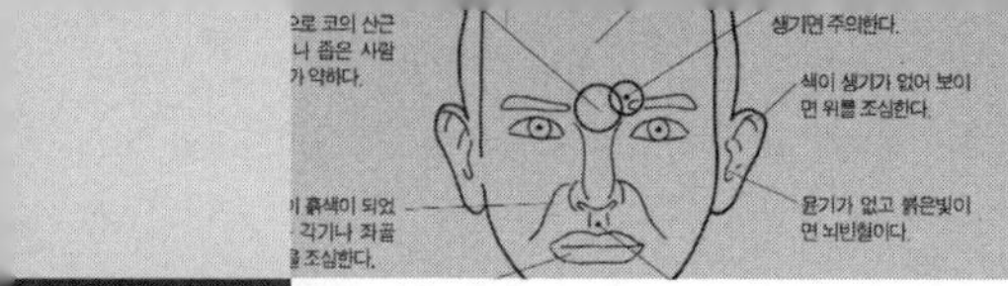

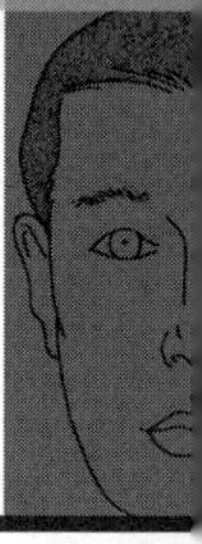

건강과 장수운

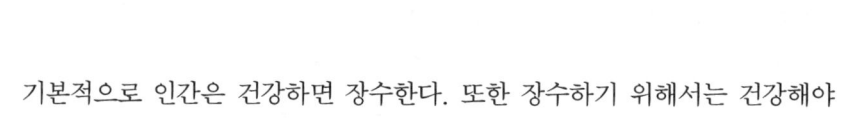

기본적으로 인간은 건강하면 장수한다. 또한 장수하기 위해서는 건강해야 한다.

건강운과 장수운은 상호작용하며 서로 관계가 깊지만, '장수운' 에는 건강과 상관없이 갑자기 목숨을 잃게 되는 운세도 있다.

'건강운' 에서는 본래의 타고난 신체 건강, 또는 각 기관의 선천적인 질병을 본다. 그리고 이런 이유로 건강 관리와 장수를 결부시켜서 생각한다.

'장수운' 은 오래 사는지, 질병이 잦은지 이외에 불의의 사고나 재난 · 부상 등의 조짐을 알 수 있다.

» 얼굴형으로 건강운을 보는 방법

'건강운' 은 먼저 얼굴형으로 허약한 곳과 잘 걸리는 질병을 판단하며, 다음에 각 부위를 살펴보고 그 때마다의 건강상태와 병상을 판단한다.

● 사각형 – 급살을 맞는 형

사각형은 얼굴도 몸도 다부지며 운동신경이 발달하고 각 기관도 튼튼하지만, 체력을 과신하여 갑자기 죽는 일이 있다. 무엇보다 운동 부족이 큰 적이며, 몸을 많이 움직이지 않는 직종에 있는 사람은 평소에 신경 써서 운동이나 체조를 하는 것이 중요하다. 스포츠 선수의 경우 갑자기 근육이나 근섬유가 수축되어 끊어지거나, 신경통같이 경기 도중에 고장이 생기는 것도 여기에 포함된다.

중년 이후에는 운동 부족으로 비만이 되기 쉬우므로 운동과 함께 식생활도 주의해야 한다.

● **역삼각형 — 신경과민형**

얼굴도 홀쭉하지만 체격도 왜소해서 약한 인상이다. 내장이 모두 건강하지 않고 영양 흡수도 잘 안 된다. 위하수나 신경성위염이 대표적 질병이다. 식사도 조금 하는 경우가 있는데 '말라깽이의 대식가' 도 이 유형이다. 일반적으로 허약하고 안색도 나쁘지만 의외로 심장은 튼튼하다.

● **둥근형 — 과식형**

일반적으로 얼굴과 몸매가 둥근 느낌으로 소화기 발달형이며 보기에도 잘 먹는다. 음식을 즐겨 먹고, 먹은 음식물은 남김없이 흡수되어 양분이 되므로 체중도 늘어난다. 소화기계통은 튼튼하지만 무리가 가므로 위장병을 조심한다. 또한 비만으로 인한 심장병과 고혈압도 주의한다.

● **그 밖의 얼굴형**

얼굴형에 따라 건강한 부분과 약한 부분은 다음과 같다.

① **직사각형**
- 강 — 심장
- 약 — 신경계통, 심장 이외의 내장, 허리, 어깨

② **오각형**
- 강 — 심장, 다리와 허리
- 약 — 신경계통, 스트레스성 질환

③ **육각형**
- 강 — 내장
- 약 — 신경계통, 류머티즘, 자율신경실조증, 호흡기계통

④ **타원형**
- 강 — 모두 평균적
- 약 — 호르몬의 균형에 주의

⑤ **아랫볼이 볼록한 형**
- 강 — 위
- 약 — 고혈압, 당뇨병, 심장, 폭음 · 폭식에 의한 설사

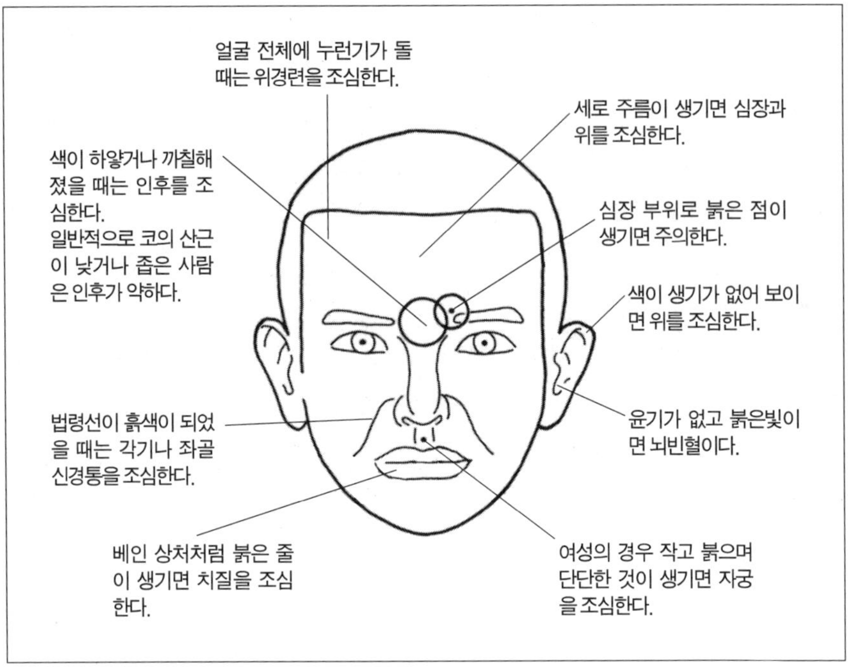

⑥ 팔각형

- 강 — 모두 평균적
- 약 — 모두 평균적

» 소인형법 – 부위별로 건강운을 보는 방법

각 부위별로 건강운을 볼 때 모양과 색 · 생기 등이 중요하다. '생기가 없다'는 것은 윤기나 힘이 없고 왠지 퇴색해 보이는 것을 가리킨다.

또한 인상학에는 예로부터 '소인형법(小人形法)'이 전해져 내려온다. 이는 신체를 작게 만들어서 얼굴에 대입시켜 얼굴의 각 부위와 신체의 각 부위를 포개어 보는 것이며, 얼굴의 상태로 몸의 건강상태를 알아본다.

얼굴과 몸은 연관이 있어서, 얼굴에 점이 있으면 그 부위에 해당하는 몸에도 점이 있다(p.165의 그림 참조). 그래서 얼굴의 어떤 부분이 나쁜 색을 띠거나 상처가 생기면, 거기에 해당하는 부위를 조심해야 한다.

역인형법(여성용)

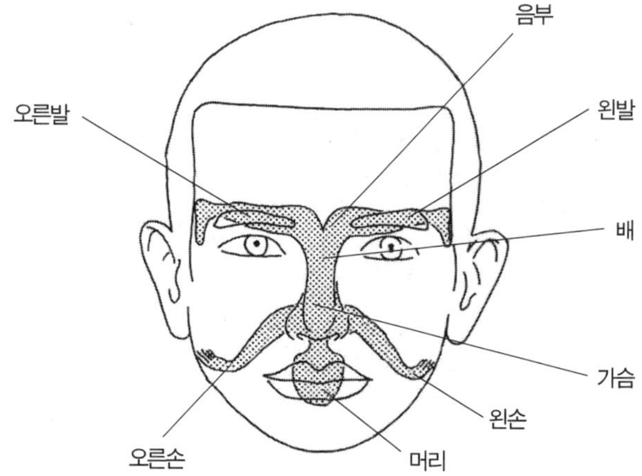

소인형법(남성용)

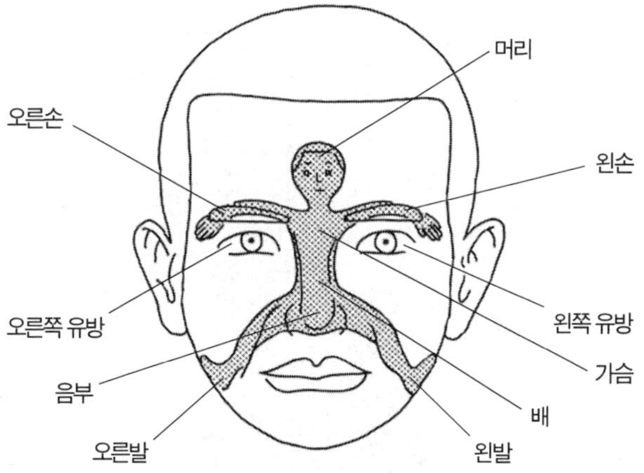

장수하는 인상

다음 사항에 많이 해당될수록 장수한다.

① 얼굴 피부가 두껍다

② 높은 눈썹 두덩

특히 중년 이후에 눈에 띄게 긴 털이 두세 개 나는 것이 좋은 상이다.

③ 크고 긴 귀

귀의 각 부분도 다부지고 단단하며 살이 도톰하다.

④ 이호가 있다

40세 이후에 귓구멍에서 털[이호(耳豪)]이 나온다.

⑤ 수골이 높다

귀가 달린 뒤쪽의 뼈[수골(壽骨)]가 높이 나와 있다.

⑥ 살집이 좋고 단단하며, 넓직하게 퍼진 코

⑦ 길고 뚜렷한 인중

⑧ 깊고 뚜렷한 법령

⑨ 약간 가늘고 긴 눈

⑩ 큰 입과 튼튼한 치아

⑪ 50세 이후에 생긴 얼굴의 검버섯

⑫ 넓은 미간

병약한 인상

다음 사항에 많이 해당될수록 병약하다.

① 얼굴이 도톰하지 않다

운세도 생명력도 일반적으로 약하다. 아래턱이 앞에서 보나 옆에서 보나 삼각형으로 보이는 경우에는 단명한다.

② 작고 얇은 귀

오장이 모두 약하며, 특히 위를 조심한다.

③ 짧은 눈썹, 흐린 눈썹

간 · 심장 등 순환기계통을 조심한다.

④ 코의 뿌리(산근)가 낮다

호흡기계통의 질환과 심장병을 조심한다.

⑤ 좁고 높은 코

폐 등의 호흡기계통을 조심한다.

⑥ 왕눈

심장이 약하고 맥박도 빠르다.

⑦ 얇고 흰빛을 띠는 입술

빈혈증을 조심한다.

⑧ 인중의 점

여성의 경우 자궁질환이 의심된다. 남녀 모두 단명하는 상이다. 단, 다른 부위에 장수하는 상이 나타나면 덜 심각하다.

사고나 자연 재앙을 만나는 인상

정해진 '사고나 자연 재앙의 상' 은 없지만 사고 등을 만나기 직전에 얼굴에 전조가 나타난다.

① 코에 붉은 사선이 있다

상처나 사고의 전조이다.

② 명궁에 붉은 반점이나 사선이 있다

자연 재앙 등 큰 사고를 만난다.

소화기계통이 약한 인상

① 아래로 처진 코끝

설사를 잘 한다.

② 코에 연한 흑색이 나타난다

위쪽의 산근부터 $\frac{1}{3}$부분에 걸쳐 연한 흑색이 나타나면 위장질환이다. 아래쪽의 $\frac{2}{3}$부분에 나타나면 장이 나쁘다.

③ 볼에 세로 주름이 있다

위의 아래쪽에서 장에 걸친 부분이 약하다는 표시로 변비에 잘 걸린다. 코에 연한 흑색이 함께 나타나면 매우 심한 변비로 고생한다.

심장이 약한 인상

놀라면 심장이 두근두근하고, 불안을 느끼면 심한 경련이 일어나듯 심장과 감정은 밀접한 관계가 있다.

따라서 숨이 가쁜 사람, 지나치게 많이 움직이는 사람, 신경증을 앓는 사람은 심장병에 주의한다.

① 눈썹머리 위쪽(특히 왼쪽)이 1㎝ 이상 불룩하다

이 부분은 정통으로 심장을 나타낸다. 이 부분에 붉은빛이나 핑크빛이 나타나면 급성 심장질환이 염려되므로 안정을 취한다.

② 미간이나 눈과 눈 사이가 좁다

필연적으로 코의 산근이 좁아지는데 마음이 좁고 심장이 약하다.

③ 미간에 1～3개의 세로 주름이 있다

신경질적이며 항상 안절부절못하고 마음의 여유가 없다. 이런 것들이 심장에 악영향을 미친다.

간이 약한 인상

간질환은 대체로 '황달' 이며 색이 누렇게 된다. 살과 관계없이 피부가 거친 사람에게 간질환이 많다.

① 눈이 들어가고 광대뼈가 나와 있다

② 볼에 그물 같은 모세혈관이 있다

애주가가 많고, 이 때문에 간을 해친다.

③ 흰자위가 윤기가 없고 누런빛을 띤다

황색이 진해지면 황달의 조짐이다.

비뇨기계통이 약한 인상

① 법령의 안쪽에서 아래턱에 걸쳐 연한 흑색이 나타난다

냉한 체질 때문에 생기는 질환이다.

② 콧방울이 지저분해 보인다

콧방울은 남녀 모두 성기의 일부를 나타내기 때문에, 이 부분이 갈색이 되거나 건조한 느낌이면 성병이 염려된다.

③ 인중이 지나치게 좁다

선천적으로 비뇨기계통이 약하다.

④ 인중이 전혀 없다(펀펀하고 밋밋하다)

콩팥이 약한 인상

귀와 머리카락은 콩팥의 상태를 보는 척도이다.

① 귀의 색이 연한 흑색이다

② 머리카락에 윤기가 없고 촉촉함도 없다

또는 반대로 기름기가 있다.

③ 두 눈이 바깥쪽을 향하는 사시(斜視)이다

암을 조심해야 하는 인상

① 이상한 냄새가 난다

입이나 몸의 어느 부위에서 이상한 냄새가 나면 주의한다.

② 얼굴빛이 거무칙칙하다

또는 검은빛이 도는 황색이다.

③ 눈이 바깥쪽을 향하는 사시이다

신장질환과 비슷하므로 주의한다.

④ 얼굴에 붉은 반점이 나타난다

'소인형법' 을 적용하여 반점 부위에 해당하는 내장을 조심한다.

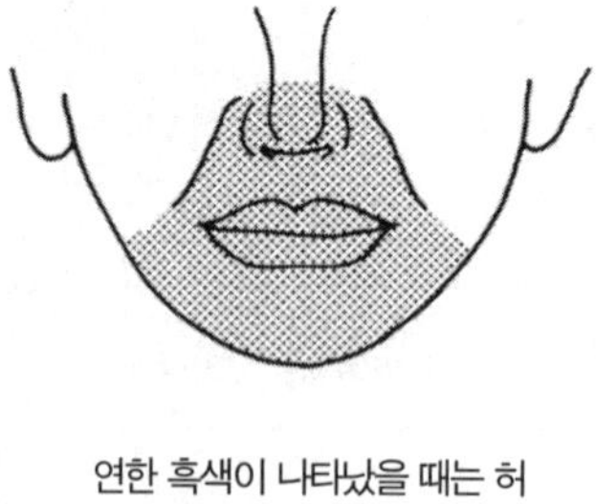

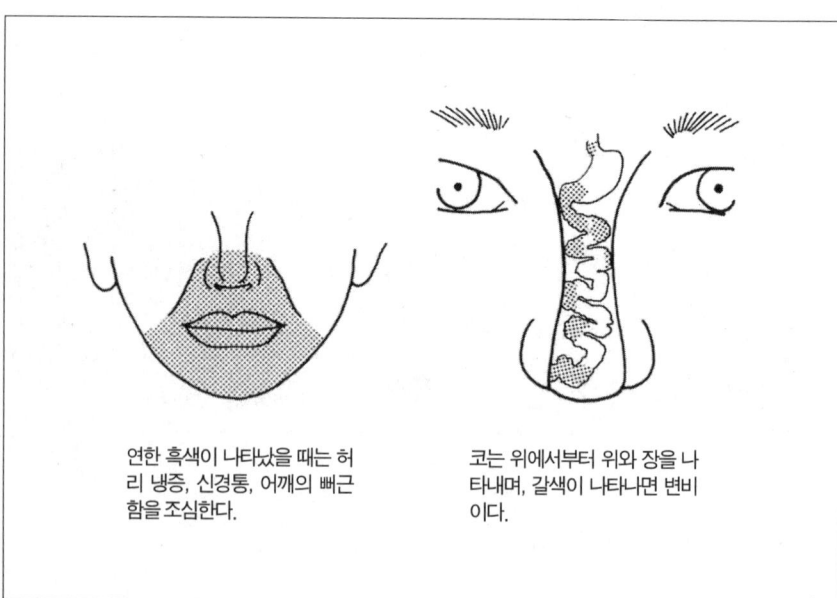

연한 흑색이 나타났을 때는 허리 냉증, 신경통, 어깨의 뻐근함을 조심한다.

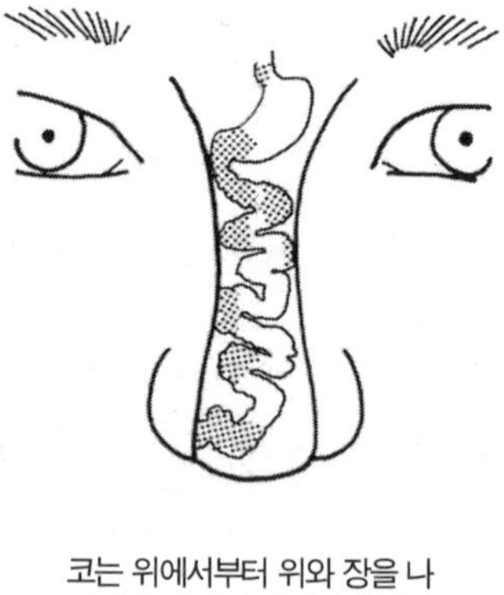

코는 위에서부터 위와 장을 나타내며, 갈색이 나타나면 변비이다.

인상 에피소드 ②

이마에 나타난 신앙

어느 겨울날, 이혼문제로 고민하는 여성이 찾아왔다. 얼굴을 보자 가장 먼저 이마의 십자가 형상이 눈에 들어왔다. 십자가는 작고 흐린 불빛이 고리모양으로 연결되어 있고, 전체가 명궁 쪽으로 기울어져 있었다. 적색은 신앙의 색이고, 명궁은 상정과 중정에 걸쳐 있는 장소로 자신을 나타낸다. 명궁의 색이 탁하고, 그 안에 십자가가 기울어져 있는 것이 마음에 걸렸다.

그래서 "종교를 믿으십니까?" 물었더니, 시어머니가 불교와 기독교를 접목시킨 종교를 믿고 있어서 그곳에서 개최하는 좌담회 등에 함께 가기도 한다는 것이었다. 그러나 친정은 기독교를 믿어서 어릴 때 세례를 받았으며, 결혼 후 시댁의 종교를 따랐지만 마음이 꺼림칙하여 가능하면 이혼한 뒤 다시 기독교를 믿고 싶다는 말도 덧붙였다. 이야기를 들으면서 이마의 십자가를 유심히 보고 있으니 십자가가 점점 세워지는 것이었다. 이것을 보자 이 사람은 기독교에 의해 구제를 받을 것이란 생각이 들었다.

또한 이 여성에게는 법령 바깥쪽의 광대뼈 끝쪽을 지나서 가장자리 쪽으로 올라가는 색이 있었다. 이 색은 출가를 나타내는데, 법령을 보면 가정을 나타내는 위치에 있지 않으며 머리 속에도 들어가지 않고 바로 앞에서 끝나 있었다. 그러므로 출가할 정도는 아니고 성지를 방문하는 여행 정도로 끝나겠다고 생각하였다.

그녀가 이혼하려는 데는 한 가지 이유가 더 있었다. 남편의 불륜이다. 집을 나가는 상의 옆쪽에 상대 여자가 나타나 있는데, 전택에서 떨어진 곳에 숨어 있으므로 두 사람이 살림을 차릴 걱정은 없어 보였다.

역(易)으로 보면 조금 더 참아보라는 것이었는데, 시종 이상했던 것은 이마에 보이는 십자가였다. 아무리 인상학이 동서양을 불문하고 볼 수 있는 것이라고 해도 종교의 상징이 또렷이 보이는 상징적인 현상은 신비할 뿐이다.

이와 비슷한 사례가 한 가지 더 있다.

그 사람은 이마에 삿갓을 쓴 부동명왕(불교의 한 종파인 진언종에서 받드는 다섯 명왕 중 하나)과 같은 모습이 나타나 있었다. 나타난 곳은 천정(天停)인데, 이곳은 자기 자신이 아니라 주변 사람의 신앙심이 나타나는 경우가 많다. 그런데 아주 자세히 들여다보자 그것은 부동명왕이 아니라 홍법대사(弘法大師, 일본 헤이안 시대 중기의 스님)가 도를 닦기 위해 여기저기를 여행하는 모습처럼 보였다. 좀더 이야기를 들어보니 확실히 어머니가 홍법대사를 깊이 추앙하여 진언종을 열심히 믿는 신자라고 하였다. 이마의 홍법대사는 어머니의 여덕으로 아들을 구한다는 의미였던 것이다.

이것은 앞의 십자가 이야기처럼 인상에 신앙이, 그것도 자신뿐 아니라 가족의 신앙까지 나타났던 불가사의한 예이다.

가정운

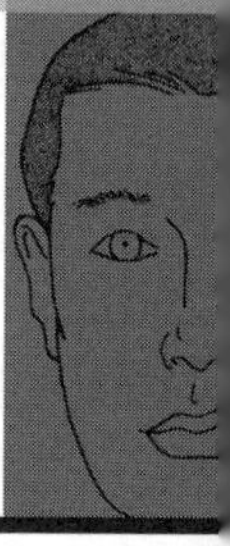

가정이 원만하려면 애정이 기본이며, 가정운과 애정운은 표리관계에 있다고 할 수 있다.

그러나 가정을 구성하는 요소는 부부뿐만 아니라 부모 · 자녀의 관계가 있으며, 그 밖의 운세와도 복잡하게 얽혀 있으므로 다각적으로 판단해야 한다.

예전에는 남편은 밖에서 일하고, 아내는 가정을 지키며 아이를 키우는 것이 좋다고 여겨왔다. 때문에 좋은 아내란 앞에 나서지 않고 차분하며, 불평하지 않고 항상 집에 있으며 남편을 따르는 사람이었다.

남편 또한 가사 등은 돌보지 않아도 되며, 일에 몰두해서 사는 것이 좋은 남편이었다.

그러나 최근에는 남편도 기본적으로 자상하고 가정에 봉사해야 하며, 아내도 결혼 후 인생의 가치나 일을 가정 밖에서 찾는 경향이 강하다.

다시 말해 남성은 여성화되고 여성은 남성화되는 현상으로, 행복한 현대 가정의 모습이 끊임없이 변해간다.

» 궁합 – 가정운을 보는 방법

가정의 기초는 부부관계로 두 사람의 궁합이 중요하다.

같은 유형인 사람이 결혼하면 서로 이해하여 원만하지만, 위기를 만났을 때 다른 시각에서 생각하거나 행동 기준을 바꾸기 어려우므로 문제를 해결하기가 어렵다.

서로 장점과 단점을 알아서 보완해 나가는 마음가짐이 중요하다.

» 유형별 궁합

●아내 사각형×남편 사각형

둘 다 적극적이며 분위기 조성을 잘 못하기 때문에 부부싸움이 끊이지 않는다. 그러나 두 사람 모두 협동심이 강하기 때문에 어떤 일을 시작하면 강한 팀워크를 발휘한다.

성생활의 궁합은 좋다.

●아내 사각형×남편 역삼각형

적극적인 아내가 소극적인 남편의 말과 행동 때문에 항상 안절부절못한다.

그래서 남편에게 반발해도 말로는 이기지 못한다. 두 사람이 어떤 일을 극복해야 할 경우, 상대에 대한 배려 없이 제멋대로 말하지 않으며 서로 양보하고 이해하려는 노력이 중요하다.

성생활의 궁합은 조금 덜 좋다.

●아내 사각형×남편 둥근형

남편은 아내에게 상냥하고 편안하게 해준다. 미덥지 않게 느낄 수도 있지만, 남편에게 부족한 부분을 아내가 보완하면 행복한 가정을 꾸릴 수 있다.

성생활의 궁합은 좋다.

●아내 역삼각형×남편 사각형

남편이 믿음직하여 모든 면에서 아내를 이끈다. 말보다 손이 먼저 나가는 면이 있어서 이것이 결점이며 세심한 배려가 부족하다고 생각할 수 있지만, 본질적으로는 가정을 중시한다.

위기에 강하며 성생활의 궁합도 좋다.

●아내 역삼각형×남편 역삼각형

둘 다 예민한 성격이라 가정생활에서도 소소한 일로 자주 다툰다. 불만도 있지만 사고방식도 취미도 비슷하므로 즐거운 시간을 보낼 수 있다. 위기 대처능력은 약하다.

성생활의 궁합은 서로 노력하면 좋다.

● 아내 역삼각형×남편 둥근형

남편은 아내를 부드럽게 감싸주며, 여러 가지로 배려하고 상담도 해준다. 사람들에게 신뢰를 받으며 위기를 극복하고 행복한 가정을 꾸린다.

● 아내 둥근형×남편 사각형

아내의 입장에서 볼 때 자신이라면 체념할 일도 타고난 실행력으로 완수하므로 가장 믿음이 가는 남편이다. 아내가 따뜻한 분위기를 만들기 위해 노력하면 가정은 원만하다.

성생활도 매우 좋다.

● 아내 둥근형×남편 역삼각형

머리가 좋고 매사에 철저한 남편이지만, 자신이 하지 않고 아내에게 시키는 경우가 많다. 위기가 닥쳤을 때도 헤쳐 나가는 것은 아내몫이다. 아내가 분위기를 만드는 것이 따뜻한 가정을 만드는 포인트이다.

성생활은 약간 좋다.

● 아내 둥근형×남편 둥근형

남편이 무슨 일이나 아내에게 맡기기 때문에 문제가 적다. 평화롭지만 적극성이 적으므로 일상이 평범하다. 금전운은 있지만 두 사람 모두 낭비는 삼간다. 안온한 생활을 하기 때문에 위기에는 약하다.

성생활은 좋다.

가정적인 인상

① 이마 아래쪽에 주름이 한 개 있다

무엇보다 가정과 가족을 사랑하고 중시한다.

② 눈보다 눈썹이 길다

눈썹이 너무 새까맣지 않고 적당히 짙으며 지나치게 굵지 않다. 마음이 따뜻하여 원만한 가정을 꾸린다.

③ 약간 처진 눈과 쌍꺼풀

적당한 정열과 부드러움이 있으므로 가정을 행복하게 만든다.

④ 둥근 코끝

화합을 사랑하는 따뜻한 성격이다. 코끝이 뾰족하면 가정적이지 않다.

⑤ 두꺼운 입술

깊은 애정이 있다.

⑥ 끝이 둥근 턱

가정적이다.

다산형 인상

① 눈 아래가 불룩하다

아이가 많으며 순산형이다.

② 폭이 넓고 힘이 있는 코

남성의 경우 섹스에 강하다.

③ 반듯한 인중

인중이 너무 좁거나 넓지 않으면 자손이 번성한다.

④ 입술의 세로 주름

주름이 가지런하게 있는 경우 애정이 풍부하고 아이와의 인연도 좋다.

난산형 인상

다음의 경우는 모두 자궁이 잘 발달해 있지 않으므로 난산이 되기 쉽다.

① 역삼각형 얼굴

② 아래턱이 얇고 작다

③ 미간이 좁다

④ 인중이 하나의 선처럼 보일 정도로 좁다

⑤ 인중이 휘어 있다(자궁후굴형)

자식운이 나쁜 인상

다음의 경우에는 모두 자식운이 나쁘다. 특히 인중이 없거나 가로줄이 있는 사람은 아이가 잘 안 생기거나, 생겨도 사별한다.

① 눈 아래가 불룩하고 눈 아래에 상처나 점이 있다

자식운이 나쁘다.

② 법령 끝에 점이 있다

③ 인중이 얕고 넓으며, 인중 옆에 주름이 있다

이혼하기 쉬운 여성의 인상

① 사각형 얼굴

여장부이며 일을 너무나 잘 처리하기 때문에 오히려 꺼려해서 이혼하게 된다.

② 광대뼈가 튀어나와 있다

불평 불만이 많아서 자주 부딪치며 이혼으로 발전하기 쉽다. 광대뼈가 앞쪽으로 튀어나와 있는 사람은 직접 불만을 털어놓지만 대신 뒤끝이 없다. 반대로 옆쪽이 튀어나온 사람은 행동으로 불만을 표시한다.

③ 날카로운 눈

성격이 지나치게 강하다.

④ 처진 눈과 처진 눈썹

눈꼬리와 눈썹꼬리가 처진 사람은 야무지지 못하다.

⑤ 윗입술보다 아랫입술이 더 튀어나온 ∧ 모양의 입

따지기 좋아하고 심술궂다.

⑥ 좁고 높은 코와 층이 있는 코

성격이 차고 자아가 강하다.

⑦ 턱이 나와 있다

무슨 일이나 자신이 리드하지 않으면 만족하지 못하며 나서기 좋아한다.

남편과 사별하기 쉬운 인상

① 둥근 눈으로 안구가 크다

② 속눈썹이 길다

③ 눈에 힘이 있고 빛이 난다

④ 상삼백안(검은자위가 아래로 치우친 눈)

⑤ 눈꼬리와 눈머리에 점이 있다

남녀 모두 여기에 점이 있으면 상대를 일찍 잃을 우려가 있다.

⑥ 남자 얼굴이며, 전체적으로 우락부락한 느낌이다

남자 못지않은 성격이라 남편이 없어도 혼자 힘으로 생활한다.

⑦ 작은 턱

치맛바람을 일으키는 어머니의 인상

① 이마가 높고 훌쭉한 얼굴

자존심이 강해 자기 아이가 다른 아이에게 지면 못 참고 치맛바람을 일으킨다.

② 남자 얼굴

아이의 성적이 나쁘거나 숙제를 풀지 못하면, 안달복달하고 발을 동동 구르며 분해한다. 아이를 질책하며 무리해서라도 학원에 보낸다.

가정에 불성실한 인상

① 사각형 얼굴

밖에 나와서 적극적으로 활동하는 유형으로 가정이 두 번째가 되는 경향이 있다. 그러나 가정을 많이 사랑하기 때문에 소홀할 리가 없으며, 위기에 처하면 최선을 다해 가정을 지킨다.

② 각진 눈

둥근 느낌이 적은 눈으로 어딘지 모르게 직선적이다. 애정은 격렬하지만 충동적이며, 어느 날 갑자기 돌아설 수 있다.

③ 길고 좁은 코

냉정한 성격으로 가족에 대한 애정이 적다.

④ 뒷머리가 좁고 밋밋하다

가정운과 주거운이 적다.

결혼상대를 살피는 인상 포인트

∷ 직장인인 경우

- 이마 : 출세를 볼 때 가장 먼저 볼 부분이다. 이마를 보면 상사의 덕이 좋을지 나쁠지 알 수 있으며, 상처 또는 점이 있거나 색과 윤기가 나쁘면 출세하기 힘들다. 이마의 양끝이 벗겨져 올라간 것도 좋다.
- 눈썹 : 능력을 나타내는 곳으로 아름답고 가지런해야 한다. 약간 곡선이며 눈보다 조금 긴 것이 좋다. 눈썹의 굵기는 중간 정도로 눈꼬리까지 굵기가 같거나 약간 가는 것이 이상적이다.
- 귀 : 귀는 정력을 나타낸다. 살이 적당히 있고 단단하며 곽과 윤이 동일선상에 발달해 있어야 좋다.
- 코 : 위치와 모양이 제대로 되어 있어야 한다. 크기는 표준이며, 코끝에서 콧방울이 뚜렷하게 나와 있다.
- 얼굴형 : 둥근형은 영업형, 역삼각형은 사무 · 내근형이다.
- 눈 : 부드럽고 옆으로 긴 눈.
- 인중 : 끝쪽이 조금 넓어지고 너무 깊지 않다.
- 입 : 입을 다문 모양이 좋고, 입술이 너무 두껍지 않다.
- 법령 : 너무 깊게 파이지 않고 적당히 넓다.
- 아래턱 : 살집이 좋고 완만한 곡선모양이다.

∷ 자영업을 하는 경우

- 광대뼈 : 내적으로는 인내력과 기력을 나타내고, 대외적으로는 세상의 평판을 나타내는 곳이다. 첫 번째 조건이 광대뼈가 아름다워야 한다.
- 코 : 폭이 넓고 듬직한 코가 좋으며, 좁으면 장사에 맞지 않는다. 코끝이 둥글고 크며 콧방울이 불룩하다.
- 눈 : 가는 눈은 앞을 내다보는 능력이 있고, 조금 튀어나온 눈은 기회를 잘 잡는다.
- 얼굴형 : 둥근형이나 역삼각형.
- 이마 : 이마에 삼각형으로 머리가 처져 있는 반골형이면 좋다.
- 눈썹 : 눈꼬리가 굵고 자연스럽게 올라가 보인다.
- 인중 : 표준이다.
- 입 : 얼굴이 둥근형이면 약간 얇고, 역삼각형이면 두꺼운 것이 좋다.
- 법령 : 흐린 것이 좋고 지나치게 깊은 것은 좋지 않다.
- 아래턱 : 둥글고 이중턱이 바람직하다.
- 귀 : 크고 길다.

스포츠운

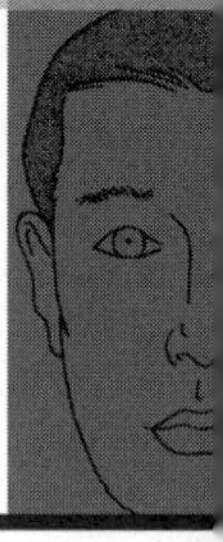

» 스포츠운을 보는 방법

최근 스포츠의 인기는 대단하다. 더욱이 좋아하는 경기가 다양해지고, 프로와 아마추어를 불문하고 스포츠 인구도 늘어나서 이제 스포츠가 현대인의 생활의 일부가 되었다고 해도 과언이 아니다.

기술을 겨루는 장(場)으로 또는 레저로, 각기 스포츠를 즐기는 바람직한 태도는 성격과 생활방식도 좌우한다.

또한 야구나 축구 등 스포츠 세계에서 살고자 하는 젊은이도 늘고 있다.

스포츠 세계에서는 무엇보다도 체력이 절대조건이다. 그러기 위해서는 얼굴형이 근골질(사각형)이고 노력을 나타내는 가로폭이 어느 정도 있으며, 콧방울이 튀어나오고 아래턱의 턱뼈가 다부져야 한다.

스포츠는 야구처럼 단체경기로 팀플레이를 필요로 하는 것과 혼자서 기술을 펼치는 것으로 나뉘는데, 그 선택은 개인의 성격과 관계가 깊다.

투수형 인상

투수는 영웅적인 존재이다. 그러나 마운드에서 홀로 고독과 싸우면서 모든 타자를 상대하는 것은 다른 포지션의 선수들과 달리 기술도 훌륭해야 하고 부담도 매우 크다.

투수는 속구형과 변화구형으로 나뉘는데, 둘 다 유연한 정신과 육체, 고독한 순간을 참아내는 힘, 타자와의 맞대결 능력, 힘과 배짱 등이 요구된다.

① 역삼각형 얼굴

제1베이스나 제2베이스의 어느 한쪽이 역삼각형이어야 한다.

② 크고 벌어진 귀와 넓은 이마

크고 벌어진 귀는 정보를 수집하는 지식욕과 대담함을 나타낸다.

넓은 이마는 두뇌를 나타내며, 타자와의 맞대결에서 승리하는 요소가 된다.

③ 삼각형이며 얇은 턱

데뷔 초에는 턱 끝이 좁고, 나이가 들면 기술이 향상되면서 각진 턱이 되는 것이 베테랑으로 가는 길이다.

④ 높은 이마와 긴 코, 직선형이나 오목형의 옆얼굴

이 부위의 베이스가 역삼각형이면 장래에 유망한 변화구형이 된다.

⑤ 짧은 눈썹

성질이 급하지만, 이런 성격이 구원투수나 단기전 투수에게는 중요하다.

포수형 인상

언뜻 재미없어 보이는 포수는 수비의 핵심이며, 항상 자기 팀과 상대 팀 전체를 자세히 관찰하여 임기응변으로 대처해야 한다.

견제와 공격이 주임무인 투수와는 성격도 다르지만 인상도 달라진다.

포수형에게 필요한 것은 팀을 결집하고 통솔하는 힘과 활력, 그리고 강한 어깨와 예리한 관찰력 등이다.

① 사각형의 베이스

얼굴이 사각형이며 피부가 두껍고 거칠어야 한다. 힘이 있으므로 타자로서도 강하다.

② 낮은 사각형 이마

추리력이 있어서 시합의 동향을 잘 파악하며, 팀이나 선수에 관한 데이터 등 풍부한 정보를 축적한다.

③ 굵은 눈썹

남성적이며 고집이 센데, 다행히 경쟁심이 팀을 적극적으로 이끈다.

④ 아래가 볼록한 턱

팀원과의 융화가 필요하다.

포지션별 야수의 인상

① 모든 선수

콧방울이 튀어나오고 콧구멍이 크면 인내력이 있지만 사소한 일에도 감정 변화가 심해서 실수를 하는 경우가 많다.

② 모든 선수

콧마루가 좁은 선수는 약간의 야유에도 동요하지 않는 강한 성격이다.

③ 모든 선수

눈썹머리가 서 있는 선수는 의기양양하다. 까다롭지만 적극적이며 과감한 슬라이딩이나 세찬 공격, 끈질기게 볼을 좇는 투지가 있다.

④ 유격수와 2루수

기민함을 나타내는 좁은 미간이 좋다. 단, 성질이 급하기 때문에 감정적으로 되어 악송구(惡送球)를 하기도 한다.

⑤ 외야수

뚜렷한 눈썹과 법령, 큰 입 등이 강한 어깨와 다리 힘을 나타낸다.

⑥ 우수 타자

턱이 튀어나온 사람은 방망이를 잘 휘두르는 힘을 갖고 있다. 턱에 살이 있는 사람은 주로 작열하는 폭발력이 승부를 결정짓는다.

⑦ 감독

모든 선수와 코치진을 결집하고 팀을 이끌어가기 위해서는 개인의 뛰어난 기량 이상으로 사교적이며 사람들과 잘 융화하는 사람이 적합하다.

사각형+둥근형의 얼굴이 좋다.

격투기를 잘 하는 인상

복싱이나 유도 같은 격투기에 탁월한 능력을 발휘하기 위해서는 가장 활발하게 활동하는 시기인 20~35세의 운세가 특히 강하며 육각형인 얼굴이 알맞다.

① 얼굴의 중앙부가 사각형

제1베이스가 역삼각형이나 직사각형이고 중앙부가 사각형이라서 전체적으로 육각형으로 보이는 상이 격투기에 맞는다.

② 광대뼈가 튀어나와 있다

옆쪽 광대뼈가 튀어나온 사람은 경쟁심이 강하기 때문에 남몰래 연습을 많이 하며, 숨겨둔 투지를 드러내는 형이다.

③ 편평한 코

이 코의 소유자는 살아가기 위해서라면 무슨 일이든지 하는 강한 의지가 있기 때문에 스포츠에서도 상대에게 지지 않기 위해 강한 승부욕을 발휘한다.

권투선수에게 자주 볼 수 있는 코로, 이것은 경기 중에 두들겨 맞아 변형된 것뿐 아니라 원래 이런 코가 격투기에 적합하기 때문이다.

축구에서 활약하는 인상

① 지구력

사각형의 활력과 두꺼운 피부가 필요하다.

② 공격과 수비

입을 다문 모양이 좋고 광대뼈와 옆턱이 나와 있다.

③ 골키퍼

살이 있는 코(지구력), 높은 턱, 앞쪽이 튀어나온 광대뼈(엄격함).

④ 퍼포먼스

사각형과 둥근형이 섞인 얼굴이다. 콧구멍이 크고(솔직함), 광대뼈가 튀어나와 있다.

해외에서 활약하는 인상

① 올림픽에서 활약

단단하고 폭이 약간 넓은 코와 옆으로 튀어나온 광대뼈.

② 해외 팀에서 활약

이마의 양끝이 벗겨져 올라가고 윤기가 있다.

어떤 학교 어떤 공부에서도 모든 것을 다 잘 하는 사람은 적으며, 또한 모든 것을 다 못 하는 사람도 없다. 예를 들어, 수학에서도 실리적으로 자료를 차곡차곡 모아서 통계적으로 만드는 것을 잘 하는 사람이 있고, 추리처럼 어느 날 갑자기 번득이는 영감으로 어려운 문제를 풀어나가는 사람도 있다. 이른바 '적립형'과 번득이는 '두뇌 직감형'이다.

이는 스포츠 세계에서도 마찬가지이다. 쉴 새 없이 몸을 움직여야 하는 포지션에서도 때로는 작전이 필요하다. '적립형'과 '두뇌 직감형' 중 어느 쪽에 맞는지는 스포츠나 포지션에 따라 다른데, 스포츠라는 큰 틀에서 보면 개개인에 따라 적합 · 비적합이 있을 뿐이다. 따라서 누구나 스포츠 세계에 입문할 수 있다.

범위를 좀더 넓혀보면 어떤 학교, 어떤 회사, 어떤 직종에 있더라도 그곳에서 자신이 가진 능력을 최대한 발휘하는 것이 노력이며, 이렇게 노력하는 것이 인간이다.

학업과 진로운을 보는 인상 포인트

아무리 교육제도를 개혁한다고 해도 초등학교 때부터 학원을 다녀야 하는 가혹한 수험전쟁은 사라지지 않고 있다. 그래서 여기저기서 교육개혁을 외치고 있고, 학교나 가정에서도 아이들의 개성을 찾아 발전시키는 교육이 요구되고 있다. 또한 최근에는 복잡하고 병든 세태를 반영하듯이 학교에서의 따돌림이나 체벌, 교사의 지도법이 문제시되고 있다. 아이가 무엇을 해야 행복할지, 아이의 인상에도 신경 써야 하는 시대가 된 것이다.

:: 아이의 인상을 보는 방법

아이에게는 아이다운 얼굴이 있다. 먼저 나이에 비해 어려 보이는지 나이 들어 보이는지(어른스러워 보이는지), '역삼각형'의 두뇌형(추리형)인지 '사각형'과 결합형인지, '둥근형'의 사교형으로 밝고 어떤 일이나 수용하는 유형인지 등을 대강 파악한다. 다음으로 오관과 그 밖의 것을 자세히 살펴본다.

- 꾸준히 공부하는 유형 : 아이일 때는 역삼각형이며 광대뼈가 옆으로 튀어나온 유형이다. 역삼각형은 차분하고 진득하게 공부하며, 옆으로 튀어나온 광대뼈는 사람들 모르게 은밀히 노력한다. 또한 턱뼈가 튀어나오는 것도 중요하다.
- 차분하지 못하고 산만한 유형 : 제1베이스가 둥근형이고, 그 위에 역삼각형이 겹쳐진 유형이다. 앞쪽의 광대뼈가 튀어나온 유형도 변덕스럽다.
- 따돌림 당하기 쉬운 유형 : 역삼각형으로 광대뼈도 나오지 않은 평평한 유형이다. 콧날도 좁고 콧방울도 작다. 입도 작고, 얼굴 전체가 작고 창백한 유형이다.
- 동아리에서 활약하는 유형 : 둥근형 위에 사각형이 오는 유형으로 모든 것이 크다. 코도 듬직하게 옆으로 벌어진 유형이라면 어떤 동아리에 들어가더라도 활약을 한다.
- 학교생활에서 친구 덕을 보는 유형 : 둥근형 위에 사각형, 또는 사각형 위에 둥근형으로 아래쪽이 도톰한 형이다. 콧등이 넓고 코끝이 둥글며, 입도 크고 두껍다.
- 비행을 일삼는 유형 : 사각형에 역삼각형이 합쳐진 유형으로 눈썹이 진한 것이 특징이다. 단, 눈썹이 옅은 경우에도 주의한다. 코가 아이의 형태이면서 산근이 낮고 코끝이 가는 유형이다. 또한 귀도 귓불이 없다.
- 얼굴 유형별 적성 : 역삼각형은 경리 방면에 적합한데, 눈썹이 많으면 특히 이 방면의 학교가 맞는다. 사각형은 기술과 운동 방면, 둥근형은 상업과 호텔업 방면의 학교가 적합하다.
- 강한 반항기 : 반항기는 연령별로 법칙이 있다. 성장기의 경계 부분 즉 유년기 – 소년기 – 청년기로 옮겨갈 때, 연령 변화를 비롯해 얼굴형이 변할 때, 또한 제1 · 제2 베이스가 결합되어 뚜렷하게 나타날 때 반항기가 강하게 나타난다.

Column

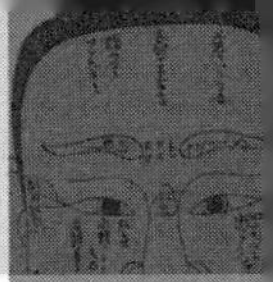

인상학에 대한 **이해**

인상학의 기본자세 / 인상학 포인트 / 인상학 강의

Part 4

인상학의 기본자세

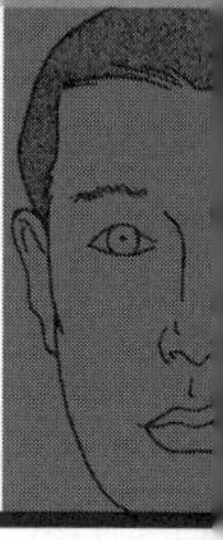

>> 인상학은 마음의 수양이다

인상학은 수양의 길이다. 인상학을 공부하게 되면 우선 자신의 장점과 단점을 알 수 있고, 기혈색(氣血色)으로 당면한 운세를 알 수도 있다. 그리고 어떤 어려움에도 대처할 수 있는 마음의 준비와 각오를 할 수 있고, 흉운을 길운으로 바꿀 수도 있다.

인상학은 인간에 대한 이해를 바탕으로 하여 상대의 고민과 다툼의 원인을 파악한 후 앞으로 재난이 일어나지 않도록 돕는다. 예를 들면, 인간관계에서 흔히들 "저 사람은 주는 것 없이 밉다.", "도저히 성격이 안 맞는다."라며 다른 사람을 책망하거나 배타적으로 행동할 수 있다. 그러나 점술가는 이런 관계에 대해서도 짧은 시간에 단정지어 결론을 내리지 말고, 그 사람의 특성을 생각하여 보다 좋은 관계를 만들고 문제가 되지 않도록 설득해야 한다. 즉 인상학 공부뿐만 아니라 인간 심리의 깊이와 기이함, 삶의 자세 등을 알아야 한다.

인상이란 점을 봐주고 대가를 받는 것으로, 이런 의미에서 보면 인상을 잘 알아서 자유자재로 능숙하게 사용한다는 것이 보통 어려운 일이 아니다. 습득하기까지 시간도 많이 걸리고, 동시에 상업성이 앞서서는 안 된다는 점을 미리 밝혀둔다.

>> 신뢰받는 점술가가 된다

"이 역술가는 신뢰할 수 있을까? 대충 말하는 사람이 아닐까?"

운명 감정을 의뢰하는 사람이라면 누구나 마음 속에 이런 의문이 생길 것이다.

점술가로서 신뢰를 얻는 것이 무엇보다 전제가 되어야 한다. 점이란 상담자가 인생의 기로에 서서, 또는 깊이 고민하다가 "이 역술가의 말이 틀리지 않다. 조언을 받아들여보자."라며 점술가의 성의와 신념을 받아들이는지 못 받아들이는지가 점의 전부라고 해도 과언이 아니다.

점술가가 아무리 진지하게 말해도 상담자가 성실하게 듣지 않는다면 점술가의 신뢰도가 낮기 때문이라고 봐야 한다. 상담자가 이야기를 진지하게 듣느냐 듣지 않느냐는 점술가의 '정확도'와 직결된다. 점술가의 말이 잘 맞는다면 상담자가 그의 말을 진지하게 듣고 신뢰도도 높아질 것이다.

'신뢰감을 준다', '점이 맞는다'는 말을 듣는 것이 어려운 일 같은데, 앞에서도 설명했듯이 정신 수행과 수양을 하고 공부와 경험으로 갈고 닦는 방법밖에는 없다.

100%의 신뢰를 얻으면 다음 단계로 상담자에게 "저렇게 하는 것이 좋습니다.", "이렇게 하십시오."라고 적절한 조언과 지도를 할 수 있고, 운세를 좋은 방향으로 교정해줄 수도 있다. 실제로 조언과 지도를 하기 어렵고 실천하기 어려운 경우도 많지만 신뢰관계가 이루어지면 점술가의 마음도 전해진다.

>> 인상학은 쉬워 보이지만 어렵다

이름 감정은 상대의 이름을 모르면 점을 칠 수가 없고, 사주추명은 당사자의 생년월일이 필요하다. 수상도 "잠시 보여주십시오." 하고 손바닥을 보아야 한다.

그러나 인상학은 그저 얼굴 한 번 보고 그 사람의 마음 상태를 안다. 극단적으로 말하면, 공공장소에서 자리만 같이하거나 그냥 스치기만 해도 그 사람을 알 수 있다. 그리고 그런 경우에 얼굴에서 많은 것을 읽어내느냐 못 읽어내느냐는 점술가의 역량이며, 점술가에 대한 신뢰도를 높이기도 한다.

수상이라면 손바닥의 손금 등으로 쉽게 알 수 있고, 수상이나 사주추명 등은 책을 공부하면 얼마든지 응용할 수 있기 때문에 비교적 단기간에 습득할 수도 있다.

또한 인상점도 속뜻을 파악하기는 힘들지만, 직접적이므로 유형만 알면 금방 사용할 수 있을 것이라고 생각한다. 그러나 사실은 그렇게 간단하지 않다. 사람의 얼굴은 유형대로만 있는 것이 아니라 천차만별이고 시시각각으로 변하며, 과거 · 현재 · 미래를 비롯해 마음 속 · 인간관계 · 건강상태 등 다양한 요소를 담고 있기 때문이다.

이런 복잡한 요소를 빠짐없이 읽어내기 위해서는 상당한 수련이 필요하고 정신 수양도 해야 한다. 즉, 간단해 보여도 가장 어려운 것이 인상이다.

» 점은 한 가지로 판단하면 위험하다

사람의 운세를 좌우하는 점술가가 이것 한 가지만 습득하면 무슨 일이나 알 수 있다는 우쭐한 생각으로 그 기술을 함부로 사용해서는 안 된다.

완벽한 점술이란 존재하지 않으며, 완벽하다는 생각으로 자신의 기술을 고집하고 그것에 연연하여 운세를 제대로 못 보거나 잘못 보는 경우도 있다. 누가 뭐라고 해도 점의 목적은 복을 부르는 것이다.

감정을 받으러 온 사람이 눈앞의 위험신호를 알지 못하고 있거나, 발을 잘못 딛어 길을 잃고 있다는 것을 사전에 알려서 그 사람이 행복해진다면 그것으로 충분하다.

그러나 한 가지 점술을 습득하였다고 사람들을 행복으로 인도할 수는 없다. 주역을 비롯해 수상 · 사주명리학 등도 기회가 있으면 공부해둔다. 사람의 운세를 여러 각도에서 추리하고, 전체를 종합하여 보다 확실한 답을 구하고 판정을 내릴 수 있다는 자신감을 갖도록 한다. 기술에 능한 것보다 점술을 잘 알아야 한다.

종종 인상에서 "이 인감만 만들면 돈 때문에 곤란하지 않다.", "묘상(墓相)은 묘석(墓石)이 가장 중요하다. 묘석을 바꾸면 가정의 고민이 모두 해결된다."는 말들을 하는데, 이것은 완벽한 점술이라고 과장하는 것이다.

점으로 판단하는 경우에도 여러 기술을 이용하여 다양한 점괘를 구한 후 자신이 특기로 하는 기술로 납득할 수 있는 판단을 선택하고, 이것이라면 틀림없다는 확신이 설 때 상담자에게 말해준다. 이것이 점술가의 바람직한 태도이다. 이렇게까지 신중하게 감정한다면 상담자에게도 그 마음이 전해져서 상담자가 조언을 받아들이고 행복해질 수 있을 것이다.

만약 잘못 판단하여 정말로 미안한 일이 있는 경우에는 자신의 실패를 반성하는 겸허한 자세를 갖는다.

» 사물을 공정하게 보는 눈을 기른다

인간은 감정의 동물이라고 하듯이 자칫하면 감정의 지배를 받기 쉽다. 같은 사물과 상황을 보며 사람마다 느끼는 것은 다르다.

한 예로 마음이 느긋한 언니와 성질이 급한 여동생이 외출하시는 어머니를 현관에서 전송할 때, 언니는 '어머니가 저렇게 서두르지 않으셔도 되는데…' 라고 생각하고, 동생은 '좀더 서두르지 않으시면 버스를 놓치실 텐데…' 라며 걱정한다. 이렇듯 어머니를 전송하는 두 사람의 생각이 완전히 다르다.

이것은 점에서도 마찬가지이다. 편협한 시각과 감정에 치우친 판단은 상담자의 운세를 바꿔놓을 수도 있다. 상담자와 상담한 뒤에 혼자만의 생각과 감정으로 판단해야 하는 점은, 상대에 대해서뿐만 아니라 자신도 한 발자국 뒤로 물러나서 객관적이며 공정한 눈으로 봐야 하며, 공정한 눈을 길러야 한다. 선인의 말에 "사람의 인상을 볼 때는 감정을 버리고 마치 하나의 사물을 보듯이 해야 한다."는 말이 있다.

얼굴과 마음은 상호관계가 있으므로 즐거울 때, 슬플 때, 불안할 때 무표정을 지어도 그 때의 마음상태가 얼굴에 나타난다. 이런 상태를 읽어내고 마음을 아는 인상학은 되풀이하여 공부함으로써 서서히 습득할 수 있다.

» 완전무결한 얼굴은 없다

인상을 공부한다는 것은 자신을 포함하여 다양한 사람들의 얼굴을 보는 것이다.

사람의 얼굴은 '완전한 얼굴' 이 아니기 때문에 반드시 결점이 눈에 띈다.

"내 얼굴은 재가를 하는 상이라는데 남편이 일찍 죽나요?" 라든가 "이런 곳에 점이 있으면 평생 결혼할 수 없나요?" 등 누구나 자신의 결점은 이상하게 눈에 띈다. 그러나 결점을 결점으로 받아들이지 않고 어떻게 고칠지, 또는 어떻게 보완할지만 생각하고 구제방법을 제시하지 못한다면 훌륭한 점이라고 할 수 없다. 또한 인상은 마음의 수양이나 자세에 따라 반드시 변하므로, 이를 전제로 하여 상담자가 현재의 얼굴만 보고 절망하거나 비관하지 않도록 조언한다.

인상을 공부하다 보면 자신의 얼굴에서 결점만 눈에 띄어 공부를 계속하기 싫어질 때도 있는데 그렇다고 중단해서는 안 된다. 아무리 마음에 안 드는 부분이나 결점이라도 사람의 얼굴에는 반드시 그 결점을 구제하는 부분이 있다. 결점을 구제하는 부분을 찾아서 행복해질 수 있도록 한다.

사람은 행운과 불운이란 말에 민감하다. 더구나 운세를 감정하러 오는 사람은 인생이 혼돈에 빠져 있기 때문에 특히 민감하다. 결점을 확대시켜서 불행을 알리면 사는 것에 겁을 먹고 작은 불운에도 탄식하며 행운을 잡을 기회조차 놓칠 수 있다.

반대로 함부로 운이 좋다고 알려주면 자신이 행운아라고 생각하여 자신이 처한 상황을 좋게만 해석하고 행운을 실현하려는 노력을 게을리하다가 "뭐야! 내게 좋은 일이 있다더니!" 하며 분개하는 일이 생기게 된다.

행운도 불운도 자기 하기 나름으로 불운한 일만 마음에 두고 있으면 작은 실패도 불행하게 느껴지며, 진취적으로 살면 행운을 찾기 쉽다. 그러나 때때로 인간은 불행에만 마음을 빼앗기기 쉽다. 그래서 불행이나 슬픈 일을 말하는 점술가가 잘 맞추는 것처럼 생각된다.

그러나 진정한 점술가란 행운을 이야기하고, 그러기 위해 조언과 지도를 게을리하지 않는 사람이다. 사람의 행복을 말해주지 못하는 점술가는 점술가라고 할 수 없다.

인상학 포인트

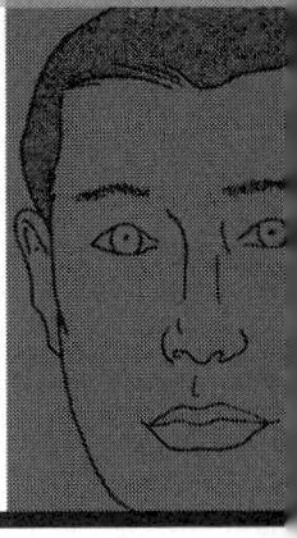

① 사람에 따라 공부하는 방법과 이해도에 차이가 있어서 빠른 사람도 있고 느린 사람도 있다. 그러나 일정한 수준에 이르면 모두가 같다.

② 자신이든 상담자이든 사람의 얼굴에는 각각 크고 작은 결점이 있기 마련이다. 인상학을 배우면 반드시 보완 방법을 찾을 수 있으므로 그다지 걱정하지 않아도 된다.

③ '유심무상(有心無相)'의 세계. 인상은 원래 변하는 것이다. 외모만 보고 판단하지 말고 그 사람의 마음과 참모습을 볼 수 있는 눈을 기른다. 봐서 눈에 들어오는 것과 소리를 내서 말하는 것은 모두 실현 가능성이 숨겨져 있다는 것을 항상 유념한다.

④ 심성질 · 근골질 · 영양질 등 얼굴형에 따라 지도와 조언 방법을 바꾼다.

⑤ 인상은 마음을 보는 것이다. 마음이 변하면 눈이 변하고, 목소리가 변한다. 인상은 눈으로 시작해서 눈으로 끝난다. 그 중에서도 눈의 광채가 가장 중요하다.

⑥ 점은 양날의 칼과 같아서 점술가의 말 한마디가 상담자를 기쁘게도 슬프게도 할 수 있다. 항상 그 사람에게 가장 행복한 길이 무엇인지 생각하고 지도와 조언을 한다.

⑦ 설득력이 있어야 하며, 신뢰받는 점술가가 되어야 한다.

⑧ 점에는 여러 종류가 있는데 주역은 특별한 존재이다. 역경은 수양의 책이며 반드시 구제 방법이 있다는 점이 다른 점들과 다르다. 주역은 신앙과 같아서 진실되게 빌지 않으면 뜻이 통하지 않는다.

⑨ 사람의 기세나 위압에 지지 않기 위해서는 길고 깊은 호흡, 즉 '조식법(調

息法)' 을 익힌다. 상대와 호흡을 맞추는 것이 중요하다.

⑩ 항상 밝게 웃는 얼굴로 애정과 이해심을 갖고 평정심으로 사람을 대하는 것이 개운법이다.

⑪ 마음의 상관관계. 정신 · 자율신경 · 내분비(호르몬) · 피지선 · 혈행(혈액순환)의 다섯 가지가 정상적으로 움직일 때는 인상도 좋다.

⑫ 인상의 좋고 나쁨은 운세의 길흉과 관계가 깊다. 또한 성격은 운세와 깊은 관계가 있지만 그렇다고 전부는 아니다. 인상의 결점은 마음을 수양하면 반드시 보완할 수 있다.

⑬ 공정한 눈을 기른다. 매사에 선입관이나 감정을 갖고 판단하면 안 된다. 한 걸음 물러서서 객관적이며 공정한 눈으로 사람이나 사건을 보고 판단한다.

인상학 강의

— 점의 단계

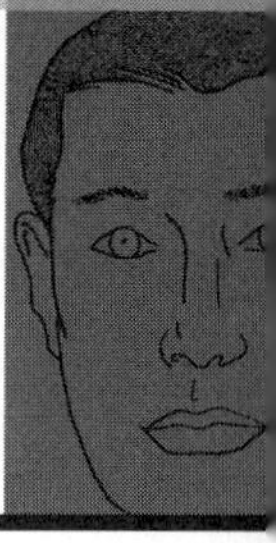

공부할 때

운명 감정이나 점학뿐 아니라 대개의 공부가 착실히 하는 것이 중요하다. 어느 날 갑자기 전문가가 되는 방법은 없다.

공부의 진도는 사람마다 제각각이지만 기본적으로 두 가지 유형이 있다.

하나는 책을 읽거나 교실에서 배운 것을 그 자리에서 머리에 데이터로 정리하고 감수성과 직감, 때로는 영감과 같은 예민한 감각으로 기억해서 반응하는 유형이다. 이런 사람은 감정을 할 수 있을 때까지의 공부 기간도 짧고 성장도 빠르다.

또 하나는 이와 반대로 금방 이해하지는 못하지만 곰곰이 생각하며 항상 '왜 그럴까' 하나하나 분석하여 지식을 쌓아가는 유형이다. 이렇게 하면 발전이 더딘 것 같지만, 일정 수준에 이르면 흔들림 없는 확고한 지식을 갖게 된다.

점은 무엇보다 알아야 할 것이 많고, 경험과 다방면의 지식이 필요하다. 도중에 포기하거나 비관적으로 되지 말고 노력을 계속하면 반드시 감정할 수 있는 눈을 가질 수 있다.

유심무상의 세계(인상의 변화)

인상은 원래 변하는 것이다. 동시에 만들 수 있고 변화시킬 수 있다.

인상을 바꾸는 요인은 외부로부터의 표면적인 자극이 아니라, 내면 즉 그 사람의 마음가짐이다.

예를 들어, 아이를 달래고 있는 엄마의 얼굴은 무엇보다 눈에 자애가 넘쳐난다. 싱글벙글 웃는 표정으로, 예뻐서 참을 수 없는 사랑과 자애가 눈에 나타난다.

반대로 의견이 안 맞거나 적의를 느껴서 싸우고 있을 때는 눈이 '세모'가 되어 분노로 이글거린다.

이처럼 눈에는 항상 평상시의 감정이 나타나고 얼굴의 다른 부분도 그에 따라 변하며, 시시각각으로 감정이 변하듯 얼굴 전체도 변한다.

그리고 변화의 근원은 마음에 있다. '얼굴이 변한다'는 말을 자주 하는데, 마음이 변하면 당연히 얼굴도 변하게 된다. 미묘한 변화는 알기 어렵지만, 얼굴은 항상 변하는 것이므로 고정된 인상은 존재하지 않는다고 생각하는 것이 좋다.

이것을 삼천년의 역사를 가진 인상학에서는 다음과 같이 설명하고 있다.

有心無相 _ 유심무상

마음은 있고 인상은 없다. 본래 마음이 있어야 인상이 있다는 의미이다.

有相無心 _ 유상무심

인상은 있고 마음은 없다. 마치 반대되는 내용인 것 같지만, '인상은 있고 마음은 없다'는 해석은 잘못된 것이다. 인상은 마음이 만드는 것이므로 마음이 없는 인상은 없다.

相逐心生 _ 상축심생

인상은 마음을 따라 생긴다.

相逐心滅 _ 상축심멸

인상은 마음을 따라 사라진다.

즉, 마음을 따라 인상이 나타거나 사라진다. 인상은 마음이 만드는 것이다.

다음은 감정하는 사람이 주의할 점이다.

未觀形貌 先相心田 _ 미관형모 선상심전

외모를 보기 전에 먼저 마음을 보아라.

心在形先 形居心後 _ 심재형선 형거심후

인상에 사로잡혀서는 안 된다. 먼저 그 사람의 마음을 보라는 의미이다.

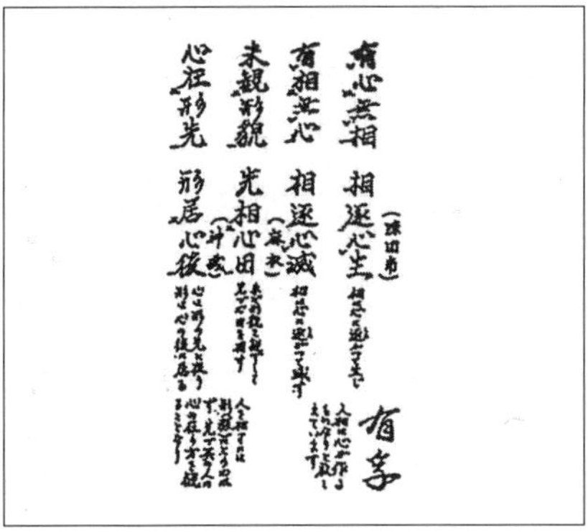

감정할 때는 겉모습 즉 표면적인 얼굴의 용모, 아름다움과 추함, 표정, 때로는 옷차림을 보고 부자인지 가난한 사람인지 판단해서는 안 된다. 마음이 넉넉한 사람인지 여유가 없는 사람인지, 따뜻한 사람인지 냉정한 사람인지, 얼굴모양이 아니라 본모습을 보는 눈을 길러야 한다.

유심무상 유상무심. 마음은 인상에 우선하며, 인상은 마음을 따라온다는 것을 이해하고 실천하는 것이 감정이나 인상을 보는 것인 동시에 자기 수양이다.

'마음이 우선한다' 는 생각은 점에서도 알아두어야 할 사항이다.

말수가 적고 무뚝뚝하게 좋지 않은 인상으로 상담하면 상대는 마음을 열지 않는다. 밝게 웃는 얼굴로 대해야 긍정적으로 점을 칠 수 있다.

아주 먼 옛날, 사람은 입으로 말한 것은 모두 실현 가능한 것으로 생각했다고 한다.

'축언(祝言)' 이란 '축하하는 말' 이란 의미가 아니라 경사스런 날에 축복의 말을 하는 것, 그리고 경사스런 일이 실현되도록 제각기 경사스런 일을 이야기하는 것이었다.

이런 생각은 최근에 이미지 훈련으로 다시 나타나고 있다.

다시 말해 불행을 말하면 불행이 찾아오고, 행복을 말하면 행복이 찾아온다는 것이다.

상담하러 온 사람이 불행을 물리치고 행복해질 수 있도록 그리고 감정을 마치고 돌아갈 때는 밝은 모습을 되찾을 수 있도록 점술가가 먼저 '유심무상' 을 실천한다.

한편, 감정할 때 주의할 점을 읊은 글도 있다.

相有五不看 _ 상유오불간

인상을 볼 때 보면 안 되는 다섯 가지가 있다.

相有三不靈 _ 상유삼불령

인상을 볼 때 가져서는 안 되는 세 가지 마음이 있다.

술을 마시고 있거나 화가 났을 때는 감정하면 안 된다는 것이다. 이것은 감정하는 사람의 상식이다.

» 감정자의 계율

인상학은 사람의 장점과 단점을 아는 것에서 시작한다. 감정할 때는 장점과 단점을 단정하여 말하는 것이 아니라 자신이 감정한 것을 상대방이 일단 마음속에 담아두게 하는 정도로 한다. 그리고 장점을 발전시키면서 단점을 고치는 방법을 말해주는데, 결점을 극단적으로 격하게 이야기하지 말고 부드럽게 이야기한다. 사람은 누구나 상대가 장점을 말하면 자만심이 있어서 솔직하게 듣지만, 단점을 지적하면 스트레스를 받는다. 너무 단점만 말하면 마침내 적개심까지도 느끼게 된다. 특히 다른 사람이 있는 곳에서 다른 사람도 들을 수 있게 상대의 단점을 말해서는 안 된다. 단점을 말하면서 동시에 장점을 많이 열거하여 단점을 감싸는 듯한 화법을 연구하는 것이 중요하다.

만일 상담을 다시 받으러 왔는데, 그 때도 지도한 결점이 고쳐지지 않았다면 조금 강하게 말한다.

» 얼굴형에 따른 지도 방법

상담자의 얼굴형에 따라 지도 방법을 달리하기도 한다. 상대의 얼굴을 보고 상담 내용만 판단하는 것이 아니라, 인상이 나타내는 성격과 경향으로 지도법이나 대화의 진행 방법을 바꾸는 것이다.

사람은 누구나 단점이 있으며, 또한 단점을 극복하기가 어렵다. 따라서 단점이 악재를 불러서 재난을 당하거나 진흙탕에 빠져서 고난의 길을 걷지 않도록, 사전에 그 위험을 알리고 나아갈 길을 제시하는 것이 점술가의 역할이다.

그러자면 상담자에 따라서는 서툴고 잘 못하는 것을 권해야 하는 경우가 많다. 힘들다고 해서 길을 제대로 제시하지 않는다면 상담의 의미가 없으므로, 상담자의 얼굴형을 비롯하여 지도 방법이나 대화 방법을 연구할 필요가 있다.

얼굴이 역삼각형인 사람은 단점을 지적받으면 점점 침울해지는 경향이 있다. 매사에 논리적이고 조리 있게 말하며, 한 번에 높은 장애물을 넘게 하지 말고 장애가 되는 것을 서서히 제거해 나가게 한다.

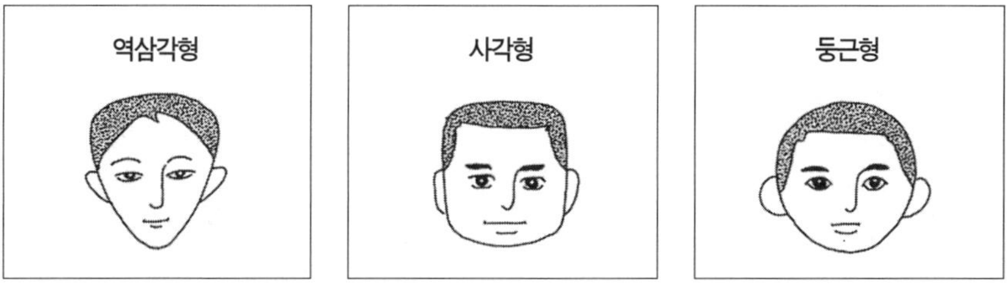

얼굴이 사각형인 사람은 노력형으로, 조금 단점이 있어도 걱정하지 않고 노력하는 유형이다. 장황하게 너무 자잘한 것까지 말하지 않고 단도직입적으로 핵심을 말해도 괜찮다. 그것이 오히려 높은 장애물을 넘는 힘이 된다.

얼굴이 둥근형인 사람은 대범한 면이 있어서 조금 단점을 지적받아도 별로 신경 쓰지 않는다. 그러나 감정적으로 되기도 쉬워서 쉽게 흥분하고 쉽게 냉담해지기 때문에, 감정을 자극하는 대화 방법은 역효과이다. "이렇게 하는 것이 좋습니다, 이득입니다." 라고 되풀이해서 말한다.

» 인상은 마음을 본다

어떻게 표정이 변하고 얼굴의 생김새가 변하는지를 설명하는 예로 사형수의 이야기가 있다.

중죄를 지은 범죄자도 모두 마찬가지인데, 교도관에게 보내진 뒤 자신의 죄를 깊이 회개한다고 한다.

다시 말해서 마음이 변한다. 그러면 먼저 눈이 변한다. 눈에서 흉악함, 잔인함, 그리고 자포자기에 따른 음울함이 사라지고 후회하는 마음과 자책의 빛이 나타난다. 다음으로 목소리가 변한다.

목소리는 감정이 그대로 표출되므로 흥분되면 음정이 높아지고 동시에 가늘어지기도 한다. 마음이 진정되면 목소리도 차분해진다. 목소리가 변하면 비로소 표정이 따라온다. 평소에 잘 눈에 띄지 않지만, 자신이든 다른 사람이든 기회가 있으면 관찰해 본다.

인상은 눈으로 시작해서 눈으로 끝난다고 한다. 인상이 변한다는 것은 마음이 변하는 것이며, '마음을 보는 것' 이 인상의 비법이다. 확실히 '눈은 마음의 창' 이다.

» 안상의 중요성

안상(眼相)을 볼 때는 눈 전체의 모양 이전에 눈의 광채와 동공의 모양을 본다.

어떤 일을 할 때도 긴장하면 동공이 작아지고 신경이 집중된다. 반대로 동공이 열린 경우에는 마음이 산만하다.

식사를 하고 배가 부른 상태에서는 동공이 작아진다. 따라서 중요한 상담을 할 때는 상대가 배가 불러 있고 자신은 공복상태일 때 이야기를 진행하면 상담 결과를 유리하게 이끌 수 있다. 이는 상대가 만복상태이기 때문이 아니라 마음이 산만해져 있기 때문이다.

동공이 열려 있는지 수축되어 있는지는 마음을 보는 중요한 포인트라고 할 수 있다.

그러나 눈이 중요하다고 해서 상대의 눈을 정면으로 보면서 대화하면 오히려 경계심을 갖게 하며 오만한 인상을 줄 수도 있다. 적당한 위치는 상대의 인당(눈과 눈 사이)으로 이 부분을 보고 이야기한다.

점술가가 상담자와 이야기할 때도 마찬가지이다.

>> 초보자가 빠지기 쉬운 함정

인상학을 공부하기 시작하면 지금까지 몰랐던 지식을 한꺼번에 접하여 갑자기 많은 것을 알게 되므로 똑똑해진 것 같은 착각에 빠지게 된다.

그래서 경솔하게 판단하거나, 알았다고 아는 것을 금방 상담자에게 모두 말해주어 상처를 주는 일이 종종 일어난다.

사주추명과 그 밖의 점이 모두 마찬가지인데, 비전에 가까울수록 여러 요인을 종합해서 말해야 한다.

가령 실수를 해도 초보자는 그것밖에 모르기 때문에 아무렇지 않게 말할 수 있지만, 공부를 하다 보면 자신의 지식에 의문이 생기거나 자신감이 없어지기도 하여 상담자에게 결정적인 것을 말하지 못하게 되는 시기가 있다. 불안한 듯하지만 사실 이 시기는 겸허함이 생기고 지성을 갈고 닦는 가장 중요한 시기이다. 이 시기를 잘 극복하면 점술가의 기량이 갖춰진다고나 할까? 감정한 내용을 일단 머리 속에서 한 번 정리를 하고, 적절한 언어를 골라가며 말할 수 있게 된다.

강물은 강바닥이 얕을수록 파도가 일며, 강바닥이 깊은 곳에서는 파도가 일지 않는다. 공부도 이와 마찬가지로 바닥이 얕을수록 말이 많아진다.

점은 사람의 운명과 관계가 있으므로 부디 신중하게 생각하여 잘못된 답변이나 경솔한 말로 상담자가 상처를 입는 일이 없도록 조심한다.

>> 점은 양날의 칼이다

상담자를 살리기도 하고 죽이기도 하는 것이 점술가의 말이다. 그래서 '점은 양날의 칼' 이라고 한다.

일찍이 한 점술가의 말 한마디 때문에 노인이 자살하는 사건이 있었다. 이 점술가는 공망에 관한 책까지 출간한 유명한 사람이었는데, 당시에 그는 공망에 관한 책으로 세상을 두려움에 떨게 만든 일도 있다.

사람을 몹시 겁먹게 하거나 황당한 말을 하여 자살할 만큼 절망하게 만드는 것은 점술가로서 부끄러운 일이 아닐 수 없다.

'인감의 글자모양이 나쁘므로 인감을 다시 만들면 운세가 호전된다' 거나 '묘를 잘 만들어서 조상을 공양하면 병이 낫는다' 는 식의 말을 하여 터무니없이 큰돈으로 인감과 묫자리를 구입하게 만드는 것도 마찬가지이다.

조상에게 훌륭한 묫자리를 마련해드려 편하게 모시고 싶다는 자연스런 마음에서 묘를 다시 만든다면 좋은 일이지만, 묫자리나 인감 하나로 모든 것을 해결하겠다는 생각 즉 돈으로 행운을 살 수 있다는 것은 점이라고 할 수 없다. 무리하여 값비싼 묫자리와 인감을 구입했다고 해서 행복하지는 않다.

점도 만능이 아니므로 이 상담에는 이 점술이, 저 상담에는 저 점술이 맞다며 점치는 사항에 점을 맞추는 경우도 있다. 그러나 점이란 몇 가지 점술을 통해서 나온 점괘를 종합하여 상담자가 행복할 수 있는 좋은 방향으로 이끄는 것이 중요하다.

가장 자신 있는 점술로 신념을 갖고 판단하여 상담자에게 말하고, 상담자가 그 조언을 따라서 행복해진다면 그것이야말로 최고의 점이다.

점술가의 말 한마디로 삶의 의욕을 갖기도 하고 실망하기도 하며 인생을 결정하는 경우도 있으므로, 점은 한 걸음 잘못 내딛으면 매우 위험한 '양날의 칼' 이라고 할 수 있다. 마음 속 깊이 새겨둔다.

» 상대를 설득하는 힘을 기른다

운명 감정이란 사람을 잘 아는 일이다. 그러므로 다양한 점술을 사용하여 가장 행복하고 좋은 길을 선택해서 상담자에게 말해주는 것이 점술가인데, 그러기 위해서는 무엇보다도 먼저 신뢰를 얻어야 한다.

신뢰받는 점술가가 되기 위해서는 상담자의 과거와 현재의 생활 및 정신 상태까지 맞춰야 한다.

첫만남인데 과거를 알고 있거나 대화를 시작한 지 얼마 안 되어 마음상태까지 정확하게 읽어내면, 상대가 미래도 알 것이라고 일단 신뢰를 하게 된다.

또한 미래는 갑작스런 것이 아니라 과거와 현재, 그리고 정신상태가 미묘하게 작용하여 만들어지는 것이므로 과거와 미래는 겹쳐서 생각해야 한다.

카드점에서 과거를 나타내는 카드와 미래를 나타내는 카드를 서로 미묘하게 작용하는 위치에 놓는 것은 그 때문이다. 애매한 대답은 상담자에게 불안감만 줄 뿐으로 상대를 설득하는 힘이 있어야 한다.

설득력을 기르기 위해서는 상식은 물론 항상 운명학의 이론을 공부하고, 이것을 실전에 활용하여 이론의 적중도를 높여야 한다. 이론이야말로 설득력을 뒷받침하는 것으로, 이론이 없는 사람은 신뢰를 얻을 수 없다. 설득력을 갖기 위해서도 다종다양한 점술을 하나라도 더 많이 배울 수 있는 기회를 갖는다.

» 주역은 신앙과 같다

주역은 인상점이나 별점과 달리 우연성 가운데 필연성을 대상으로 하며, 점술의 장르로는 카드점에 가깝다.

주역을 공부해보면 우연성을 설명한 내용이 많다. 또한 정신분석가 융은 우연성 같은 현상에 '동시성(同時性)' 이란 개념을 사용했다.

예를 들어 "까치가 울면 반가운 손님이 온다.", "아기가 투레질을 하면 비가 온다." 등과 같이 두 개의 현상 사이에 직접적인 관계가 없는데 서로 결부시킨 것이 많으며, 이것들이 속담 또는 민간신앙의 사례로 계속 이어져오고 있다.

얼핏 관계가 없어 보이는 현상이 어느 시점에서 일치하는 것은 우주가 시작되고 나서 모든 현상이 올바르게 변한다면, 즉 변화의 이치에 법칙이 있다고 가정하면 가능한 일이다.

점 또한 그런 '우연성', '동시성' 의 축적이며 증명이기도 하다. 따라서 점이란 신앙의 세계와 같다고 할 수 있다.

그러나 동시성은 막연한 생각만으로는 확실하게 보이지 않는다. '맞다' 는 강한 신념을 갖고 점단해야 한다.

길에서 앞에 가는 사람이 뒤돌아보기를 진지하게 원하면 진짜로 그 사람이 뒤를 돌아다보는 경우가 있다. 또한 동전을 세워서 돌리고 '앞이 나와라' 라고 기도하였을 때 열 번 중에서 반 이상 앞면이 나오면 우연이 아니라고도 한다.

사람의 기도란 그만큼 강하며, 간절히 원하면 그 생각은 반드시 이루어진다.

주역은 이와 같다. 삼천년간 전해지며 지속적으로 맞춰온 주역의 축적물이,

또는 많은 사람이 주역을 배우면서 가졌던 신념 같은 것이 우주에 충만해 있다.

'반드시 맞는다' 는 신념을 갖고 정신을 집중하여 점단하면 우주에 넘치는 생각이 전해져서 감응이 되어 적절한 답을 얻을 수 있다.

기이한 이야기 같지만, 실제로 점이 맞는 불가사의한 현상은 공부의 축적을 넘어서 '신앙심' 이 없으면 안 된다. 이것이 불가사의한 점으로 주역의 매력이기도 하다. 점의 매력을 실감하고 점에 빠져보는 것이야말로 점의 진수라고 할 수 있다.

주역은 잘 맞으며, 동시에 상담마다의 대처 방법 또는 구제 방법이 반드시 있다. 이것이 주역이 다른 점술과 가장 크게 다른 점이다.

>> 조식법

두 손을 위로 높이 올리고 크게 심호흡을 하면 마음이 차분해지고 기분이 상쾌해진다. 호흡은 산소와 탄소의 교환운동이므로 심호흡을 하면 신진대사도 활발해진다.

필자는 15초간 숨을 들이마셨다가 15초간 토해내는 호흡(이것이 1호흡, 즉 30초가 1호흡), 1분에 2호흡을 하는 조식법(調息法)을 항상 하고 있다. 보통사람은 1분에 약 18~20회 호흡하는 것이 평균이므로 긴 호흡이라고 할 수 있는데, 해보면 마음이 차분해지고 머리도 상쾌해진다.

점을 맞추기 위해서는 차분하고 맑은 마음으로 어떤 지위의 사람이든 마주보고 앉아 있어야 하므로, 어떤 경우에도 그 기백에 눌리지 않고 정신 집중할 수 있는 기개를 갖기 위해서는 호흡이 가장 중요하다.

인상은 마음이 만들지만, 그 마음 속의 변화는 곧바로 호흡으로 나타난다. 걱정거리가 있으면 호흡이 얕아지고, 화가 나거나 안절부절못할 때는 호흡이 얕고 거칠어진다. 또한 울거나 할 때는 들이마시는 숨에 힘이 들어가고, 웃을 때는 토해내는 숨에 힘이 들어간다.

다른 사람에게 지지 않으려면 안정을 찾기 위해서 먼저 길고 깊은 호흡을 한다. 상대의 호흡과 부딪치면 의사소통이 불가능하다. 상대가 숨을 토해낼 때 이쪽이 들이마시면 좋다. 따라서 상대가 어떤 긴 호흡을 해도 맞출 수 있을 만큼 자신감과 능력을 기른다. '호흡이 맞는다' 는 말처럼 사이가 좋은 사람과는 호흡도 잘 맞는다. 그리고 호흡이 맞으려면 상대를 배려하는 마음이 더욱 중요하다.

마음이 호흡에 의해 좌우되며, 마음이 또한 호흡 상태를 좌우하므로 마음의 안정을 찾으려면 얕은 호흡을 의식적으로 길고 깊게 해야 한다. 즉, 의지대로 호흡을 함으로써 마음을 진정시킬 수 있다.

» 요가와 하쿠인의 호흡법

호흡에는 일상생활에서 의식하지 못하고 하는 '무의식호흡' 과 심호흡처럼 의식적으로 깊이 들이마시는 '의식호흡' 이 있다. 무의식호흡은 일상생활에서 특히 자신이 의식하지 못하고 하는 자연호흡으로, 들이마시고 토해내는 호흡의 주기가 짧고 얕다.

의식호흡은 어떤 목적을 갖고 자신의 의지로 호흡의 간격을 조절하는 말 그대로 의식해서 하는 호흡으로, 숨을 들이마시고 토해내는 주기의 파고가 크고 완만하며 깊다.

때로는 일시적으로 호흡을 멈추는 경우도 있다.

조식법은 의식호흡의 일종이며, 요가나 하쿠인(白隱, 일본의 임제종을 중흥한 에도 시대의 고승)의 호흡법도 이 범주에 들어간다.

특히 요가의 호흡법 중에 들이마신 숨을 일단 한 번 멈추는 방법이 있는데, 이것을 쿰바카(kumbhaka, 숨을 들이마시고 멈추는 것) 또는 지식(止息)이라고 하며 마음과 몸을 이어주는 스위치라고 한다. 그리고 들숨 이상으로 날숨에도 중점을 둔다. 이는 토해내는 숨과 함께 몸 속의 불순물을 남김없이 토해내기 위해서이다. 그리고 몸 속의 숨을 남김없이 토해내고 새롭게 들이마신 숨을 몸 속에 들여보낸다.

승려 중에 장수하는 사람이 많은데, 그 이유 중에 하나가 독경이라고 생각한다. 독경을 할 때는 날숨이 길어져서 자연스럽게 배에 힘이 들어가고 마음도 차분해진다. 결과적으로 호흡법을 실천하게 된다.

'하쿠인의 단전호흡법' 은 요가와 비슷하다. 또한 '난소우의 법' 은 하쿠인의 단전호흡법과 함께 질병 치료와 건강법의 하나로, 머리 꼭대기에 비싼 환약을 올려놓고 숨을 들이마시면서 '(약효 성분이 몸 속에) 들어간다, 들어간다' 생각하며 몸을 통해 발 쪽으로 빠져 나가는 것 같은 이미지를 그린다.

하쿠인은 하쿠인의 단전호흡법으로 폐병을 고쳤다고 하는데, 이 때도 배의 단전(그 아래쪽)에 숨을 모아두는 것이 중요하다. 이것은 쿰바카의 일종인데, 호흡을 완전히 멈추는 것은 부자연스러우므로 무턱대고 숨을 멈추는 행위는 일상생활 속에서 하지 않는다.

상담자는 걱정거리가 있어서 불안한 상태이므로 호흡이 얕고 짧다. 점술가가 먼저 조식법으로 여유있게 대하고, 상담자도 크게 호흡할 수 있는 분위기를 만들어서 긴장을 풀어준다.

긴장을 풀면 호흡도 깊고 길어지며, 마음의 평정을 되찾아서 점술가의 질문에도 솔직하게 대답한다.

조식법은 특별히 어려운 것이 아니다. 그저 숨을 자연스럽게 조금이라도 길게 쉬고, 그 상태로 두 시간이든 세 시간이든 호흡을 계속할 수 있도록 평소에 신경 써서 호흡의 파고가 크고 깊어지게 하는 것이다.

» 개운법

좋은 얼굴이 좋은 운세를 만든다. 즉, 사람은 언제든지 운이 열리게 할 수 있다.

세상에는 다양한 개운법이 있는데, 개운이란 말에 먼저 직결되는 것이 신앙과 역(易)일 것이다. 역을 하는 사람 중에는 신앙심이 깊은 사람도 많은데, 신앙에는 두 가지 유형이 있다.

① 자신이 절하고 기도하는 것으로 다른 사람을 구제한다(교조적인 존재).

② 믿음으로써 자신을 구제한다.

①의 중심은 교조이며, 이를 둘러싼 집단이 있어서 하나의 가르침을 받든다. 교조도 신이나 부처에게 개운을 비는 능력이 있으므로 샤머니즘(무녀 · 영매)적인 요소와 카리스마를 갖고 있어야 한다. 참배자나 신자의 상담에 '계시'라는 형태로 지도와 조언을 해준다.

일반적으로 신흥종교라고 하는데, 예를 들어 특별한 영적 능력을 갖게 되는 것과 같다. 고대 종교철학과 같은 종교 경전에 따라 수행을 하고, 그 교의를 표본으로 하여 많은 사람들을 이끌었던 종교가도 있다. 이런 종교가들이 수많은 기적을 행했다고 후세에 전하는데, 그들이 영적인 능력뿐 아니라 교의에 뛰어났던 것 또한 사실이다.

인상에도 물론 개운법이 있다. 점에서의 개운법은 종교적인 느낌도 있지만, 신앙적인 마음도 크게 작용한다.

● **첫째는 유심무상, 마음의 문제이다**

마음이 인상을 만들므로 개운에 가장 필요한 것은 평온한 마음인 '평정심'과 자신이 행복하다고 느끼는 '행복감'이다. 이것은 순전히 개개인 마음의 문제이다.

대체 행복과 불행은 어디에서 오는 것인지 생각해보면, 누가 주는 것이 아니라 자기 자신이 만드는 것이다. 즉, 갖는 것이 아니라 만들어내는 것이다. 그리고 행복을 만드는 데도 방법이 있다.

① 자신이 자연[천변지이(天變地異)]과 사회(사상 · 지식 · 인간관계 · 시대 동향)에 대응하여 어떻게 행동하고 있는가? 즉 스스로 행복해지기 위해 자신을 둘러싸고 있는 사회에 대해 어떤 행동을 취하고 있는가? 종교적으로는 인과응보를 의미한다.

② 자연과 사회로부터의 영향을 자신이 순순히 옳게 받아들이고 있는가?

이 두 가지가 행복과 불행을 좌우한다.

사람이 뭔가 일이 생겨서 행동할 때는 그것이 좋은 일이든 나쁜 일이든 그 사람의 인격이 나타난다. 혹시 좋지 못한 일이 있어도 항상 밝고 즐겁게 애정과 이해를 갖고 냉정한 눈으로 사태를 직시하는 것이 중요하다.

싫어하는 나쁜 감정을 갖는 순간에 사람은 대개 순간적으로 호흡을 멈추거나 호흡이 얕고 짧아진다. 이럴 때는 앞에서 말한 대로 계속해서 깊고 길게 숨을 쉬어 호흡의 리듬을 바꾸면 마음도 호흡에 따라 평정해진다. 마음 속으로도 '편하게, 편하게'라고 암시를 주면 더 효과적이다.

● **둘째는 구체적으로 인상의 문제이다**

호상이나 길상이란 겉모습의 아름다움이 아니라 행복해 보이는 인상을 가리킨다. 다른 사람에게 행복해 보일 때 자신이 진정 행복한 것이다. 마음이 인상을 만들므로 마음이 행복하면 인상이 행복해지는 것이 당연하다.

무엇보다 먼저 안색이 지금의 운세를 나타내므로 운을 열기 위해서는 좋은 안색을 하고 있어야 한다. 다음으로 평정심을 유지하여 사람을 끌어당기는 온화한 얼굴을 만든다. 온화한 얼굴에서는 자애가 느껴진다.

온화하며 자애로운 얼굴은 복을 부르는데, 행복을 부르기 위해서는 스스로 그런 얼굴을 만들어야 한다. 항상 밝고 즐겁게 웃는 얼굴로 사람을 대한다.

» 마음의 상관관계

지금까지 인상의 본질은 마음을 보는 것이라고 설명하였다.

초대 겐류시[玄龍子]인 메구로 요타로[目黑要太郎]는 1937~1938년에 니혼바시에서 인상가로 활약한 사람인데 대단한 학구파였다고 한다.

2대 겐류시인 메구로 하치로[目黑八郎]도 대학교에서 응용화학을 공부하여 학문적 지식이 풍부한 사람이었다. 초대와 2대 겐류시였던 두 사람이 연구하여 집대성한 것이 『겐류시상법』이다(자세한 것은 「인상의 역사」 참조).

『겐류시상법』은 『난보쿠상법』, 『신상전편』, 『달마상법』, 『마의상법』, 『현대적 서양인상법』 등 삼형질론을 축으로 한 다양한 흐름을 조합한 것이다.

『겐류시상법』의 〈마음의 상관관계〉는 마음이 어떤 순서로 인상에 작용하는지 마음과 신체의 상호관계에 대해 적고 있다.

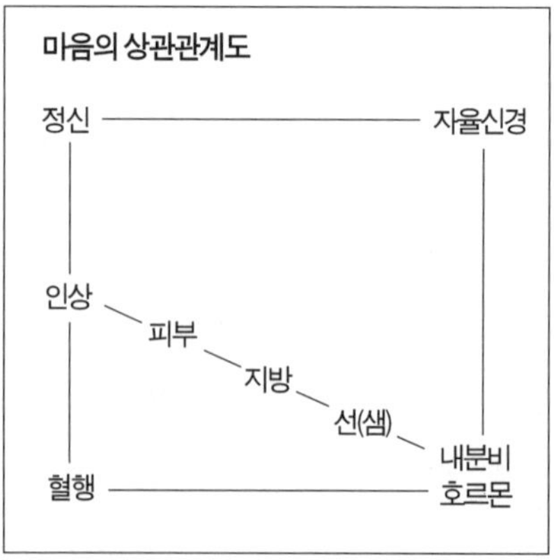

옆의 그림은 '정신'과 '혈행' 속에 있는 어느 하나라도 좋으면 그것이 인상에 나타난다는 것을 설명하고 있다. 즉, 마음이 편안하면 인상이 좋아지고, 혈행이 좋아지면 얼굴색도 당연히 좋아진다.

인상에서 가장 좋은 길상 · 호상은 색 · 윤기 · 촉촉함이 있는 얼굴로, 여기에는 피지선이 깊이 관여한다. 윤기와 촉촉함이 없이 모양만 좋다고 좋은 인상이라고 할 수는 없다.

또한 흰 피부는 일곱 가지의 단점을 덮어줄 수 있다고 하는데, 흰 피부라도 윤기와 촉촉함이 없다면 단점을 덮어준다고 단언할 수 없다.

텔레비전을 보면 인기 있는 탤런트나 여배우의 얼굴에서 빛이 나는 것을 볼 수 있다. 얼굴에서 빛이 난다는 것은 현재의 운세가 좋다는 것으로 혈행도 좋고 피지선의 상태도 좋다는 증거이다. 한편, 푸석푸석한 얼굴을 보고 운세가 좋다고 말할 수는 없다. 호르몬의 균형과 자율신경에 신경을 써야 한다.

자율신경은 식물신경이라고도 하며, 이름 그대로 뇌수로부터 독립하여 자유로울 수 없는 신경이다. 의지와 관계없이 위 · 혈관 · 자궁 · 방광 · 내분비선 · 땀샘 · 침샘 · 췌장 등의 내장을 제어하고 활동을 조절한다. 자율신경은 다시 플러스 신경인 교감신경과 마이너스 신경인 부교감신경으로 나뉘어 서로 길항(서로 저항) 작용을 한다.

편히 쉬고 있을 때는 교감신경이 작용하는 상태이고, 세무서에서 사람이 나와 가슴이 두근거릴 때는 부교감신경이 작용하는 상태이다. 따라서 교감신경과 부교감신경이 항상 작용하며, 하나가 활발하게 작용하면 다른 하나가 억제되는 길항 작용을 한다.

교감신경이 활발히 작용하고 있을 때는 내분비샘에서 호르몬(내분비물)의 분비도 좋고, 호르몬 분비가 좋아지면 피지선도 작용하여 피부의 색과 윤기가 좋고 혈색도 좋아진다. 단, 윤기가 좋다고 해도 얼굴에 기름이 흐르듯이 기름기가 번들거리면 운세가 좋지 않다.

좋은 인상이란 뭐니뭐니 해도 건강이 제일이며, 건강과 정신 상태는 밀접한 관계가 있다. 또한 웃음도 중요해서 항상 웃는 얼굴이 좋은 얼굴이다. 그러나 웃는 얼굴도 건강이 바탕이 안 되면 만들기 어렵다.

마음이 불안해지면 자율신경에 영향을 주어 호르몬 분비가 나빠지고, 몸 상태도 이상이 생긴다. 즉, 내분비샘이 잘못되면 피지선의 작용이 나빠져서 얼굴색과 윤기 · 촉촉함이 없어지고 인상도 나빠진다.

그러나 마음이 침울하고 인상도 좋지 않은 사람에게 "마음을 강하게 하십시오."라고 말해도 좀처럼 되지 않는다. 이런 경우에는 혈행을 좋게 한다.

걷기나 트레킹 등 간단한 운동으로라도 몸을 움직이면 혈액순환이 좋아지며, 마침내 마음도 안정되고 자율신경도 정상이 된다. 호르몬 분비나 피지선도 활동하게 되며 인상도 변한다. 이것이 마음의 상관관계에 따른 인상의 개선법이다.

» 운세의 길흉

인상이 좋고 나쁘다는 것은 운세가 좋고 나쁘다는 것으로, 현재의 운세가 좋은지 나쁜지를 말한다.

마음과 상관관계가 있는 것들이 모두 정상적으로 기능하면 좋은 인상을 만들 수 있다. 그러나 기능을 잘 못하고 있을 때는 얼굴의 색과 윤기도 나빠지고 인상도 나빠진다. 또한 세상과의 관계도 악화된다.

예를 들어, 인상에서 코에 결점이 있다고 해도 코는 자신을 의미하므로 자신의 마음가짐과 세상에 대한 대처 방식과는 차이가 있으며, 흉상의 코라도 그날 그날의 운세와는 관계가 깊지 않다.

코가 매우 높아 얼핏 위압적으로 느껴져서 다가가기 어려울 것 같은 사람도 밝게 웃으면서 대하면 사람은 누구나 호의를 느낀다.

인상에 여러 가지 결점이 있어도 그것이 곧 운세를 말하는 것은 아니다. 오히려 그 사람의 성격을 말한다고 보는 것이 더 바람직하다.

성격과 운세와의 관계는 밀접하지만, 그렇다고 그것이 전부는 아니라는 것이다. 세상 사람의 눈에는 이기적이고 차가워 보이는 고리대금업자도 자신을 반드시 이기적이고 냉정한 사람이라고 생각하는 것은 아니다. 금전운을 타고나 금전적으로 행복하다고 생각할지도 모른다.

성격의 연장선상에서 운이 열리는 경우는 있다. 이 경우의 성격에 대해서는 '삼형질론' 에서도 설명했는데, 삼형질론은 서양인상학의 본류로 얼굴형에 따른 성격 분류도 있다.

그에 비하면 동양인상학은 신비적인 면이 강조되어 수명을 비롯해 길흉화복과 운세를 본다.

점술가가 "인상이 좋군요."라고 말하는 경우, 그것은 단순히 코나 눈을 가리키는 것이 아니라 얼굴 전체의 빛과 윤기 그리고 그 사람의 기세도 보고 말하는 것이다.

운세의 길흉이란 인상의 결점을 알아서 마음의 상관관계에 나와 있듯이 결점을 정신과 마음의 수양으로 보완하기 위해서 매우 중요하다.

인상학은 상담자의 운세를 좋은 방향으로 이끌어간다는 데 큰 의의가 있으므로, 먼저 인상으로 그 사람의 장단점을 아는 것부터 시작한다. 그리고 이해한다. 인상학은 인생 공부와 함께 융화를 도모하는 진리의 학문이라고 할 수 있다.

결혼이 가까운 사람의 얼굴은 마사지를 받으러 다니지 않아도 빛이 난다. 결혼으로 마음에 희망이 가득 차고 행복하기 때문이다. 그러면 먼저 얼굴색이 변하여 '삼음 삼양(三陰三陽) 지대'가 연분홍빛이 된다.

매일 보는 낯익은 얼굴인데 갑자기 아름다워진 것 같아서 "결혼이라도 하나요?"라고 물어보면 맞을 때가 있다. 또한 삼음 삼양 지대에 색이 나타나지 않을 때는 아무리 선을 보라고 권해도 보려고 하지 않는 경우도 있다. 본인이 아직 연애나 결혼에 관심이 없기 때문이다.

중매든 연애든 육체적·정신적으로 결혼의 징조가 나타날 때, 또는 결혼과 관련해 사람을 만나려고 할 때는 삼음 삼양 지대에 나타나는 색에 주의한다.

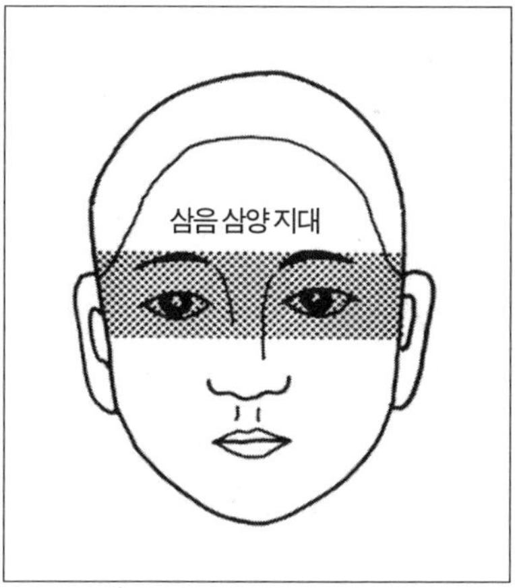

Column

인상 에피소드 ③
사위의 인상

우리나라에 인상과 관련된 다양한 이야기가 있는데, 그 중 하나를 소개한다.

문곡 김수항과 부인 나씨에게 딸이 하나 있었다. 딸이 혼기가 차서 사위를 얻게 되어, 나씨 부인은 아들에게 "모처에 좋은 남자가 있다고 하니 보고 오너라." 명하였다.

얼마 뒤 집으로 돌아온 아들이 "안 되겠습니다. 성질이 급하고 별로 좋지 않습니다. 그런 남자와 결혼하면 집안이 하루도 편할 날이 없을 겁니다. 그래서 혼담을 없던 것으로 하고 돌아왔습니다." 하였다.

나씨 부인은 일단 아들의 말을 들은 뒤 확인해보지 않고 그대로 믿었다.

얼마 뒤 나씨는 또다시 아들을 다른 집의 남자를 보고 오라며 보냈다. 그러자 이번에는 "어머니, 이번에 혼담을 정하고 왔습니다. 성격도 좋고 진중해서 동생에게는 더없이 좋다고 생각했습니다."라고 하였다. 나씨 부인은 이번에도 확인하지 않고 상대방의 얼굴도 못 본 채 결혼식을 맞았다. 그런데 결혼식 당일 사위가 될 남자의 얼굴을 보고 기겁을 했다. 인상이 좋지 않았던 것이다.

"넌 도대체 뭘 보고 왔느냐? 저 남자는 서른 살만 넘으면 죽을 상인데."라며 아들을 나무랐다. 그리고 이어서 "우리 애도 일찍 죽을 테니까 할 수 없구나."라고 한숨을 쉬었다.

과연 나씨 부인의 사위는 서른 살이 조금 넘어서 죽었고, 딸도 사위가 죽기 1년 전에 이미 죽었다.

한편 어느 날 이 집에 나씨 부인의 딸과 전에 혼사 이야기가 있었던 먼 친척과 그 형제들이 찾아왔다. 어머니는 그들의 얼굴을 보고 놀라서 아들을 불러 말했다.

"너는 친척집에 그토록 잘난 아들이 셋이나 있는 것을 왜 몰랐느냐? 그들은 장차 큰 인물이 될 텐데 참으로 안타깝구나."

그 뒤 친척집의 세 아들은 나씨 부인이 예언한 대로 모두 출세하여 훌륭한 사람이 되었다. 인상법을 익혀서 사람을 꿰뚫어보았던 나씨 부인이지만 유감스럽게도 좋은 결실을 맺지 못한 것이다.

이 이야기는 해설이 전해 내려오지 않는데, 유추해보면 "요절할 상은 건강하지 못하고 오래 살지 못한다는 것이 젊어서 인상에 나타난다. 또한 칼로 인한 재난의 상은 몸이 튼튼해도 생길 수 있는 예측 불가능한 재난이며, 이러한 돌발적인 사고나 부상 역시 몇 개월 전에 인상에 나타난다." 구체적으로 얼굴색이 변하면(미간의 붉은빛) 일주일 이내에 재난이 일어난다. 또한 코는 자신과 자신의 몸상태를 나타내므로 주의해서 살핀다. 평소에 거울을 보다 변화가 느껴지거나 얼굴색이 달라졌을 때는 당분간 행동을 조심하면 재난을 피할 수 있다.

인상 에피소드 ④

작은 체구에도 강한 운이 따른다

:: 출세의 길을 걷는다

제2차 세계대전이 끝나고 얼마 지나지 않은 1946년, 오사카 역 부근의 암시장에는 사람들이 줄을 서서 기다려야 할 정도로 평판이 좋은 포장마차가 있었다. 떡을 파는 곳이었다.

이 집에서 일사불란하게 부지런히 일하는 키가 작은 주인남자는 오사카에서 최초로 음악다방을 시작하여 몇 곳에 독특한 점포를 경영하며 백만장자의 자본가로 알려진 C씨이다.

:: 암시장에서 출발

그가 암시장에서 아오조라(靑空) 떡집을 시작했을 때는 말 그대로 온몸을 던져서 일하는 나날이었다. 그 때의 고생이 그의 이마에 깊고 큰 주름을 새기고 눈썹을 부리부리하게 만들었다.

나중에 들은 바에 의하면 그가 포장마차를 냈던 자리는 병사 시절에 상관으로 모시던 사람의 땅이었다고 한다. 그 땅이 그에게 행운을 안겨주는 큰 계기가 되었다.

이 땅은 오사카 북쪽의 일등 요지이며, 일본에서도 이권 다툼이 심한 곳으로 잘 알려져 있었다. 제삼자와의 관계 등 여러 복잡한 장애를 극복하고 땅을 입수할 수 있었던 것은 그에게 남다른 능력이 있었기 때문이다. 그리고 그것은 그의 인상에도 잘 나타나 있다.

:: C씨의 인상

C씨의 얼굴에 새겨진 주름은 두꺼운 피부와 강한 운을 보여주며, 대지주인 상관과의 만남을 암시한다.

입 아래쪽의 다부진 모습은 만년의 행운을 나타내며, 특히 살집이 좋은 코와 큰 입이 이런 사실을 말해준다.

그러나 C씨가 오늘의 부를 쌓을 수 있었던 가장 큰 이유는 작은 키에 있다. 키가 150㎝도 채 안 되는 작은 체구이지만, 몸 전체에서 굉장한 힘을 느낄 수 있고 지지 않으려는 투지가 자연스럽게 배어 있었다. 다른 사람에게 지지 않겠다는 근성과 노력이 성공으로 이끄는 큰 힘이 된 것이다.

C씨는 이렇게 다양한 성공요소를 갖고 있었지만, 이것이 정말로 성공으로 이어질 것인지 열등감으로 마음이 꼬이고 비뚤어질 것인지의 갈림길이 얼굴(인상)에 나타나 있었던 것이다.

형태 비례

형태 비례와 성격 · 운세

Part 5

형태 비례와 성격 · 운세

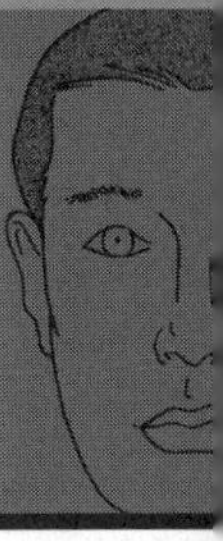

몸의 상관관계와 형태 비례 · 운세 비교

>> 형태 비례 개요

형태 비례란 신체 부위의 성장 비율을 말하며, 이 비율이 거의 일정하기 때문에 이에 대한 논의가 인상학의 첫걸음이다.

인상이란 사람의 상(相)이라고 할 정도로 얼굴뿐만 아니라 몸 전체를 보는데, 이것이 얼굴만 보는 것으로 변하게 되었다. 얼굴은 누구나 노출되어 있어 가장 잘 보이기 때문에 이 방면의 연구가 발달한 것이다. 인상은 이 형태 비례가 대강의 표준이 되어 특수하게 발달한 것이다.

인상학에서는 발이 길다거나 손이 짧다거나 또는 얼굴이 길다 짧다 등을 말하는데, 이것도 표준이 없으면 길다 짧다고 말할 수 없다. 예를 들어 길이 약 30㎝의 봉침은 매우 긴 침이지만, 길이 30㎝의 천칭봉은 턱없이 짧다.

길고 짧다는 것은 길이의 절대치가 아니라, 그것이 어느 표준보다 긴가 짧은가를 보는 것이다.

그러나 인체의 비율을 표준형으로 정하는 것은 무모한 일이다. 사람마다, 그리고 사람의 직업과 습관 · 유전 등의 요소가 다르기 때문에 어느 정도 인원의 성인을 대상으로 평균치를 얻는다고 해도, 이것이 인간의 완전한 비율이라고 하여 이보다 짧은 것을 짧다, 긴 것을 길다고 말할 수는 없다.

형태 비례

예로부터 미술가들은 얼굴 길이, 턱의 크기, 몸통의 길이, 발 길이, 배꼽의 높이, 팔 길이 등을 어느 비율로 해야 인간이 조화를 이루는지 다양한 연구를 해왔다.

그 중에서도 레오나르도 다빈치는 키가 얼굴 길이의 10배이고, 배꼽은 키의 중앙에 있으며, 두 손을 옆으로 수평이 되게 뻗으면 키와 같다고 하였다.

그러나 오늘날은 일반적으로 머리 길이의 8배를 표준이 되는 키로 보고 있다(팔등신). 그런데 이것은 20세 이상의 성인에 한정되는 이야기이며 아이의 경우는 다르다.

의학적으로 보면 아이의 경우, 갓 태어난 신생아는 머리 길이의 4배(사등신), 2세 때는 5배(오등신), 6세 때는 6배(육등신), 15세 때는 7배(칠등신)가 된다고 한다.

이처럼 형태 비례에 대해 다양한 의견이 있는데 인상도 대체로 크게 다르지 않아서 배꼽은 키의 중앙에 있으며, 두 팔을 벌렸을 때의 길이는 키와 같고, 키는 얼굴 길이의 10배가 된다고 본다.

또한 얼굴에서 이마부터 아래턱 끝까지의 길이와 두 귀 사이의 길이가 같은 것이 표준인데, 이 경우 얼굴이 약간 길어 보인다. 얼굴이 둥근형인 경우에는 가로길이가 길다.

그 밖에 대략 목의 굵기는 손목의 1.4배이고, 머리둘레와 목의 굵기를 합하면 가슴둘레와 같고, 키는 가슴둘레의 2배가 된다.

얼굴 비례

얼굴과 키 사이의 상관관계를 보면 코가 긴 사람은 몸통이 길고, 아래턱이 긴 사람은 가슴이 길고, 미간과 두 눈 사이의 넓이는 두 유방 사이의 넓이에 비례하며, 하악각(아래턱의 양끝 뼈)이 튀어나온 남자는 골반이 크고, 코끝과 볼에 살이 많은 사람은 내장기관 즉 배가 잘 발달해 있다.

또한 하정과 소뇌, 중정과 후두엽, 이마와 전두엽은 각각 비례한다.

손가락 하나를 봐도 통통해서 뼈가 보이지 않는 사람은 얼굴로 말하면 볼이 통통하고 코끝에도 살이 있으며, 손이 영양질 · 토형(土形) · 수형(水形)이다. 이런 사람은 살집이 좋고 살도 단단하지 않으며, 사람에 따라서는 이중턱이란 것을 누구나 상상할 수 있다.

이와 같은 것을 고려해볼 때, 예를 들어 심성질인 사람은 얼굴의 폭이 넓고 아래쪽이 좁은 역삼각형이지만, 영양질의 사람은 그와 반대로 아래쪽이 통통하고 얼굴이 둥근형이다.

이것을 골격에 대입해보면 심성질의 사람은 뇌가 커서 머리와 목 굵기의 합 즉 가슴둘레가 넓고, 아래쪽이 가늘기 때문에 복부가 작다고 할 수 있다. 또한 영양질의 사람은 머리는 작아도 목이 굵기 때문에 가슴 부위가 작다고 할 수 없으며, 하정이 발달해 있으므로 복부가 크다.

이처럼 하나를 알면 열 개 이상을 알 수 있다.

미술가나 탐정이 아니라도 인상을 배우는 사람이라면 그 첫걸음이라고 할 수 있는 형태 비례를 알아두어야 한다. 그렇지 않으면 인상학에서의 크다 · 작다, 길다 · 짧다, 넓다 · 좁다란 말의 의미를 전혀 이해하지 못하며, 특수한 발달 정도를 알 수 없다. 그러므로 형태 비례는 대강의 표준만이라도 알아둔다.

몸의 생김새

» 머리

머리는 좌우가 고르게 발달하고, 지나치게 크거나 작지 않아서 중용을 이루는 것이 좋은 상이다. 특히 오목하거나 볼록한 것은 제각기 다양한 길흉을 나타낸다.

머리가 너무 크거나 작은 사람은 부모와의 인연이 희박하고 운도 나쁘다. 중용인 경우가 가장 운이 좋다.

» 목과 인후

인체 중에서 어떤 부위도 중요하지 않은 곳이 없지만, 그 중에서도 목은 생명의 단서가 되므로 가장 중요한 곳이다.

목의 생김새로 천수(天壽)와 성격 등을 볼 수도 있는데, 보는 방법은 다음과 같다.

• 목이 굵은 사람은 수명이 길고 병이 적다.
• 목이 가늘고 짧은 사람은 수명이 짧고 몸도 약하다.
• 목이 유달리 가늘고 몸과 머리가 크거나 보통인 경우는 대식가이며, 일찍 고향을 떠난다.
• 목이 가늘고 굵은 것과 상관없이 뒤에서 보아 밝지 않고 쓸쓸해 보이는 사람은 가까운 사람이 죽거나 큰 어려움을 겪는다. 흔히 기운이 없어 보인다고 한다.
• 일반적으로 살찐 사람은 목이 짧고, 마른 사람은 목이 길다.
• 목덜미가 짧고 자라목인 사람은 장수한다. 더욱이 몸이 통통하고 다른 생김새도 좋으면 그에 상응하는 타고난 복이 있다. 나쁜 상인 경우에는 몸이 튼튼하고 장수하더라도 평생 몸이 편하지 않다.
• 고개가 앞으로 숙여진 사람은 나쁘고 천한 상이다.
• 이중턱인 사람은 남녀 모두 만년이 행복하다. 단, 두 턱 사이의 근육이 튼튼해야 한다. 애정이 강하며, 집에 있지 않고 나가는 경우가 많다.
• 목덜미 뒤에 오목하게 들어간 부분이 있는 부인은 길하다. 남자의 경우는 성질이 급하고 가난하다.
• 목 뒤에 점이 있는 사람은 사람 때문에 걱정이 많다. 여성의 경우는 음문에도 점이 있다.
• 결후가 많이 나온 사람은 옹고집으로 크게 발전하지 못한다. 마른 사람은 보통 결후가 나와 보이므로 특별히 문제가 되지 않는다.
• 살이 찌고 결후가 나온 사람은 평생 장애가 많고, 무슨 일이나 성취 직전에 무산되는 경우가 많다. 수명도 짧다.
• 결후는 두드러지지 않는 것이 길상이다.
• 여성은 결후가 없어야 길상이다.
• 여성이 결후가 있으면 남편을 이기고 자아가 강하며 고독한 상이다. 다른 부위에도 장애가 있는 경우에는 평생 일정한 직업이 없다. 결후의 돌출 상태도 고려해야 하는데, 많이 튀어나와서 눈에 띄는 경우가 가장 좋지 않다.
• 결후가 있고 흰자위가 푸른 여성은 남편이 죽을 상이다. 흰자위가 푸른 것은 간기(肝氣)가 많음을 나타낸다.

- 남녀 관계없이 결후가 많이 나와 있으면 힘든 상이다. 횡사하는 상이기도 하다.
- 남자인데 결후의 뼈가 없는 것처럼 보이는 사람은 의지가 약하고 평생 발전이 없다.
- 나이 들어서 인후가 잡힐 듯이 피부가 두 줄로 근육처럼 나와 있는 사람은 길하다. 부부가 모두 장수하는 상이다.

» 어깨와 등

- 어깨는 뼈가 튀어나오지 않고 평평하며, 살집도 있고 통통한 사람이 다복한 상이다.
- 어깨의 뼈가 튀어나와 있는 사람은 항상 무슨 일인가를 기획한다. 고독한 상이다.
- 여성의 어깨뼈가 높으면 남편을 이긴다. 재가하는 상이다. 남성의 경우는 옹고집이다.
- 왼쪽 어깨가 높은 사람은 자력으로 집안을 일으킨다. 오른쪽 어깨가 높은 사람은 여난의 상이며 집을 망하게 한다.
- 어깨가 풍만하고 각형인 경우 평생 곤란을 겪지 않는다. 모든 것에 공통.
- 등의 모양은 살이 있어서 풍만한 것이 좋다. 살이 적어서 구멍처럼 함몰되어 있거나 등줄기의 뼈가 많이 드러나며, 살은 없이 가죽뿐인 듯한 사람은 남녀 모두 가난하고 고독하다.
- 곱추 같은 등은 명이 짧고 부모와 일찍 사별한다.
- 등에 살이 두툼하고 둥근 느낌의 여성은 좋은 남편을 만난다.
- 등이 비뚤어진 사람은 가난하다. 그러나 등이 두툼하고 가슴이 넓은 사람은 부귀한다.
- 등에 살이 있어도 가슴이 없는 경우에는 만년이 좋지 않다. 곤궁하지 않으면 고독하다.
- 비스듬히 내려오는 어깨를 가진 남자는 패기가 없고 아이와의 인연이 희박하다. 여성의 경우는 괜찮다.
- 여성이 어깨가 벌어지면 과부상이다. 그러나 남성이 이런 경우에는 길하다.

- 등에 튀어나온 부분이 없을 정도로 살이 많은 것이 길하다.
- 등이 두툼하고 모양이 좋은 사람은 신분에 상응하는 복이 있고, 위험한 일도 모두 피할 수 있다.
- 짐이 없는데도 항상 어깨에 짐을 지고 있는 것같이 등이 불룩한 상은 길하다. 부모보다 출세하여 집안을 일으킨다. 수명도 길다.
- 걸을 때 왼쪽 어깨를 으쓱하듯이 치켜 올리고 걷는 사람은 그에 상응하는 복이 있다.
- 어깨가 빈약하고 보잘 것 없어 보이는 사람은 아이와의 인연이 희박하고, 일처리를 제대로 못 하는 경우가 많다. 구두쇠이기도 하다.
- 어깨가 올라가고 힘이 들어가 있는 사람은 용맹하고 세상일에 현명하다.
- 어깨가 넓은 사람은 운세가 떨어지는 경우도 있지만 다시 좋아질 수도 있다.

» 가슴

가슴은 혈기가 활발하게 움직이는 곳이며 육근(六根, 눈 · 귀 · 코 · 혀 · 몸 · 의지)이 만나는 장소로 마음의 귀천을 볼 수 있다.

- 가슴이 넓고 넉넉한 경우 마음이 여유가 있고 의지가 굳다. 정신력이 강하다.
- 가슴이 좁은 사람은 의지가 얕고 매사에 성급하다.
- 가슴의 살이 적고 뼈가 드러나는 사람은 몸이 건강하지 못하다. 또한 매사에 막힘이 많고 끈기가 약하다. 단, 노인은 예외이다.
- 가슴이 처지고 근육이 뭉쳐 있는 경우 마음이 항상 불안하고, 가끔 마음이 우울하기도 하며 인내심이 적다. 그러나 골격이 단단하고 몸이 튼튼한 경우에는 해당하지 않는다.
- 가슴이 처졌으며 하복부에 힘이 있고 큰 경우에는 가슴이 주저앉아 있어서 자연히 낮아진다.
- 가슴이 처졌으나 뭉친 근육이 부드러워지면 저절로 마음이 여유로워진다. 기분이 좋아지면 운기도 저절로 좋아진다.
- 가슴이 풍만하고 살이 있으면 길하다. 마음이 안정되고 질병도 없으며 장수한다.
- 살이 없고 가죽이 덮인 듯한 가슴은 성질이 급하다.

- 가슴이 검붉고 바랜 듯한 색이면 성질이 급하다.
- 가슴의 털이 많은 사람은 겁쟁이이다.
- 가슴이 높은 사람은 장년에 갑자기 죽거나 재난을 만난다.
- 가슴에 털이 서 있는 경우는 친족을 극한다. 옹고집이다.
- 가슴털이 뻣뻣한 사람은 종종 아내를 극한다.
- 가슴이 좁고 길면 흉하다. 폐병에 걸리기 쉽지만 의지가 강하다. 가슴이 넓고 긴 경우에는 의지가 강하고 중년에 잘 된다.
- 가슴에 몇 개의 센 털이 있는 사람은 발전한다. 특히 가슴이 처진 부근에 털이 나면 길하다. 그러나 털이 너무 많으면 담력이 없다.

>> 유방

유방은 자손과의 인연을 말해준다.

- 양쪽 유방이 떨어져 있고 작은 경우 아이와의 인연이 희박하거나 아이가 있어도 의지가 되지 않는다.
- 양쪽 유방의 크기가 다른 경우에는 아이와의 인연이 희박하거나 아이가 있어도 의지가 되지 않는다. 왼쪽 유방이 작은 경우에는 남자아이, 오른쪽 유방이 작은 경우에는 여자 아이와의 인연이 희박하다.
- 유두가 아래를 향하는 것은 흉하고 아이와의 인연이 희박하다. 위로 향한 유두는 길하다.
- 유방에 검은 사마귀가 있는 사람은 아이와 이별한다.
- 유두가 크면 길하다. 또한 윤기가 나면 길하다.
- 남녀 모두 유방 사이가 넓으면 길하고, 좁으면 일이 잘 안 풀린다. 또한 유방에 결함이 있으면 자손에게 장애가 있다.
- 유방의 색이 거무스름하면 자손이 많다.
- 유방 사이에 뼈가 보이면 활력이 없다. 또는 생각이 좁고 매사에 일이 잘 안 풀린다.

>> 배

배를 나누어 배꼽보다 위를 윗배라 하고, 아래를 아랫배라고 한다. 각각의 모양을 비교해본다.

- 윗배가 큰 사람일수록, 특히 가슴이 심하게 처졌으면 병이 많고 불안하다. 만사가 답답하고 운이 열리지 않는다. 끈기가 적고 직업이 일정하지 않다. 끊임없이 마음의 갈등이 있고 만족을 모르기 때문에 마음의 안정을 얻지 못한다. 잠깐은 패권을 잡고 부귀를 누리는 것처럼 보여도 부초처럼 오래 가지 못한다. 오래간다고 해도 병을 얻는다. 가난하면 장수하지만, 부귀하면 요절한다. 따라서 흉상이다.
- 아랫배가 큰 사람은 길상이다. 아랫배가 크면 자연히 가슴은 낮게 처지고 오목하며 무병하다. 마음에 여유가 있고 만족을 알며, 빈부와 상관없이 마음의 안정을 얻어서 행복하다. 마음에 갈등이 많지 않고 안정된 직업을 갖는다. 더욱이 무모한 야심을 갖지 않고 시기에 맞게 행동하기 때문에 일이 정체되지 않으며, 구하지 않아도 재물이 따라와서 풍족하다고 할 수는 없어도 빈곤하지는 않다. 중용의 좋은 상이다. 뱃가죽은 아랫배가 커짐에 따라 두꺼워지며, 가죽이 얇고 아랫배에 삼임(三任, 세 개의 근육)이 없으면 아주 좋은 상이 못 된다. '배의 삼임'은 인상학에서 '등의 삼갑(三甲)'에 비교되는 것으로, 아랫배가 튀어나오고 세 개의 근육이 있을 정도로 넓으며 등의 살이 두꺼운 것을 최상으로 본다.

>> 배꼽

배꼽은 몸의 강약을 보는 곳이다.

- 배꼽이 깊고 크면 유복한 상이다. 얕고 작은 것은 빈천한 상으로 평생 고생이 끊이지 않는다.
- 위를 향한 배꼽은 지혜와 복이 있고, 아래를 향한 배꼽은 천하고 우둔하다.
- 앞으로 나오고 얕은 배꼽은 길상이라고 할 수 없으며, 아이가 없고 젊어서 죽을 상이다.
- 배꼽은 깊은 것이 좋고 얕으면 좋지 않다. 또한 위로 붙어 있으면 길하고, 아래로 붙어 있는 것은 흉하다. 이유는 아랫배 즉 배꼽 아래쪽이 커서 뚜껑을 덮고 있는 것처럼 되면 위로 올라가기 때문이다. 배꼽 위쪽의 윗배가 비대하면 배꼽이 아래로 처지게 되고, 그로 인해 마음이 불안해지고 질병

이 많아 혈행이 좋지 않으면 길하지 않다.

- 여성의 배꼽이 위에 붙어 있으면 병도 없고 순산하지만, 아래에 있으면 출산에 어려움이 있다.
- 다물어진 모양이 좋지 않은 배꼽은 끈기가 없고 운도 나쁘다. 배꼽이 깊으면 의지가 강하고 그에 상응하는 복이 있다.
- 깊어도 쭈글쭈글하고 힘이 없어 보이는 배꼽은 매사에 끈기가 적고 일에 막힘이 많다. 단, 노인은 예외이다.
- 배꼽이 얕았는데 깊어지는 경우가 있다. 전보다 운이 더욱 좋아지며, 병자는 기분도 좋아진다.
- 배꼽의 방향은 위를 향한 것이 좋으며, 아래를 향한 것은 천상이라고 한다. 그러나 배의 모양과 관계가 깊으므로 잘 생각해서 판단한다.

>> 허리와 엉덩이

허리는 너무 크지도 작지도 않고 항상 곧게 하여 앞으로 굽지 않으며, 긴장을 늦추는 일이 없고 뼈를 적당히 감싸듯이 살이 있으며 앉아도 누워도 안정감이 있어야 길하다. 단, 여성은 남성보다 허리가 굵어지므로 이 점을 고려한다.

- 넓고 펑퍼짐하며 팽팽한 허리는 좋은 상이다.
- 남녀 상관없이 얇고 짧고 가는 허리를 가진 사람은 곤궁하며 일찍 죽는다.
- 살이 없어서 뼈가 나와 보이는 허리를 가진 사람은 궁하면 수완을 부린다. 여성은 남성을 속인다.
- 허리뼈가 너무 굵으면 천하다. 발전하기 어렵다.
- 허리에 살이 있고 힘이 있으면 길하다. 장수한다.
- 살은 쪘는데 엉덩이에 살이 없는 사람은 아이와 떨어져 살며 아내와 이별한다.
- 마른 사람이 엉덩이에 살이 없으면 49세에 재난을 만나거나 운이 약해진다.
- 아이가 엉덩이에 살이 없으면 일찍 죽을 상이다. 그러나 질병이 있는 경우는 예외이다.
- 허리와 엉덩이에 살이 적거나 없는 사람은 흉하다. 아침에 먹고 저녁에 먹지 말라는 말이 있듯이, 가난하면 명이 길지만 부유하면 단명한다.

- 허리가 가늘고 엉덩이가 튀어나온 여성은 매우 곤궁하다.
- 버들가지 같은 여성의 허리는 흉상이며, 남편이나 아이와의 인연이 희박하고 가난하다.
- 버들가지 같은 허리를 가진 남성은 열심히 일하지 않으며, 한 번은 반드시 집안을 망친다. 또한 여색을 즐긴다.

>> 발과 다리

먼저 넓적다리부터 설명하면, 넓적다리는 살이 충분히 있고 앉아서 무릎을 편하게 사용할 수 있어야 출세하며 비록 혼자라도 가업을 운영한다. 또한 다른 사람의 밑에서는 일하지 않는다.

- 편하게 앉았을 때 활기 있어 보이는 사람은 출세하며 현재의 운기가 왕성하다. 또한 아랫사람이 힘이 되며 대길이다. 앉았을 때 활기가 없는 사람은 운세가 약하다.
- 발은 소인형법으로 아랫사람에 대한 것을 본다. 발의 상이 좋지 않으면 아랫사람으로 인해 고통이 끊이지 않는다. 걸식을 하는데 넓적다리에 살이 많고 무릎에 힘이 있어 보이는 사람은 없다. 시험 삼아 잘 관찰해본다.
- 살이 쪘는데 넓적다리에 살이 없는 사람은 가난하며, 만년으로 갈수록 불행하다. 발이 길고 넓적다리가 마른 사람은 고향을 떠나 다른 곳으로 간다. 아이가 넓적다리에 살이 없으면 젊어서 죽을 상이다. 여성이 넓적다리에 살이 없으면 첩이 될 상으로 한 남자의 아내가 되지 못한다.
- 살이 많고 무릎이 둥근 사람은 평생 부유하고 곤궁함을 모른다. 또한 무릎에 살이 없고 뾰족한 느낌이면 큰 재난을 부를 상이다. 무릎이 크고 넓적다리가 작으면 미천한 상이며 평생 성공하지 못한다. 넓적다리가 작고 뼈가 없어 보이면 젊어서 죽을 상이다.
- 복사뼈가 튀어나올 정도로 살이 없으면 정신력도 약하고 몸도 약하다. 살이 있고 조화를 이룬 다리는 복이 있다.
- 발등은 너무 높아도 너무 낮아도 좋지 않다. 특히 발이 큰 경우는 집안 일로 고생이 많다.
- 옷을 입어서 허리 아래쪽으로 살이 많은 사람은 유산 상속자가 있거나 덕

이 있다. 또한 집안을 일으킬 수도 있다.

• 발등에 살이 없고 뼈가 드러나보이면 빈궁하고 고독하다. 어른의 발이 뼈가 없어 보이면 빈천하며 다른 나라를 떠돌아다닌다.

그 밖의 자세와 습관

» 걷기

사람의 걸음걸이는 인상을 뒷받침한다는 말처럼 성격이나 운명을 나타낸다. 상체가 튼튼하고 안정적이며 발걸음이 가벼운 것이 좋은 걸음걸이이다. 이런 사람은 건강하고 성격도 좋다.

이에 반해 상체에 힘이 없고 발을 끌듯이 걷는 사람은 먼 곳에 머물며 건강하지 못하고 마음에 걱정거리가 있다.

• 고개를 숙이고 걷는 사람은 마음에 걱정이나 불평 · 고민이 있다. 실의에 빠진 사람도 고개를 숙이고 걷는다. 한편 무엇인가를 생각하느라 그렇게 걷는 사람도 있다.

• 걷기는 동적으로 하고 앉기는 정적으로 하라는 말이 있듯이, 걸을 때 활달한 기운이 밖으로 표출되고 마음이 차분하면 길하다. 차분하지 않은 걸음걸이는 정신이 안정되지 못한 상이다. 이것이 즉 '몸은 무겁게, 걸음은 가볍게'이다.

• 상체와 발을 함께 땅에 대지 않고 걷는 사람은 논밭을 팔아 타향으로 갈 사람이며 가정에 안주하지 못한다.

• 뱀처럼 갈짓자로 걷거나 종종걸음을 하는 것은 가장 나쁜 걸음걸이이다. 마음 속에 악의가 있는 사람은 똑바로 걷지 못한다. 불안과 초조가 나타난다.

• 걸을 때 몸을 움직이지 않는 사람은 스스로 축재를 하고 목숨을 지킨다. 몸은 안정을 유지하도록 신경 쓴다.

• 걸으면서 몇 번씩 뒤돌아보는 사람은 시기와 질투심이 강하다.

• 몸을 흔들듯이 걸으면서 머리를 기울이는 사람은 노후에 고독할 상이다.

• 어수선하게 걷거나 발소리가 큰 사람은 부모에게 등을 돌리거나 재산을

탕진한다.

- 신발을 질질 끌며 걷거나 박자를 맞추며 날아오르듯이 걷는 사람은 오래 살지 못한다.
- 머리는 앞에, 발은 뒤에 남아 있듯이 앞으로 웅크리고 걷는 사람은 운세가 좋지 않다.
- 머리를 뒤로 젖히고 발을 앞으로 내밀며 어깨를 펴고 걷는 사람은 크게 이름을 떨치며 자손도 번성한다.
- 남성이 다리를 많이 벌리고 걸으면 길하고, 여성이 종종걸음으로 걸으면 길하다.
- 여성이 가랑이를 크게 벌리고 걸으면 독립심이 강하고 가정적이지 못하다. 남편을 이겨낸다.
- 두리번두리번 좌우를 보면서 걸으면 차분하지 못하고 겁쟁이이다.
- 볼품없이 가볍게 걷는 사람은 자식과의 인연이 없고 안정된 직업을 갖지 못한다. 평생 고생한다.

>> 앉기

앉기도 걷기와 마찬가지로 그 사람의 성격과 운명을 그대로 나타낸다. 무의식중에 나타나는 생활습관을 잘 관찰해보면 인생에 도움이 되는 다양한 모습을 발견할 수 있다.

- 태산이나 해상에 떠 있는 한 척의 전함처럼 좌우로 기울지 않는 것이 길하다. 마음이 맑고 진중하며, 뜻은 높고 순결하다. 정좌를 해도 좋고 책상다리를 해도 좋다. 단, 상체를 수직으로 곧게 해야 한다.
- 바닥에 차분하게 앉아 있지 못하거나 상체를 의자에 대고 침착하게 앉아 있지 못하는 사람은 조각배가 파도에 흔들리듯 마음이 안정되지 못한 상이다. 이런 사람은 마음 속에 나쁜 흉계를 안고 있다.
- 현재 가진 것이 아무것도 없는 사람이라도 앉은 자세가 안정적이고 차분하면 나중에 반드시 입신출세한다.
- 여성으로 앉은 자세에 위엄이 없고 항상 동공을 움직이는 사람은 음난해서 숨겨놓은 남자가 있거나 또는 정신통일이 안 되는 사람이다.

• 앉아서 무릎을 세우고 움츠리며 앉아 항상 상체를 꺾듯이 볼품없이 앉으면 발전할 가능성이 없는 천한 상이다. 이에 반해 무릎을 벌리고 상체를 세워서 고개를 똑바로 하고 있는 사람은 반드시 다른 사람의 위에 서는 기회를 잡는다.
• 밀면 쓰러질 듯이 앉아 있는 사람은 야무진 구석이 없고, 가끔 직장을 옮기며 가정도 안정적이지 못하여 부부 · 부모자식 · 형제 간의 관계가 좋지 않은 상이다.
• 앉는 자세가 안정적이고 차분하면 가정이 화목하고 지위가 안정적이며, 충분히 상응하는 복이 있다. 그 밖에 오래 잘 앉아 있는 사람은 인내와 지속성이 강한 사람으로 매사에 성공한다.
• 항상 물건에 기대고 앉는 사람은 자신감이 없는 사람으로 희생정신이 부족하고 고집이 세다. 가정에서도 존경하고 따르는 사람이 없다.
• 앉아서 무의식중에 상체를 전후 좌우로 흔드는 사람은 마음이 차분하지 못하고 붕 떠 있는 듯한 사람이다. 이에 반해 허리를 꼿꼿이 하고 앉아서 몸을 움직이지 않는 사람은 의식이 강하고 솔직하다. 단, 이런 것은 평소의 습관을 계속 관찰해야 알 수 있으므로 한두 번 보고 판단해서는 안 된다.
• 앉아서 상체가 앞으로 구부러진 사람은 사람을 좋아하고 자신감이 없으며, 맹목적으로 사람을 따르는 성질이 있다.
• 몸을 뒤로 기대고 거만하게 앉는 사람은 오만하고 고집이 세며 사람을 멸시하는 습관이 있다. 특히 여성의 경우에는 남편을 이겨내는 상이다.
• 앉아서 손을 허리춤이나 가슴 · 주머니에 넣고 있는 사람은 비밀이 많은 사람이다. 또한 신경질적인 면도 있다.
• 항상 정좌를 못 하는 사람, 옆으로 기대거나 손을 바닥에 대는 등 앉는 자세가 바르지 못한 사람은 싫증을 잘 내고 마음이 침착하지 못하다.
• 앞으로 구부리지도 않고 뒤로 기대지도 않고 정좌하는 사람은 건강하고 솔직하며 성격이 밝다.
• 주먹을 쥐고 앉아 있는 사람은 마음 속으로 무엇인가 바라는 사람으로 절대로 방심해서는 안 된다.

» 습관

- 얼굴을 옆으로 돌리고 말하는 습관이 있는 사람은 마음 속으로 도모하는 것이 있고 비밀도 갖고 있다.
- 사물을 볼 때 미간의 주름을 모으는 습관이 있는 사람은 걱정으로 마음에 여유가 없으며 성질이 급한 면도 있다.
- 이야기를 할 때 눈을 감고 있는 사람은 위선이 많다. 단, 생각이 필요할 때 가끔 눈을 감는 경우도 있으므로 착각하지 않도록 한다.
- 웃으면서 말하는 사람은 상대를 경시하는 경우와 호의적인 경우가 있으므로 실수하지 않도록 한다. 마음이 바른 사람이며, 무엇보다 웃음을 띠면 출세가 빠르다.
- 항상 불평하는 사람은 불평쟁이이다. 운명적으로는 고독한 상이다.
- 고개를 흔들면서 말하는 사람은 뇌일혈의 전조이거나, 마음이 불안하거나, 또는 재산을 잃을 상이다. 경제관념에 철저할 필요가 있다.
- 말할 때 아귀에 침이 잘 고이는 사람은 일을 밀렸다가 하는 경향이 있다. 또한 자아가 강한 사람이기도 하다.
- 여성이 말할 때 소리가 이마에서 나오듯이 높게 울리는 사람은 음난한 상이다.
- 웃을 때 우는 듯한 표정이 되는 것은 빈약한 상이며 불행이 계속된다.
- 추위나 더위와 상관없이 땀을 많이 흘리는 사람(다한증)은 매우 하천한 상으로, 중류층이나 지식층 이상에서는 이런 사람이 많지 않다.
- 큰일도 아닌데 항상 놀라는 사람은 비밀을 숨기고 있거나, 여성의 경우 색난이 있는 상이다.
- 손짓을 많이 섞어서 말하는 사람은 거짓이 많다.
- 앉아서 대화를 하며 항상 불안해하는 사람은 마음에 동요가 있고, 주거와 직업이 불안정하다.

삼형질 비교표

	영양질	근골질	심성질
몸통	둥근형, 중간 키, 직립	사각형, 큰 키	왜소하고 키가 작다
머리모양	뒷머리가 잘 발달해 있다	옆머리가 잘 발달해 있다	앞이마가 잘 발달해 있다
얼굴형	둥근형	사각형	역삼각형
머리카락	가늘고 숱이 많으며 촘촘하다	굵고 거칠며 바늘 같다	부드럽다
이마	타원형에 가까운 반달모양	직선에 가까운 반달모양	가운데 머리카락이 처지고 반달모양. 폭이 넓고 높다
목	굵고 짧고 살집이 좋으며 자라목이다	뼈와 뼈가 나온 정도가 보통이다	가늘고 길다
피부	살이 많고 부드럽다	두껍고 팽팽하다	매끄럽고 곱다
눈썹	털이 부드럽고 색이 진하며 둥글다	털이 거칠고 굵으며 매우 진하다. 직선	가늘고 눈꼬리가 굵으며 색이 흐리다
전택	보통	좁다	넓다
눈모양	둥근형, 따뜻한 느낌	길다. 힘이 있으며 크고 강한 느낌	가늘고 길며 힘이 없는 느낌
눈이 달린 모양	하향, 눈 아래가 불룩하다	직선, 힘이 있다	하향, 눈을 치켜뜬다
눈의 색	검은자위가 많다	동공이 크다. 흰자위가 많다	동공이 작다
귀	도톰하고 앞쪽에 있으며 둥근형. 귓불이 처지고 크다	각형, 곽이 나와 있다	삼각형으로 살이 없으며 뒤쪽 아래에 붙어 있다
코	코끝과 금갑이 둥글고 콧방울이 튀어나와 있다	장수, 발달. 콧방울이 단단하고 튀어나와 있다	산근이 발달하고 잘 생겼다. 콧방울이 나와 있지 않다
광대뼈	살집이 좋다. 앞쪽과 옆쪽이 둥글다	앞쪽과 옆쪽에 뼈가 튀어나와 있다	광대뼈에 굴곡이 없고 편편하다

	영양질	근골질	심성질
입	윗입술보다 아랫입술이 도톰하다	가로로 길고 커 보이며, 다문 입모양이 단정하다	작고 살이 없으며 쓸쓸해 보인다
치열	보기 좋다	보기 좋고 앞니가 크다	치아가 좁고 치열이 좋지 않다
볼	살이 많고 볼록하다	살이 적어서 함몰되어 보인다	뾰족한 것처럼 좁고 함몰되어 보인다
하악각	둥글고 살집이 좋다	사각형, 뼈가 많이 나와 있다	뼈가 나오지 않고 날씬하다
어깨	약간 비스듬히 내려오고 둥글다	각지고 뼈가 튀어나왔으며 넓다	어깨가 비스듬히 내려오고 빈약해 보인다
가슴 · 배	가슴이 짧고, 배가 크다	가슴이 넓고 크며, 배는 작다	발달하지 않았다
유방	살집이 좋고 발달해 있다	발달하지 않았다	전혀 발달하지 않았다
허리	매우 크다	살이 많으며 단단하다	작고 허약하다
엉덩이	살집이 좋고 크다	보통 크기이고, 엉덩이가 나와 있다	작다
음모	직선	상향이며 반달모양	삼각형
손 · 발	살집이 좋고 팽팽하며, 끝으로 갈수록 가늘다	손가락보다도 손바닥이 크다	작고 가냘퍼 보이며, 가늘고 길다
손바닥	손바닥에 선이 많은데, 가로선이 많다	세로선이 많다	전체적으로 작고 손금이 어지럽다
거동	천천히 걸으며, 고개가 앞으로 나오지 않는다	활발하며 고개가 앞으로 나오고, 신발의 앞축이 닳는다	가장 느리고 정적이다. 신발 뒤축이 닳는다
인중	짧다	보통	길다
턱	부드럽고 둥근형	사각형	뾰족하다

인상 에피소드 ⑤
얼굴에 나타나는 부하운

:: 얼굴에 나타난 흉상

어느 모임에서 친구의 입 주위에 이상한 색이 나타난 것을 보고 놀랐다. 법령에 거무스름한 색이 나타나 있었는데, 이것은 친구와 관계있는 사람이 떠나가서 흉사가 생길 것을 의미한다.

그리고 나타난 위치가 왼쪽 법령과 오른쪽 법령이 시작되는 아래쪽이라면 직장에서 아랫사람을 의미하는데, 친구의 경우는 왼쪽 법령에 나타난 것으로 보아 회사 간부 중에 문제가 있을 것으로 예상하였다.

친구는 자동차 수리공장을 두 개나 경영하고 있었다.

"자네 회사 직원에게 아무 문제 없는가? 그것도 간부급 중에?"

그는 "뭐, 특별히……" 하며 마땅히 생각나는 것이 없는 듯이 보였다.

:: 갑작스런 사직서

그로부터 닷새가 지나서 친구로부터 전화가 왔다. 며칠 전에 예상했던 대로 회사 간부인 A가 사직서를 제출했다는 것이다. A는 회사를 그만두면 곤란한 주요 인물이라 친구로서는 당황스럽다는 상담이었다.

"그 때 자네 얼굴로 판단해볼 때 한시도 지체하지 말고 그만두게 하는 것이 좋겠네. 그렇지 않으면 나중에 더 힘들어질 걸세."

그는 "그런가." 하고 대답했지만, A의 퇴직을 받아들이지 않고 월급을 올려주며 회유하였다.

그리고 반년 후 A는 결국 회사를 그만두었고, 그와 동시에 주요 고객이 A가 옮긴 회사로 거래처를 바꾸었다.

친구는 가슴을 쳤고, 1년도 안 되어 집과 본사 공장을 매각하기에 이르렀다. A는 친구의 회유로 다시 있게 된 반년 동안 뒤에서 모든 공작을 진행하고 있었던 것이다.

그 뒤 친구도 사업을 다시 일으켜서 남아 있던 공장도 확장하고 이전보다 사세가 더 커졌다.

부하직원의 일로 갑작스럽게 불운을 겪었지만, 그의 인상에 강한 운도 있었던 것이다. 그는 사각형과 둥근형이 섞인 팔각형에 가까운 얼굴이다. 특히, 아래턱이 야무지고 훌륭하다. 이는 일시적으로 불운하더라도 전체적으로는 좋은 운세임을 나타낸다.

얼굴에서 불행의 징조를 보았지만, 처한 상황 때문에 과감하게 처리하지 못하여 인상이 암시한 대로 되었던 사례이다.

인상의 역사

인상의 기원 / 점의 종류와 특징 / 인상과 목소리

Part 6

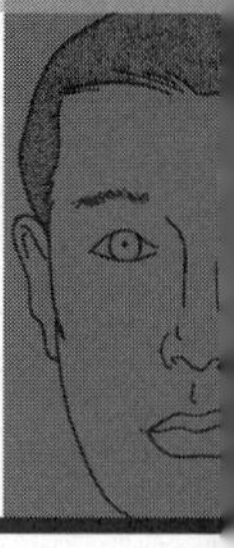

인상의 기원

중국 인상학

인상은 인류의 탄생과 함께 시작되었다고 해도 과언이 아니다.

태고시대 인류의 생활은 물을 구하고 물고기를 잡고 나무 열매를 따고 짐승을 쫓는 나날이었을 것이다.

당시 수렵을 잘 하는 사람, 물고기를 잘 잡는 사람, 날씨 예측을 잘 하는 사람 등을 얼굴과 몸의 생김새로 그 상관관계를 터득하여 서로를 아는 수단으로 이용했던 것이 인상학의 시작이며 기원으로 추측된다.

인상학이란 사람의 겉모습(얼굴과 신체를 모두 포함)보다 내면(마음 · 성격 · 행동)을 관찰하여 판단하는 것으로 형모학(形貌學) · 면상학(面相學) · 인상술(人相術) · 독안(讀顔)도 모두 인상학이라고 하였다.

그러나 약 2000년 전의 『신상전편(神相全篇)』에는 "인상에 있어서 마음이 생기는 것이 아니라, 마음이 만든 것이 인상이다."라고 적혀 있다.

또한 다음과 같이 적고 있다.

有心無相 相逐心生 _ 유심무상 상축심생
인상은 마음을 따라 생겨난다.
心在形先 形居心後 _ 심재형선 형거심후
마음은 인상보다 먼저 존재하며, 인상은 마음의 다음에 존재한다.

인상학이 가장 처음 등장하는 것은 전설의 세계인데, 이미 약 2400~2700년

전 춘추시대의 중국 역사서인 『좌전(左傳)』과 『국어(國語)』에 인상만으로 점을 보는 기록이 있다(BC 770년).

『좌전』에 의하면, 문공(文公) 원년에 문공의 아버지 희공이 죽어서 주나라의 천왕(天王)이 내사인 숙복(叔服)을 장례식에 보내자 노나라의 재상인 공손오(公孫敖)가 숙복이 사람을 잘 본다는 것을 알고 두 아들의 인상을 보게 하였으며, 그들은 숙복이 예견한 대로 살았다고 전한다.

숙복의 뒤를 이어 유명한 고포자경(姑布子卿)이 있는데, 공자가 어린 시절에 공자 아버지의 의뢰를 받고 그의 비범한 인상을 꿰뚫어보았다는 것이 인상의 역사에 유명한 사례로 남아 있다.

공자의 특징은 머리의 중앙부가 오목한 구멍 같고 그 주위는 볼록해서 마치 구릉 같다고 하여 나중에 '공구(孔丘)'라고 불리던 좋은 상으로 『사기(史記)』에도 이러한 내용이 쓰여 있다.

또한 BC500년(2500년 전) 인도의 정반왕은 마야 부인이 임신한 사실을 알고 500명의 인상가(바라문교도)를 모아 인상을 보게 하였다. 이 때 한 노인이 태어날 아이가 범상치 않을 것이라 고하여 세상을 구할 부처님의 탄생을 예언하였다는 기록이 『불소행찬(佛所行讚)』이란 경전에 남아 있다.

이 무렵 이미 인도에서는 인상법이 연구되고 있었다는 것을 알 수 있는 대목으로, 사실 불교경전 속에도 인상학의 비법이라고 할 수 있는 경문(법화경 · 금강경)이 있다.

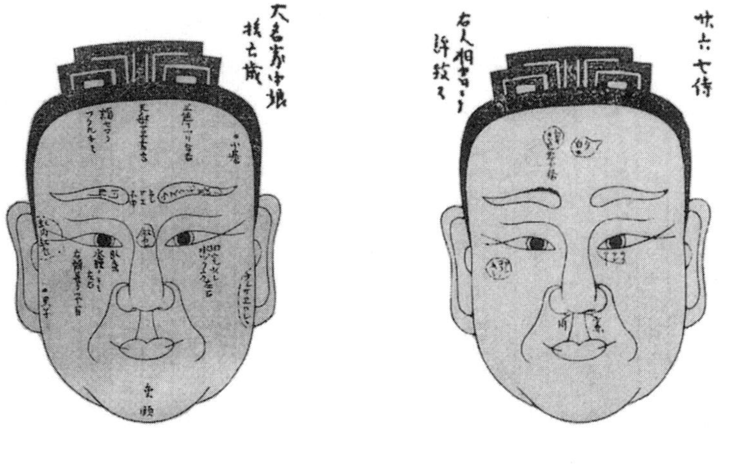

BC465년 "구천(勾踐) 왕이시어 허무해하지 마십시오. 우리에게 범려(范蠡)란 충신이 있지 않습니까?" [아도고덕전(兒島高德傳)]로 유명한 월나라의 범려도 인상학에 관통한 일인자로, 자신이 모시던 월나라 구천왕의 얼굴을 보고 "왕의 긴 목과 뾰족한 입은 잔인성을 상징한다." 고 하였다.

공자(BC552~479년)와 맹자(BC372?~289?)도 인상을 잘 보았는데, 맹자는 "사람에게는 눈동자가 있어서 악한 마음을 감출 수 없으니, 마음이 바르면 반드시 눈동자가 맑아진다. 그러나 마음이 바르지 않으면 반드시 눈동자가 흐려지니 그 사람의 눈동자를 본다. 이러니 어찌 속마음을 감출 수 있으랴." 하였다.

인상과 관련된 책이며 동시에 비판서이기도 한 순자의 『비상편(非相篇)』에는 "옛날에는 고포자경이 있었고, 지금 초나라에는 당거(唐擧)가 있다." 하였는데, 당거는 인상학의 대가로 그 때까지의 골상에 더하여 처음으로 인상의 비결인 '기색(氣色)' 을 보았다. 그리고 여기서 동양인상학 특유의 얼굴에 대해 언급하여 오늘날의 인상학의 모체가 거의 완성되었다.

주나라 말기에 태어난 허부(許負)도 저명한 인상가이다. 주나라의 아부(亞父)라는 사람이 장수로서 크게 공을 세우고 하내(河內)의 대수직을 맡아 부귀영화를 누리는 신분이 되었는데, 어느 날 허부에게 인상을 보게 하자 "당신은 지금부터 3년 뒤 제후가 되고, 그로부터 8년이 지나면 재상이 되어 권력을 손에 쥐지만, 9년째 되는 해에 굶어죽을 것입니다. 즉, 끝이 매우 좋지 않을 것입니다." 하였다.

아부는 웃으면서 "그런 일은 절대 있을 리 없다. 믿을 수 없다." 고 반론하였다. 그러자 "아무리 당신이 항변을 해도 당신의 입에 나와 있기 때문에 어쩔 도리가 없습니다. 당신의 얼굴에는 입으로 들어가는 세로 주름이 뚜렷이 나타나 있는데, 제 학문에서 이것은 굶어죽을 상입니다." 라고 대답하였다.

과연 그 후 아부의 아들이 왕실의 보물을 훔쳐서 감옥에 갇히게 되었고, 아부는 그 사실로 괴로워하다가 마침내 7일간 단식하여 피를 토하고 죽었다고 한다.

허부는 『인륜식감(人倫識鑑)』에서 그 때까지 글로만 해설하던 것과는 달리 최초로 눈 · 코 · 입 등의 부분을 그림과 함께 해설하여 오늘날의 인상책에 가깝게 만들었다.

한나라 시대(BC202~AD220년)는 점 전반에 걸쳐 크게 발전하여 주역이 완성되고 음양오행에 기초한 오행력[단역(斷易)]이 확립되었으며, 인상학에서도 추연(鄒衍)의 오행설이 확립되고 겸도(鉗徒)와 그의 제자인 동방삭(東方朔) 등이 배출되었다.

한편 인상 내용이 포함된 의학서로 현대 한방의 기본이라고도 할만한 『황제내경(黃帝內經)』이 세상에 나온 것도 한나라 시대이다. BC 200~AD 8년에 걸쳐 완성되었다고 알려져 있다(현대에서는 일단 BC150년경으로 추정하고 있다).

『내경』은 「소문(素問)」과 「영추(靈樞)」로 나뉘어 있다. 「소문」은 생리편으로 질병의 원인에 대해 묻는 것을 의미하는데, 이 중 오태설(五態說) · 오행설(五行說) · 안면표상(顔面表象)에서 미세한 관찰법이 설명되어 있다. 「영추」는 주로 치료법에 대해 설명하며, 침구 · 자락(刺絡, 침으로 나쁜 피를 뽑아냄)에 대해 적혀 있다. 이 책은 『황제내경소문영추(黃帝內經素問靈樞)』로도 불린다.

같은 시기(222년경)에 오나라 손권(孫權)의 『월파동중경(月破洞中經)』이 세상에 나왔는데, 이것이 책이름이 확실한 중국 인상책의 효시이다.

시대를 따라 내려와 기원 원년(AD)이 되면 서서히 이 방면의 학문이 활발해져서 0~50년경에 왕윤(王允)의 『골상편(骨相編)』과 왕부(王符)의 『상렬편(相列編)』 등이 연달아 출간되었다.

시대를 더 내려와서 470년경 양나라 무제 시대에는 달마대사가 인도에서 와서 중국 선종의 시조가 되었다. 9년간의 면벽좌선 중에 자룡동(紫龍洞)으로부터 상법의 비결을 전수받았다는 전설이 실린 『달마상법비결(達磨相法秘訣)』이 오늘날까지 남아 있다.

590~595년에는 당나라의 시인 이백에게 사사했다는 조연(趙涎)의 『찰색편(察色篇)』이 나왔다.

당나라 시대(618~907년)에 들어와서는 여동빈(呂洞賓) · 일행선사(一行禪師) · 세종(世宗) 등이 있는데, 오대사(五代史)에 보면 특히 세종은 왕박(王朴)을 스승으로 두고 상법을 깊이 연구하였다고 한다.

다음으로 중국 인상학의 정점이라고 할만한 『신상전편(神相全篇)』의 밑바탕이 된 『마의상법(麻衣相法)』에는 마의(항상 마로 된 옷을 입어서 생긴 이름) 선인이 '화산(華山)의 석실(石室)' 에 칩거하며 신선이 되기 위해 도를 닦았다고 전해질 뿐 확실하지 않다.

마의선인에게 사사한 후나라의 진도남(陳圖南)은 『마의상법』을 세상에 전하고 『신상전편』을 남긴 사람이다.

이름은 진박(陳搏)이라 전하며, 송나라 태종으로부터 희이(希夷) 선생이란 호를 받았다. 호는 "봐도 보이지 않는 것을 이(夷)라 하고, 들어도 들리지 않는 것을 희(希)라고 한다."는 노자에서 나온 것이다. 즉, 사람의 마음 속 깊이 평범한 사람이 알 수 없는 것을 아는 스승이라는 의미이다.

마의선인에게 10년 이상 가르침을 받은 뒤 스승의 가르침을 세상에 전하려고 발표한 것을 당시 송나라 사람이 편집한 것이 『신상편』이며, 이것이 뒤에 『마의상법』, 『신상전편』이 된다.

명나라 태조 때에는 원류장(袁柳莊)이 이전에 나온 『신상전편』을 증보 개정하여 세상에 내놓았으며, 이것으로 인상법이 집대성되어 오늘날까지 전해지고 있다. 『신상전편』은 사실 마의선인[노사(老師)라고도 함] — 진도남(진희이) — 원류장에 의해 완성되었다고 할 수 있는데, 그 동안 약 400년이 흘렀다.

1400년에는 왕문계(王文契)의 『십자면법(十字面法)』이 발표되고, 이후 석해(石楷)·백봉(白峯)·허허자(盧盧子)·고오경(高吾卿)으로 이어져서 지금에 이르고 있다.

일본 인상학

일본에 상법이 전해진 것은 아마도 AD513년 백제의 오경박사가 일본에 건너갔을 때로 추측된다. 이 때 들여간 오경서 · 의서 · 불교서적 속에 일부 상법에 관한 내용이 실려 있었거나, 따로 인상책이 들어 있었을지도 모르는데 이것이 역사적으로 최초일 것이다. 실제로는 중국 후한과의 교류로 그 이전부터 이미 전해지고 있었을 것으로도 추측된다.

역서(易書)가 정식으로 들어온 것은 긴메이(欽明) 천황 때인 554년에 백제를 통해서이다.

이 때 들어온 책 속에 『달마상법』도 있었을 것으로 생각할 수 있는데, 오히려 견당사(遣唐使, 일본에서 당나라에 파견하던 사절로 630년에 시작)가 불교서적과 함께 갖고 돌아왔을 것으로 생각된다.

670년경 스즈카(鈴鹿)란 노인이 덴무 천황(天武天皇, AD673년 즉위)이 황위에 오를 수 있을지 인상을 본 기록이 있으며, 일본 인상학의 여명기는 500년 이후로 추정된다.

쇼토쿠 태자(聖德太子, 574~622년)는 독실한 불교신자로 알려져 있는데, 불교서적이나 인상책으로 상법을 공부하여 『쇼토쿠태자상법전(聖德太子相法傳)』을 남겼다.

오우에이(應永, 1394~1428년) 시대에 히에이잔(比叡山)의 덴잔아쟈[天山阿闍]가 지은 것으로 알려져 있는 『선천상법(先天相法)』이 일본의 제1호 고(古)상법서이다.

도쿠가와 시대가 되어 처음으로 초대 도카게[石龍子]의 게이안판(慶安版, 1648~1652년)인 일본 최초의 상법서 『신상전편』(3권)이 출간되었으며, 이후 일본 인상가들의 이름이 상법 역사에 열거되고 융성한 발전을 하였다.

당시에 수입된 주요 상법서로는 『연산상전집(燕山相全集)』[석해(石楷)], 『마의상전』[육위숭(陸位崇)], 『유장상법(柳莊相法)』[원류장비전(袁柳莊秘傳) · 운림자(雲林子)], 『신상전편』(진도남 · 원류장), 『태청신감(太淸神鑑)』(무명), 『신상수경집(神相水鏡集)』[석계도인(石髻道人)], 『상리형진(相理衡眞)』(허허자), 『인상전편(人相全篇)』[풍감통회(風鑑統會)] 등이 있다.

이 서적들의 수입으로 일본의 인상학이 크게 발전하고 많은 인상가들이 배출되었다.

스케루마 바이소(菅沼梅莊)는 『상법옥진록(相法玉振錄)』(1872년, 바이소 70세)을 시작으로 『인상부녀결(人相婦女訣)』, 『마의상법대전』, 『매옹상법(梅翁相法)』 등의 책을 저술하였다.

나가사키의 가쿠사이(鶴塞)는 일찍이 중국으로 건너가 스승 백봉에게 상법을 배웠다고 한다. 귀국 후 교토에 살면서 초대 도카게, 겐코(源光) 법사, 닛코(日向)의 홋케이(北溪) 도인 등 수많은 제자를 길러냈다.

또한 일본의 독자적인 상법을 연구하여 "운명은 음식에 있다."고 갈파한 이색적인 인상의 대가 미즈노 난보쿠(水野南北, 1756~1834년)는 『난보쿠상법(南北相法)』(10권), 『인상화해(人相和解)』(2권), 『비전의 꽃(秘傳華の卷)』, 『상법수신록(相法修身錄)』(4권), 『상법조견(相法早見)』 등을 저술하였다. 특히 『난보쿠

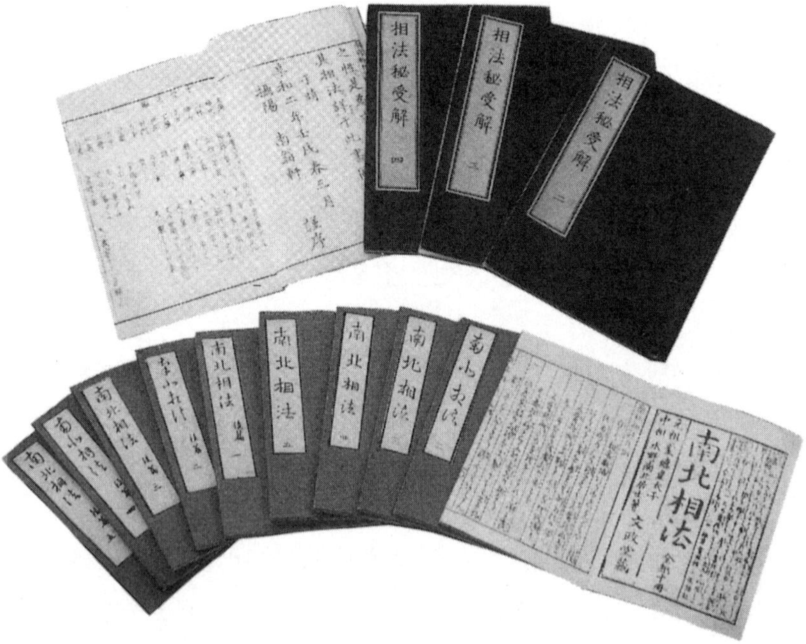

상법』과 『상법수신록』은 일본 인상학이 이룬 하나의 금자탑으로 오늘날까지도 수많은 사람들에 의해 지속적으로 해설서가 출간되어 나오고 있다.

여담이지만 1957년 인상학 관계자들이 전국에서 모여 난보쿠의 출신지인 오사카에서 탄생 200주년 기념법요를 거행하였다. 현재 난보쿠의 묘지는 사후 1주기에 제자들에 의해 난보쿠의 얼굴을 닮은 출세부동존(出世不動尊)이 효고 현 아마자키 시 무코노소[武庫の莊]에 있는 호론사(法論寺)에 모셔졌으며, 또한 묘지 대신에 선생의 분묘와 키가 큰 비(원래는 오사카시 기타구 호린 사에 함께 모셨다)가 교토 구로다니(黑谷)에 있는 곤카이고묘 사(金戒光明寺) 안에 자리잡고 있다. 1996년 11월에는 미즈노 난보쿠 선생의 탄생 225주년 행사가 실시되었다.

난보쿠 생존 당시에는 초대 도카게를 비롯해 고가쿠(光角)·후미미치(史道)·야마구치 치에(山口千枝) 등이 활동하였고, 히라노 고가쿠(平野五岳)의 『상법류편(相法類編)』, 다다 키신(多田希眞)의 『상법무진장(相法無盡藏)』 등의 상법서가 있다.

메이지 시대로 들어오면 역시 이색적인 인물 중 하나인 하야시 분레이(林文嶺)가 있다. 그는 『화상연구(畵相の硏究)』를 발표하였으며, 수없이 다양한 기인의 행적이 전해진다. 하야시류를 형성하였는데 2대가 스즈키 도오루(鈴木亨齋), 3대가 구마자키 켄오(熊崎健翁)이다.

이 밖에 도카게의 후예들도 쇼와 시대에 몇 대째 이어졌다.

세계의 인상학

서양 인상학의 발상이라고 할 수 있는 기록이 성서 속에서도 발견되지만, 기원전의 이집트나 그리스의 고서에서도 찾아볼 수 있다.

고대 그리스의 철학자이며 유물론의 시조로 알려진 데모크리토스(BC460~371년)의 일화이다. 어느 날 데모크리토스는 잘 알고 지내는 젊은 여성에게 "야, 오늘은 아가씨이네." 하고, 다음날은 똑같은 옷차림에 평소와 다름없는데 "야, 오늘은 부인이네."라며 정곡을 찔러서 인사를 했다고 한다.

하룻밤 사이에 여자가 되었다는 것을 간파했던 것이다.

무엇으로 그렇게 판단했던 것일까? 얼굴색일까, 표정일까, 걸음걸이일까, 눈의 움직임일까?

데모크리토스는 다방면으로 연구심과 탐구심이 매우 왕성했던 것 같다. 때때로 맛있는 오이를 맛보면 식사 중에도 집을 뛰쳐나와 밭까지 달려가서 이런 맛있는 오이가 어떻게 생겼는지 납득이 될 때까지 조사했다고 한다.

또 하나, 인상에 관한 유명한 이야기가 남아 있다.

역시 같은 시대의 소크라테스(BC469~399년)와 소피아(지혜로운 사람을 의미)의 만남에 대한 이야기이다.

소피아 트오필스는 인상을 잘 보았는데, 어떤 사람이나 얼굴로 그 성격을 알 수 있다고 자랑하였다. 어느 날 그는 제자들과 함께 거리를 걷고 있는 소크라테스를 만났는데, 그 얼굴에서 여러 악덕한 모습을 발견하고 나쁜 인상에 대해 모두 이야기하였다. 제자들은 그 중 어떤 모습도 스승에게서 찾아볼 수 없다고 반론하며 스승의 고결함을 들어 트오필스가 잘못 판단하였다고 나무랐다.

잠자코 그 모습을 보고 있던 소크라테스는 제자들을 저지하며 "그가 본 것이 틀리지 않다. 또한 여러분이 말한 것도 틀리지 않다. 나는 분명히 나쁜 인상과 나쁜 마음을 갖고 있다. 그러나 그것을 이성의 도움으로 자제하고 있을 뿐이다."라고 말했다.

동서양을 불문하고 인상에 대한 다양한 이야기가 전해 내려오는데, 동양인상학에서는 장래를 예측하는 이야기가 많은 데 비해 서양인상학에서는 어디까지나 성격과 현상만 보는 것 같다.

서양인상학의 뿌리, 즉 발전 계보는 동양인상학과 확실히 구분된다. 서양인상학은 각 분야에서 뛰어난 사람들에 의해 집대성되고, 오늘날까지도 완성을 위해 계속 노력하고 있다.

고대 이집트와 그리스의 철학자로부터 시작해 근대로 오면서 심리학자로 이어지고, 그 밖에 의학자 · 화가 · 조각가들이 중개 역할을 하였으며 새로운 분야의 인류학자가 파생되었다.

예를 들어 그 기초가 되는 두개학(頭蓋學)의 역사에 중요한 족적을 남긴 알브레히트 뒤러는 유명한 화가이며, 또한 근대 계측학적 인류학의 시조라고도 할 수 있는 18세기 후반의 캄페르(1722~1789년)는 해부학자이다. 캄페르가 남긴 안면각도의 계측 방법은 각도학파의 상징이 되었다.

서양인상학의 흐름과 내용을 살펴보면 다음과 같은 계통을 찾을 수 있다.

● 유형적 발상의 인상학

'유형적 발상' 의 인상학은 아리스토텔레스(BC384~349년)로 대표된다. 사람을 동물 또는 식물에 비유하여 특정 동물과 닮은 사람은 그 동물과 비슷한 성질을 갖고 있다고 보는 견해이다.

혹사(酷似, 매우 비슷함)와 유형적 인상학의 창시자이며 진화론자인 찰스 다윈도 인상학에 흥미를 가졌던 학자이다. 그는 자신의 저서 『인간과 동물의 감정 표현에 대하여(The expression of the emotions in man and animals)』(1872년)에서 순간적으로 나타나는 표정 속의 동물 유형별 발상을 염두에 두었다.

이탈리아의 볼타(1538~1615년)는 아리스토텔레스의 '인간의 얼굴과 동물의 얼굴' 의 비교 연구를 체계화하여 세상에 내놓았다. 그는 돼지와 비슷한 사람은 식욕형으로 지능도 낮으며, 사자형은 어느 누구에게도 지지 않는 풍격과 용맹함이 있다고 보았다.

● 의학적 인상학

의학적 인상학은 히포크라테스(BC460~377년)로부터 시작되어 각각에 이름을 붙이고 학문적으로 설명한 갈레노스(129~149년)로 이어졌다.

오늘날은 서양인상학이 인상학의 주류가 되고 삼형질론(근골질 · 영양질 · 심성질)의 모체가 되었는데, 이는 체형보다 성격을 분류 관찰하고 있다.

이 밖에 주목할만한 사람으로 이탈리아의 정신의학자이며 범죄인류학의 창시자인 롬브로소(1863~1909년)를 들 수 있는데, 그는 범죄자는 두개(頭蓋)와 그 밖의 특정 신체 부위에 특징이 있다고 발표하였다. 범죄자 1700명의 얼굴을 유형별로 정리하였으며, 그 결과 통계적으로 야만적 성향, 머리 형태의 이상, 귀의 변형, 얼굴의 좌우 불균형이 많다는 결론을 내렸다.

이후 영국의 의학자인 공과 미국의 인류학자인 후튼 등에 의해 더욱 확고해지며 하나의 학문으로 발전하였다.

● **계측적 인상학**

계측적 인상학은 네덜란드의 해부학자인 캄페르가 인종마다 생김새의 특징이 다르다는 사실을 발견하여 머리 부분과 얼굴을 성격으로 표현하는 방법을 고안해냈다. 특히 그는 안면각도에 주목하여 그 계측법과 계측 각도를 세상에 발표, 19세기 인류학의 시초가 되고 이 학파의 시조가 되었다.

● **골상학**

골상학(Phrenology)은 인상학의 최고봉으로 일컬어진다. 골상학의 역사는 독일의 생리학자인 프란츠 조셉 갈(1758~1828년)로부터 시작되는데, 그는 뇌의 모양과 성격이 관련이 있다고 생각하여 27개 기관에 이름을 붙이고 그 내용을 인상학적으로 설명하였다.

이후 골상학이란 이름이 붙여지고, 슈푸르츠하임이 27개 부위에 새롭게 8개 기관을 추가하여 35개 부위가 되었으며, 이어서 제3세대로 불리는 조지 콤을 거쳐서 부위도 42~43개 부위로까지 늘어 오늘에 이르고 있다.

지금까지 설명한 대로 서양인상학에서는 얼굴의 작은 부분을 상세히 보고 판단하는 것이 아니라 머리 전체, 얼굴 전체, 체격 전체에 대한 각 부분의 비율에 중점을 두며, 기질과 성격 파악이 주이다.

연구는 실증적 · 물리적 · 성격학적이며, 기본은 체질에 중점을 두고 뚱뚱하다, 말랐다는 단순한 생각으로부터 기질을 실증적이고 통계적으로 귀납한 것과 계측학적인 면을 본다. 그리고 인류의 차이와 체격 · 두개(頭蓋) · 안면각도를 보고 성격을 관찰한다.

동양인상학은 『신상전편』에서 시작되며, 전체 인상은 물론 얼굴과 체격을 모두 판단 근거로 삼아 얼굴을 132개 부위로 작게 나누고 각 명칭 뒤에 '궁' 이라는 이름까지 붙였다. 또한 명궁 · 부모궁 등과 같이 동양적 사상과 신비함을 느낄 수 있는 인상법을 이용하며, 운명론적인 판단을 한다는 점에서 서양인상학과 큰 차이가 있다.

그 중에서도 신비한 것은 안색을 한 차원 승화시킨 기혈색, 얼굴 속에서 또 다른 얼굴을 본다고 하는 '화상' 과 같이 영적인 세계까지 알아낸다는 것이다.

이런 동양인상법에서 한층 더 일본적인 인상법을 만들어 어떻게 살면 좋은지 그 방법을 찾고, 개운법까지 고려하여 실행해 나가는 것이 '난보쿠상법'의 본질이다.

"음식은 운명이 되고, 운명은 음식이 된다." "절식의 음덕이야말로 개운의 길이다."라고 갈파하는 것이 일본 인상법의 진수이다.

현대에는 동양인상법에 서양인상법을 더하여 그 특징을 잘 살린 새로운 일본 인상법으로 '메구로겐류시상법(目黑玄龍子相法)'이 통용되고 있다.

※ 참고문헌 : 야마자키 기요시(山崎清)가 저술한 『얼굴의 인류학(顔の人類學)』, 『인상발견(人相發見)』, 『얼굴과 성격(顔と性格)』

서양인상학의 분류와 형질

분류자	형질명 해설			
히포크라테스 BC460~ 337년경	다혈질	점액질(임파질)	담즙질	흑담즙질(신경질)
	이주 · 확대성	토착 · 건설성	투쟁 · 공격성	은둔 · 탐구성
갈레노스 129~199년경	다혈질	점액질	담즙질	흑담즙질
	외형적인 기질	침착한 기질	성급한 기질	내성적인 기질
지고(프랑스) 1914년	소화기형	호흡기형	근육형	두뇌형
	하층 우위 (아래가 볼록한 형) 영업인	중층 우위 (보리모양 얼굴) 산악인	삼형질 균등 (직사각형 얼굴) 농경인	상층 우위 (역삼각형 얼굴) 지식인
벤테 1931년	무력 단신형	강력 단신형	강력 장신형	무력 장신형
	약단형(弱短型)	강단형(强短型)	강장형(强長型)	약장형(弱長型)

분류자	형질명 해설		
크레티멜 (독일) 1921년	비만형(순환기질) 조울성 기질 얼굴 : 오각형	투사형(간질기질) 점착성 기질 얼굴 : 세로모양	야윈 형(분열기질) 얼굴 : 턱이 좁은 달걀형
비오라 (이탈리아) 1933년	단신형(短身型) 뇌졸중형 · 거대내장형	정상형	장신형(長身型) 결핵형 · 왜소내장형
셀든(미국) 1940년	내외배엽형 (내장 긴장형)	중배엽형 (신체 긴장형)	외배엽형 (두뇌 긴장형)
벨든 1950년	근심비만형 (내장형)	근원심근골형 (近遠心筋骨型, 심폐형)	원심수신형 (遠心瘦身型, 감각형)

인상법 역사 연표(중국)

연대	선각자	사상 · 사적
BC500년	아시타	인도 정반왕이 마야 부인의 임신 사실을 알고, 500명의 인상가에게 태아를 보였을 때 아시타라는 선인이 부처의 탄생을 예언함.
721~418년	숙복	춘추시대의 『좌전(左傳)』, 『국어(國語)』 등에 인상만으로 보는 점술이 있음. 『좌전』에 보면, 문공 원년에 문공의 아버지 희공이 돌아가셨을 때 주나라의 내사인 숙복을 장례식에서 만난 노나라의 재상 공손오가 자신의 두 아이의 인상을 보게 했는데 두 아이가 그의 말대로 됨.
400년경	고포자경	전국시대(BC400년경)에 고포자경이 공자의 인상을 보고 그 신성을 예언함.
200~150년	당거	10세 때 제나라 전문(田文)의 인상을 보고, 장래에 출세할 것을 비롯해 그의 친구관계까지 알아봄.
AD 0~50년경	왕윤 · 왕부	후한 왕윤의 『골상편(骨相篇)』, 왕부의 『상렬편(相列篇)』이 나옴.
222년	귀곡자 순자 오나라의 손권	인상을 잘 보고 책도 저술함. 『비상편(非相編)』을 발표함. 진 · 한 시대 이후 인상가가 속출함. 삼국시대에는 오나라 손권의 『월파동중경(月波洞中經)』이 나왔는데, 이것을 중국 인상책의 효시로 봄.
250년경	추연	추연의 『오행설(五行說)』이 완성됨. 이것이 『십자면법(十字面法)』에 응용됨.
515년	달마	양나라 무제 때 인도에서 달마가 들어와 자룡동으로부터 상법 비결을 전수받아 『달마상전비결(達磨相傳秘訣)』이 나옴.
590~595년	조연	당나라 시인 이백에게 사사한 조연의 『찰색편(察色篇)』이 나옴.
900년	진도남	진도남이 지세가 험준한 석실에 틀어박혀 백발의 마의선인 에게 전수받았다는 『신상전편(神相全篇)』이 상법 원서로 나옴.
1340년	원류장	명나라 태조 때 원류장이 『신상전편』을 증보 개정하여 발표함으로써 인상법이 집대성됨.
1400년 ↓	왕문계 석해 백봉 허허자 고오경	왕문계의 『십자면법』이 나옴. 이후 속출.

인상법 역사 연표(일본)

연대	선각자	사상 · 사적
57년		왜의 노국왕이 후한에 조공을 바치고 광무제로부터 인끈을 받음. 금인(金印, 한왜노국왕금인)
67년		불교가 중국에서 전래됨(BC2년이라는 설도 있음).
239년		위나라 명제가 비이호(卑瀰呼)를 친위왜왕이라 하여 금인자수(金印紫綬)를 줌.
372년		불교가 고구려에서 전래됨.
513년		게이타이(繼體) 천황 때 오경박사가 단양이(段楊爾)를 데려옴.
538년		불교 전래. 백제 성명왕이 불교 경론 등을 일본에 보냄.
553년		백제가 원병을 요청하여 일본에서 병사를 보내고 의학 · 역학(易學) · 역학(曆學) 박사를 데려옴.
554년		지난해에 이어 지속적으로 백제에 원병을 파병하고 의학 · 역학(易學) · 역(曆) · 승려 등의 교류가 활발해짐.
577년		백제로부터 경론 · 율사 · 선사 · 주금사(咒禁師, 주문으로 질병을 치료하는 일을 맡아보던 관리) · 조불공(造佛工, 불상을 만드는 기술자) · 조사공(造寺工, 절을 짓는 기술자) 등이 건너옴.
602년		백제의 승려 관륵이 역서(曆書) · 천문지리서를 가져옴.
604년		최초로 역(曆)을 채용함. 쇼토쿠 태자가 헌법 17조를 발표함.
610년		고구려의 승려 담징이 건너와 종이 · 묵 · 채색 등의 제조 방법을 전함.
645년		최초로 원호를 제정함[다이카개신(大和の改新)].
670년	스즈카(鈴鹿)	오오아마(大海人) 황태자가 스즈카 노인으로부터 황위에 제수될 것을 예언 받음. 오오아마 황태자 즉위(덴무 천황).
673년		원가력(元嘉曆) · 의봉력(儀鳳曆)을 채용함.
690년		후지하라기(藤原期) · 나라기(奈良期) · 헤이안기(平安期)부터 무가정치에 이르기까지 인상과 관련된 기록이 있음.
1425년경	덴잔아쟈(天山阿闍)	오우에이 시대(1394~1428)에 히에이잔의 덴잔아쟈가 전한 『선천상법』이 일본에서 가장 오래된 인상책으로 발행됨.
1648~1651년		3대 쇼군 도쿠가와 이에미츠 시대, 최초의 일본판 인상책인 게이안판의 『신상전편(神相全篇)』 세 권이 발행됨.

연대	선각자	사상 · 사적
1660년 이후		이후 지속적으로 『마의상법(麻衣相法)』, 『유장상법(柳莊相法)』, 『풍경원리(風鏡原理)』, 『신상수경집(神相水鏡集)』, 『연산신상(燕山神相)』, 『대청신감(大清神鑑)』, 『신상전편(神相全篇)』, 『해상현상(海上玄相)』, 『고금감식편(古今鑑識篇)』 등이 차례로 수입되어 일본의 인상가가 탄생하는 밑거름이 됨.
1750년대	나가사키의 가쿠사이	이에시게(德川家重) 시대[호레키(寶曆) 시대)]에 인상가인 나가사키의 가쿠사이 노인이 『천중권(天中卷)』, 『보희집(普稀集)』, 『상고록(相考錄)』을 저술. 일본의 독자적인 상법서가 발행되면서 인상법이 활짝 꽃피기 시작한 시대임.
1751~ 1780년	교토의 스케루마 바이소 (1710년 출생)	호레키 · 메이와(明和) · 안에이(安永) 시대 사람. 『상법옥진록(相法玉振錄)』, 『인상부녀결(人相婦女訣)』, 『해옹상서(海翁相書)』를 저술한 뒤 그 명성이 널리 퍼짐.
	미즈노 난보쿠	같은 시대의 스케루마 바이소보다 조금 늦게 세상에 나옴. 『난보쿠상법』(10권), 『인상화해지권(人相和解之卷)』, 『상법수신록(相法修身錄)』, 『난보쿠상법 빨리 이해하기』 등을 저술함.
1713년	초대 도카게	의술을 하다 인상계에 입문. 『도카게상법심신록(石龍子相法心神錄)』, 『신상전편본의(神相全篇本義)』 등을 저술함.
	히라노 고가쿠	『상법류편(相法類篇)』을 저술함.
	다다 키신	『상법무진장(相法無盡藏)』을 저술함.
1800~ 1860년	야마구치 치에	도쿠가와 시대 말기, 에도 아사쿠사에 많은 선각자가 나옴.
	하야시 분레이	
	초대 메구로 겐류시	
	2대 메구로 겐류시	

점의 종류와 특징

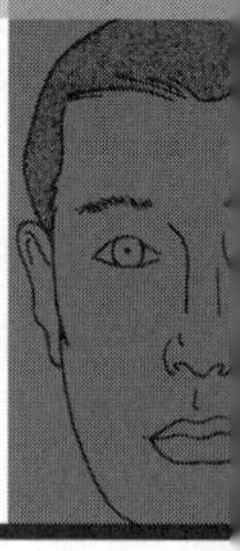

인상을 비롯해 수상(手相)·가상(家相)·이름 판단 등을 모두 일반적으로 '역(易)'이라고 한다.

이 방법들이 보통은 알기 쉽고 잘 맞아서 사용하는 경우도 있지만, 자세한 종류나 내용도 모르고 사용하는 경우가 많다. 그 만큼 역이란 말은 일반화되어 있다.

그러나 실제로 역과 그 밖의 점에는 확실한 차이가 있다. 오늘날 사용하고 있는 다양한 점의 종류와 특징을 비교·검토해본다.

역점

» 주역

- 점치는 방법 : 점대를 이용하여 얻은 괘의 모양으로 판단한다.
- 내용 : 점대를 조작하여 역신(易神)에게 받은 64괘로 과거·현재·미래를 판단한다.
- 특징 : '역경'에 있는 자구(字句)를 비유하여 추리하고 판단한다. 즉 '역경'을 보고 판단한다.

» 오행역[단역(斷易)]

- 점치는 방법 : 점치는 방법은 주역과 같지만, 상(相)이 아닌 오행의 상극으로 판단한다.

• 내용 : 점대를 조작하는 것은 주역과 같지만, '역경'의 자구가 아니라 점치는 날짜, 점치는 목적 등으로 오행의 상황을 판단한다.
• 특징 : 중국의 오행사상을 기본으로 하고, 그 상극 등으로 모든 것을 판단한다.

카드점

>> 트럼프 · 타로와 그 밖의 카드

• 점치는 방법 : 잘 섞은 카드의 배열과 카드 자체가 가진 의미로 판단한다.
• 내용 : 일정한 배열로 나열된 카드 종류(♠♥◆♣)의 의미로 판단한다.
• 특징 : 카드 종류에 따라 의미가 달라지고, 나온 배열 상태로 판단한다.

별점

>> 동양점성 · 구성(九星)

• 점치는 방법 : 당사자의 생년으로 판단한다.
• 내용 : 태어난 해의 구성(1 · 2 · 3 · 4 · 5 · 6 · 7 · 8 · 9)을 역(曆)으로 따져 보아 그 의미(별의 성질 등)로 판단한다.
• 특징 : 태어난 해의 구성(1백 2흑)의 성정으로 성격과 1년 운세를 판단한다.

>> 기학(氣學)

• 점치는 방법 : 당사자의 생년과 생월로 판단한다.
• 내용 : 구성을 더욱 복잡하게 만든 것으로, 태어난 해 이외에 태어난 달도 성정으로 판단한다.
• 특징 : 주로 구성과 같이 판단한다. 특히 방위술(方位術)이라고도 하여 방위에 의미를 부여해서 현재 행동학으로 널리 사용되며, 가상(家相)에 맞춰 판단하는 것이 특징이다.

사주추명(四柱推命)

- 점치는 방법 : 당사자의 생년월일로 판단한다.
- 내용 : 기학 등이 구성에 의해 판단하는 것과 달리 십간과 십이지지의 상극으로 점친다.
- 특징 : 십간(갑을병정무기경신임계)과 십이지지(자축인묘진사오미신유술해)라는 간지의 상극으로 어제와 오늘의 운세와 질병을 판단하고, 네 개의 기둥인 연월일시의 결합으로 성격을 비롯하여 운세의 강약, 해마다의 운세, 사고, 다른 사람과의 궁합 등을 판단한다.

천원술(天元術)과 도궁술(淘宮術)

- 점치는 방법 : 인생의 시작이라고 볼 수 있는 수태한 연월일로 판단한다. 여기서 도(淘)란 쌀을 씻어서 겨를 제거하는 것을 말한다.
- 내용 : 수태한 연월일을 찾아서(역산하여 265일) 십간 · 십이지지를 응용하여 판단한다. 인상까지 판단한다는 것이 특징이다.
- 특징 : 수태한 연월일에서 연(年)을 큰 원, 월을 중간 원, 일을 작은 원으로 보고, 이 세 가지 원을 갖고 판단한다. 기질을 12개로 나누어 이것을 십이지지에 배당하고, 따로 십간을 추가하여 판단한다.

육요(六曜) · 십이직(十二直) · 이십팔수(二十八宿)

- 점치는 방법 : 당사자와 당사자의 성수(星宿)로 판단한다.
- 내용 : 육요는 선승(先勝) · 우인(友引) · 선부(先負) · 불멸(佛滅) · 대안(大安) · 적구(赤口), 십이직은 건(建) · 제(除) · 만(滿) · 평(平) · 정(定) · 집(執) · 파(破) · 위(危) · 성(成) · 납(納) · 개(開) · 폐(閉), 이십팔수는 각(角) · 항(亢) · 저(氐) · 방(房) · 심(心) · 미(尾) · 기(箕) · 두(斗) · 우(牛) · 여(女) · 허(虛) · 위(危) · 실(室) · 벽(壁) · 규(奎) · 루(婁) · 위(胃) · 묘(昴) · 필(畢) · 자(觜) · 삼(參) · 정(井) · 귀(鬼) · 유(柳) · 성(星) · 장(張) · 익(翼) · 진(軫)이다.
- 특징 : 일정 법칙으로 반복되는 날의 별이름으로 그 날의 길흉과 건축, 기타 행사의 길흉 판단에 이용한다. 모두에게 공통이며 역(曆)을 참조한다.

» 서양점성술 · 점성술 · 12성좌

- 점치는 방법 : 당사자의 생년월일에 해당하는 별자리를 찾아서 판단한다.
- 내용 : 생년월일시 및 황도(태양이 지나는 길) 위에 있는 각 별자리의 위치와 각도로 판단한다. 황소자리 · 게자리 · 염소자리 · 천칭자리 등이 있다.
- 특징 : 일반적으로는 생년월일의 별자리를 기본으로 하여 성격과 운세를 판단한다. 정식 점성술은 천문력이나 정밀한 각도 계산으로 국가나 지구 규모의 운세까지 판단한다.

잡상(雜相)

» 모상(毛相)

- 점치는 방법 : 당사자의 음모로 판단한다.
- 내용 : 음모를 대상으로 하는데, 그 중에서도 여성의 것을 주로 한다.
- 특징 : 머리카락은 인상의 일부이고 음모도 그 안에 포함되지만, 특별히 음상학(陰相學)의 일부로 독립시켜 놓고 있다. 털이 난 상태, 즉 그 형상을 평면적 · 입체적으로 보고 판단한다.

» 묘상(墓相) · 인상(印相) · 지상(地相) · 가상(家相) 등

- 점치는 방법 : 각 대상의 형상이나 그 밖의 것으로 판단한다.
- 특징 : 판단의 기초로 주역의 선천후천(先天後天) 방위나 하도낙서(河圖洛書, 구성의 근원)를 이용하는 경우가 많고, 십간 · 십이지지도 판단의 자료로 이용한다. 즉, 기학과 사주추명 등을 병행해서 판단한다.

» 필적학(筆跡學) · 묵색판단(墨色判斷)

- 점치는 방법 : 당사자 또는 대필한 사람이 쓴 글씨를 보고 판단한다.
- 내용 : 글씨의 모양, 묵의 농담, 화상(畵像) 등으로 고도의 판단을 한다.
- 특징 : 필적학은 글자를 쓰는 방법이나 오른쪽으로 올라가는지 왼쪽으로 내려가는지 등 글씨를 쓸 때의 습관으로 판단한다. 묵색은 동그라미와 일

자(一)로 판단하는 것 두 가지가 있다. 모두 색과 글씨를 쓰기 시작할 때의 위치 등으로 판단한다.

숫자점

수령술(數靈術)

- 점치는 방법 : 당사자의 생년월일, 성명, 자동차 번호, 주소의 번지수 등으로 판단한다.
- 내용 : 모든 숫자를 단수화하여(합계) 1부터 9 및 0(영)의 의미로 판단한다.
- 특징 : 숫자 자체의 길흉을 판단하며, 단수화한다는 점이 특징이다. 또한 삼각형을 그려서 여기에 숫자를 배열하는 방법도 있다.

이름 판단

- 점치는 방법 : 당사자의 이름으로 판단한다.
- 내용 : 이름의 글자 획수, 음양 배분 이외에 글자가 가진 의의로도 판단하는데, 일종의 숫자점이다.
- 특징 : 이름을 천지인(天地人)으로 나누거나, 짝수 · 홀수로 음양을 구분하여 보기도 한다. 숫자는 크게 웅기식(熊崎式)과 근본식(根本式)의 두 가지로 나뉘며, 32획은 길흉을 정반대로 본다.

그 밖의 잡점

» 영감[靈感, 영시(靈視)] · 꿈점 · 내기점 · 제비뽑기 등

- 점치는 방법 : 수정점(水晶占)도 일종의 영감을 이용한 점이라고 할 수 있다.
- 내용 : 수정기둥이나 거울 · 영감으로, 나머지는 이름의 의미대로 판단한다.
- 특징 : 제비뽑기는 일종의 숫자점과 같은 것이다.

상점(相占)

» 수상(手相) – 서양점 · 동양점

- 점치는 방법 : 손 · 손바닥 · 지문 등으로 판단한다.
- 내용 : 손바닥 모양이나 선, 손바닥의 언덕을 보고 판단한다. 동양의 수상학은 인상학의 하나로 천문(天紋) · 지문(地紋) · 인문(人紋) 등이 있고, 서양의 수상학에는 생명선 · 지능선 등이 있다.
- 특징 : 손바닥 모양으로 대강 판단하고, 선 · 색 및 손바닥의 언덕이 볼록한 정도나 넓고 좁은 정도로 판단한다. 특히, 색은 인상학과 마찬가지로 가장 가까운 시기의 여러 사항을 점친다. 지문의 무늬로도 판단한다.

» 인상 – 서양점 · 동양점

- 점치는 방법 : 당사자의 몸과 얼굴로 판단한다.
- 내용 : 몸 전체와 얼굴모양 및 각 부분으로 판단한다. 대극(大極) · 음양(陰陽) · 오관(五官) 등의 연령진화법으로 판단한다. 기혈색이나 화상(畵相) 등의 신비적인 방법으로도 판단한다.
- 특징 : 동서양 모두 의학과 함께 발달한 부분이 많다. 몸 전체와 얼굴 및 부분(눈 · 코 · 입 · 귀 등)은 연령에 따라 변하는 위치와 각 부분의 연관성으로도 판단(새로운 상법)한다. 동양에서는 색을 중시한다.

인상과 목소리

인상 중에는 얼굴을 보고 판단하는 방법과 몸 전체를 보고 판단하는 방법 이외에 목소리로 판단하는 방법도 있다.

달마상법에서는 "모든 것을 알 수 있는 것은 목소리이다."라고 목소리의 중요성을 밝히고 있다.

목소리는 얼굴의 각 부위나 인체의 특징과 달라서 눈으로 보고 비교하거나 형태를 확인할 수는 없다. 그러나 타고난 운세나 다가올 행운을 확실히 잡을 수 있는지를 판단하는 중요한 요소이다.

사람의 목소리는 동물처럼 음성으로 의사 소통을 할 뿐만 아니라, 말로 복잡한 감정을 표현하거나 상황을 설명하고 전달하는 수단으로 발달해 왔다.

더욱이 사람은 말의 내용뿐 아니라 목소리 상태와 음성으로 사람 됨됨이를 충분히 알 수 있다.

전화가 일반화되면서 먼 곳에 있는 사람과 마치 가까이에 있는 것처럼 말할 수 있게 되었고, 교제나 비즈니스도 전화로만 이루어지게 되었다.

한 번도 만난 적이 없어도 전화 상대의 인물을 상상하거나 마음이 통할 수 있는 것은 목소리가 이야기 내용뿐만 아니라 말하는 사람의 내면을 전달해주기 때문이다.

즉, 인간의 개성과 감정 · 성격 · 건강상태까지도 잘 말해주므로 인상을 보는데 꼭 필요한 부위라고 할 수 있다.

여기서는 인상학의 하나로서 얼굴과 목소리의 연관성, 목소리의 종류와 분류, 성격과 운세를 알아본다.

» 목소리가 행운을 부른다

즐거운 일이 있으면 자연히 목소리가 높아지고, 슬픈 이야기를 하면 목소리가 가라앉는다.

전화를 할 때 상대의 얼굴은 모르지만 수화기 너머에서 졸린 목소리, 하품을 참는 소리, 웃는 소리 등 다양한 소리가 들려오면 목소리와 함께 얼굴까지 보이는 듯하다.

인상학은 마음이 변하면 가장 먼저 눈이 변하고, 다음으로 목소리가 변한다고 가르친다.

눈을 감정하는 것은 매우 어렵고 비결이라고 할 수 있지만, 어느 의미에서는 누구나가 느낄 수 있는 것이기도 하다.

아이를 보는 눈은 부드럽고 온화하며, 젖을 주는 엄마의 눈은 자애로 가득 차 있다. 화난 눈인지 근심스런 눈인지 등 눈을 보면 그 때의 감정을 알 수 있다. 그러나 보통은 내면 깊은 곳의 인간성까지 파악하지는 못한다.

성상학(聲相學)에서는 목소리를 듣고 운세의 좋고 나쁨을 분별할 수 있다.

울림이 있는 맑은 소리가 가장 좋고, 게다가 소리도 잘 들리면 최상으로 친다. 운세도 물론 더할 나위 없이 좋다.

이에 반해 소곤거리는 소리, 여운이 없는 소리, 탁한 소리 등은 불운을 부르는 목소리이다.

어느 세일즈맨은 이렇게 말한다.

"경험에 비춰보면 목소리도 거침없이 말할 때는 톤도 좋고 소리도 잘 들리며, 상품을 자신 있게 설명할 수 있다. 그럼, 손님의 반응도 좋다. 그러나 침울하고 잘 들리지 않을 때는 왠지 덜 좋다. 그래서 영업을 나갈 때는 반드시 양치질을 하고 발성연습도 해서 목소리에 울림이 있고 잘 나오도록 신경 쓴다. 목소리가 영업에서 중요하다는 사실을 요즘 들어 깨닫게 되었다."

이것은 목소리가 인상을 좋게 하고, 넓게는 행운까지 불러오는 하나의 예이다.

정치가도 목소리가 운을 불러온다는 것을 잘 알고 있다. 케네디 전 대통령이 항상 목소리 컨설턴트를 데리고 다녔다는 것은 익히 알려진 사실이다.

일본의 나카소네 야스히로 전 수상도 "나는 언젠가 수상이 될 것이다."라고 결심한 뒤 웅변으로 목소리를 다듬었다. 또한 목소리의 중요성을 깨닫고 바다를 향해 소리를 지르며 목소리를 훈련했다고 청년시대를 회상하였다.

최고 전성기 때 나카소네의 설득력 있는 힘찬 목소리는 훈련의 결과였던 것이다.

"나는 연기자이다. 그래서 흉내를 잘 낸다."고 자기암시를 하면서 노력하면 좋아진다. 최고 전성기 때 그렇게 매력적인 목소리를 가졌던 나카소네 전 수상도 뇌물수수 의혹을 받아 국회증인신문을 할 때는 목소리에 예전의 힘도 활기도 울림도 없어졌다.

그 때 처한 상황이나 심정이 목소리에 그대로 나타난 듯하다.

옴진리교 사건의 주모자로 재판을 받은 아사하라 쇼코 옴진리교 교주도 자신이 마인드컨트롤을 위해 말하는 방법을 연구하고, 특유의 담담한 말투를 만들어냈다고 한다.

그의 경우 일부 신도의 의식을 집중시키는 데는 성공했지만, 공포심을 불러일으키고 불안을 야기하며 다른 사람을 얕보는 음성이었기 때문에 나쁜 결과를 불러왔다.

때로는 자신의 목소리를 눈을 감고 들어보거나 녹음해서 들어보면 좋다.

그러면 객관적인 관찰이 가능하다. 특히, 화가 나서 거친 소리를 내고 있거나 이러쿵저러쿵 불평하고 있을 때 과연 행운을 부르는 목소리인지 관찰해본다.

인상학에서는 성상(聲相)을 다음의 다섯 가지로 분류한다.

- **목성** : 가늘고 높은 소리로 들린다. 반드시 발달한다. [간(肝)의 소리]
- **화성** : 초조한 듯하며 울림이 없는 소리. 중년에 실패하고 노년이 고독할 상이다. (마음의 소리)
- **토성** : 저음이며 조금 탁하다. 조용하고 바르다. 발달이 늦고 사람 때문에 때로는 혼이 난다.
- **금성** : 부드럽고 힘이 있으며, 소리가 작아도 탁하지 않고 청명하다. 그에

맞게 발달한다.(폐에서 나오는 소리)

• 수성 : 말이 길게 여운이 있으며 느리다. 부귀 · 장수한다.(신장에서 나오는 소리)

어떤 목소리이든 여운과 울림이 있는 목소리는 반드시 중년 이후에 좋아진다.

여운과 울림이 있게 하기 위해서는 열심히 노래를 불러도 좋고, 하늘을 향해 '야호' 하고 소리를 질러보는 것도 좋다.

이런 간단한 훈련으로 목소리에 여유가 생기면 일상 대화에서 목소리에 한 층 더 자신감과 힘이 생긴다.

또한 항상 목소리가 좋은 사람을 흉내내는데 '반드시 저 사람과 같은 목소리가 된다' 고 자기암시를 하는 것도 효과적이다.

얼굴과 목소리의 관계

자신의 목소리에 자신감을 갖는 것은 얼굴에 자신감을 갖는 것만큼 어려워서 자신의 목소리에 콤플렉스를 가진 사람이 많다.

또한 자신이 듣는 자신의 목소리와 다른 사람이 듣는 자신의 목소리는 다르기 때문에 녹음된 자신의 목소리를 들으면 놀라는 경우도 많을 것이다.

필자는 소리와 목소리를 나누어 생각하며, 소리를 목소리의 여운으로 이해한다. 즉, 목소리가 있어도 소리가 없고, 목소리가 작아도 멀리 울려 퍼지는 소리가 좋다고 생각한다.

종종 아버지와 아들, 어머니와 딸의 목소리가 매우 비슷해서 전화인 경우에 착각하는 일이 있는데, 이것은 얼굴모양과 성대가 비슷하기 때문이다.

오페라 가수는 자신의 몸을 악기로 보고 음향효과를 내기 위하여 매우 살집이 좋은 몸을 가지려고 노력하기도 한다. 또한 배우나 가수나 복식호흡을 해서 목소리가 더 멀리 울려 퍼지도록 훈련하는 것이 기본이다.

이런 예를 볼 것까지도 없이 목소리는 몸과 얼굴을 사용해서 내는 것이므로 얼굴과 몸의 특징이 목소리에 크게 영향을 미치는 것은 당연하다.

그 특징을 정리해보면 다음과 같다.

① 키가 큰 사람은 목소리가 낮다.

② 목이 굵고 키가 작은 사람은 목소리가 높은 경우가 많다.

③ 턱이 튀어나온 사람은 비교적 좋은 목소리를 낸다.

④ 광대뼈가 튀어나온 사람은 비교적 좋은 목소리를 낸다.

» 목소리와 성격

- 소프라노 여성 : 이성보다 감정이 앞서는 낭만형. 연애지상주의자.
- 알토 여성 : 기술로 상대의 마음을 사로잡는 현실형.
- 테너 남성 : 다른 사람에게 호감을 주는 정직한 선의형(善意型).
- 바리톤 남성 : 냉정하고 성실한 실리형.
- 베이스 남성 : 믿음직스럽고 분별이 있으며 인격이 원만한 유형.

인체 구조상 성대는 신체의 크기에 비례한다. 키가 작으면 대체로 성대도 작다. 비만형이면 성대도 포동포동하고 두꺼우며, 더욱이 성대의 폭이 좁아서 여기로 숨을 내쉬면서 진동시키면 고음을 낼 수 있다.

키가 큰 사람은 성대도 길어서 저음이 되며, 바리톤이나 베이스 목소리를 내는 사람은 주로 마른 체형이다.

» 목소리는 건강의 척도

지금까지 설명하였듯이 목소리와 몸은 밀접한 관계가 있으므로 목소리로 건강상태를 파악할 수도 있다.

예를 들어, 급성후두염에 걸리면 높은 소리가 나오지 않아서 탁한 소리나 쉰소리가 나오고, 만성적일수록 증상이 심해진다.

성대 출혈은 여성의 경우 생리를 할 때 잘 나타나는데, 성대의 한쪽 또는 양쪽 점막에서 출혈이 있고 목소리가 갈라지며 음도 내려간다. 남성은 이런 경우가 드물게 나타나는데, 자율신경의 이상으로 추측된다.

» 표정과 목소리

얼굴모양이나 몸이 목소리와 관련이 있듯이, 목소리는 사람의 마음을 언어로 전달하는 것이므로 표정도 목소리와 관계가 깊다.

또한 자신의 생각을 전할 때 상대에게 자신의 기분을 충분히 이해시키려면 목소리 상태에 주의하는 것이 효과적이다.

- 사과할 때 : 약하고 낮은 목소리로 느리게 말한다. 목소리는 어두운 느낌이다.
- 감사할 때 : 높고 힘이 있는 목소리. 밝은 느낌이다.
- 돈을 빌릴 때 : 약하고 낮으며, 느리게 말한다.
- 돈 부탁을 거절할 때 : 약간 강하고, 속도와 높이는 중간 정도가 좋다.
- 임금 지불을 요구할 때 : 강하게 말하지 말고, 속도는 약간 느리게 한다.
- 강경할 때 : 매우 빠르고 극단적인 목소리로 말한다.
- 무서울 때 : 속도가 빠르고 또렷한 목소리로 말한다.
- 도취되어 있을 때 : 여성은 남성적인 목소리, 남성은 여성의 허스키한 목소리로 말한다.
- 긴장감이 있을 때 : 높고 빠르며 속도감 있게 표현한다.

» 운세와 목소리

즐거운 데이트를 하기 전이라면 누구나 무의식중에 목소리에 탄력이 생길 것이다.

전화가 보급된 뒤로는 직접 사람을 만나는 첫만남 이외에는 전화로 만나는 것이 일반화되었다. 또한 앞으로 텔레비전 전화가 보급될 때까지는 상대의 얼굴은 보지 않고 목소리로 상대를 상상하여 판단하게 된다.

전화 수화기에서는 밝은 목소리, 웃는 소리, 잠에 취한 소리, 하품을 참는 소리, 화난 목소리, 우는 소리 등 여러 종류의 소리가 들려온다.

목소리와 함께 상대의 얼굴이 손에 잡힐 듯이 보일 수도 있다.

Column

인상 에피소드 ⑥
조상의 묘에 얽힌 사연

한 중년부인이 찾아와서 약 2년 전부터 조카가 흉포한 발작을 시작해 친척들이 모두 고민하고 있는데, 그 원인과 해결책을 찾고 싶다고 하였다. 이야기에 따르면 요리사인 조카의 발작 원인은 알 수 없지만, 혹시 칼을 쓰는 직업이므로 살상사건이라도 있었던 것이 아닐까 마음이 복잡하다고 하였다. 또한, 병원에서 진찰 결과 뇌에 종양이 있어서 흉포한 행동을 한다고 하여 치료를 받았는데, 별다른 차도가 없는 심각한 상태였다.

그런데 숙모라는 중년부인의 얼굴에 거무스름한 세 개의 선과 둥근 모양이 나타나 있었다. 이것은 조상에게 공양을 게을리 했다는 증거이다. 이렇게 말하자 그녀는, 사실 조카의 일로 아는 무당집(일종의 영매)을 찾았는데 같은 말을 했다고 하였다. 그러나 조상의 묘는 잘 손질되어 있어서 그럴 걱정이 없다는 것이었다.

만일을 우려하여 주역으로 풀어보니 물리적으로는 뇌에 두 개의 종양이 생기는데, 그 중의 하나가 재앙이란 점괘가 나왔다. 그리고 영적으로는 조상의 묘가 메워져 있다고 나와서 여전히 석연치 않은 상태였다.

얼마 뒤 중년부인으로부터 연락이 왔는데, 멀리 히메지(姬路) 시로부터 의외의 소식이 왔다는 것이다. 옛날부터 시의 부지에 있어 왔던 묘지로 보이는 곳이 구획정리로 인해 공원이 된다는 것이었다. 가족들이 전혀 기억을 못하고 있지만, 현재 사는 곳으로 오기 전에 그 조상이 히메지 시의 묘지 주변에 살았던 것이다. 이미 약 600년 전의 옛일이므로 까마득히 잊고 있었던 것도 이해가 된다.

종합해보면 600년 전의 조상이 오랫동안 고분처럼 잘 정리된 묘지에 묻혀 있었는데, 공원화로 정리되기에 이르자 자손 중 한 사람에게 이상을 일으켜서 그 일을 전하려 했던 것으로 생각된다. 영매도 이야기하고 인상에도 나타나 있던 '조상의 공양을 제대로 안 하였다'는 것이 이 일을 의미할지도 모르는데, 구획 정리가 거론되기 시작한 것이 바로 2년 전이라고 하였다. 상담하러 온 중년부인의 조카가 발병한 시기와 정확히 일치하였다.

그러나 어찌됐든 600년은 너무 긴 시간이다. 묘지는 공원의 한쪽에 일단 형태는 남게 되었지만 특별히 공양을 하지는 않았다. 그 때문인지 중년부인의 조카는 병에 차도가 없고 회복의 기미가 보이지 않는다는 것이다.

난폭한 발작으로 잔학한 범죄를 저지른 사람들 중에는 어린 시절 머리에 난 상처가 오랜 시간 잠복해 있다가 발작을 일으키는 예가 있다. 의사의 진단과 역술은 같은 것이었다. 이상한 것은 조카에 대해 이야기하던 숙모의 이마에 아주 오래 전에 죽은 조상의 호소로 생각되는 표시가 나타난 것이다.

묘지의 공양 때문이라고 하면 누구나가 기껏해야 2~3세대 전의 조상을 떠올리기 마련이다. 설마 잊고 지내던 수백 년 전의 조상이 자손을 찾으리라고는 생각하지 못한다. 혈연관계로 인한 업이 인상에 나타난 것일까?

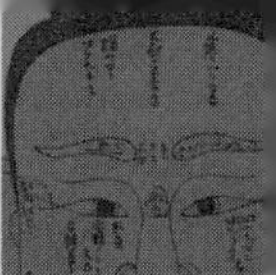

인상 관련 **칼럼**

오다 노부나가 · 도요토미 히데요시 · 이시다 미츠나리 · 도쿠가와 이에야스 등은 일본의 역사에 한 획을 그었던 인물들로 우리들에게도 잘 알려져 있다. 이들의 실제 인상 감정을 통해 인상을 좀더 쉽고 재미있게 배워본다.

미즈노 난보쿠와 인상법 / 자신의 인상을 보는 방법 / 비즈니스 인상학 / 인상과 골상 / 오다 노부나가의 인상 분석 / 도요토미 히데요시의 인상 분석 / 이시다 미츠나리의 인상 분석 / 도쿠가와 이에야스의 인상 분석

Part 7

미즈노 난보쿠와 인상법

:: 무고노소의 호론 사(法論寺)와 난보쿠의 출세부동존

'인상학의 대가' 인 미즈노 난보쿠[水野南北]는 오사카에서 1760년 또는 1757년에 태어났다는 설이 있어서 사실을 확인하기가 매우 어려운데, 사망 시기는 1834년 11월11일(음력)로 기록되어 있다[『낭속인걸담(浪速人傑談)』.

그가 사망한 이듬해인 1835년의 1주기에 모인 문하생들은 뜻을 모아서 니시텐마(西天滿)의 호린 사(法輪寺)에 '난보쿠 선생 묘지' 라고 새긴 묘비를 세우고, 그의 모습을 그린 부동존을 돌에 새겼다.

이것이 지금까지도 남아 있는 출세부동존이다. '출세(出世)' 라는 글자를 새긴 것은 아마도 난보쿠의 성장 과정, 훗날 일본 제일의 인상가라는 것, 그리고 당시에 천황으로도 칭해졌던 그의 업적 때문인 듯하다. 그러나 이것 역시 확실한 것은 아니다.

난보쿠에게는 문하생이 많았는데, 만년에 생각한 바가 있어서 자신의 성인 미즈노나 호인 난보쿠의 사용을 허락하지 않았다. 그리고 이 사실을 은사인 해상율사(海常律師)의 1주기에 추선(追善) 봉양하기 위해 1000부를 출판하여 무료 배본하였던 『난보쿠 인상법』의 서두에 적어두었다.

:: 난보쿠와 제자인 미즈타니 히토미치

난보쿠의 문하생 중에 고니시 기효에(小西喜兵衞) 3세인 미즈타니 히토미치(水谷一道)가 있다.

기효에는 난보쿠의 문하생으로 『수신록(修身錄)』을 청강하며 깊은 감명을 받아, 난보쿠의 생전인 1825년에 난보쿠의 저서인 『안심변론(安心辨論)』 일부와 난보쿠의 어록을 한데 모아서 『안심변의론요결(安心辯疑論要決)』을 정리해놓았다. 그리고 스승의 가르침을 널리 알리고자 무료 배본용으로 제작된 이 목판을 후세에 전하여 지금에 이르고 있다.

현재 고니시 기효에 7세의 부친인 기효에 6세도 난보쿠 선생 100주년 법요식에 맞춰서 이전의 목판을 복각하려고 하였다. 그러나 오랜 시간이 흘러서 목판이 손상되어 인쇄가 불가능해졌기 때문에 1933년 11월11일 현대 인쇄기술을 이용하여 무료 배본용을 만들었다. 또한 지금도 매년 11월11일 난보쿠 선생의 기일에는 그의 무덤 앞에서 법요가 열리고 있다.

현재의 출세부동존은 돌이 손상되었으므로 1933년 기효에 6세의 제안으로 직접 석상으로 틀을 만들어서 청동으로 복제한 것이다. 본래의 석상은 그 받침돌 아래에 묻었다.

자신이 존경하던 스승의 가르침을 후세에 남기기 위해 서적의 목판을 지키며 무료로 제작 배본해 온 난보쿠의 제자와 그 자손의 뜻은 오늘날까지 계속 이어지고 있다.

∷ 미즈노 난보쿠의 성장과정

『낭속인걸담』(1855년, 마사다 기비코 지음)에 의하면

"미즈노 난보쿠의 아호는 구마키치(熊吉)이며, 낭인의 신분으로 아와자(阿波座)에서 태어났다. 젊은 시절에는 매우 방탕한 생활을 하여 주위로부터 많은 비난을 받았으나, 중년이 되어 새로운 세상에 눈을 뜨며 마음을 잡고 인상학 연구로 일생을 보냈다. 저서인 『난보쿠 상법』(10권), 『상법화해(相法和解)』(2권), 『비전화(秘傳華)』(1권), 『수신록』(4권)을 모두 조각하여 세상에 발표하였다. 사람들에게 이렇게 음덕을 쌓는 것이야말로 훌륭하다고 할 수 있다. 특히 『수신록』 등은 사람들이 평생을 보며 소양을 쌓는 경우가 많다.

난보쿠는 1834년 11월11일 78세의 나이로 생을 마감했다. 사후에 제자들이 의논하여 니시텐마에 있는 호린 사에 매장하였으며, 약 5자[尺]의 부동명왕 석상을 세워서 묘비를 대신하고 있다고 전한다."

또 다른 기록에 의하면 가기야 쿠마타(鍵屋熊太)라는 속명도 있는데, 그의 선조에 대한 내용은 별로 없다.

∷ 난보쿠 인상법의 특징

난보쿠 인상법의 특징은 크게 두 가지로 나뉜다.

하나는 기혈색(氣血色) 인상법을 각 부위별로 구체적으로 도표로 나타내고, 『신상전편(神相全篇)』에 나오는 색을 더하여 오늘날의 기혈색 인상법의 기초를 만들었다는 점이다. 특히, 오늘날 우리가 가장 많이 사용하는 색에 관한 것을 거의 대부분 언급하고 있다.

두 번째 특징은 난보쿠 인상법의 본질 · 비결이라고 하는 이른바 절식(節食)에 대한 가르침이다. 그는 '음식은 사람 됨됨이'라고 가르쳤다.

자신의 인상을 보는 방법

여러 인상 중에서 가장 신경 쓰이는 것은 바로 자신의 인상이다.

자신의 인상을 냉정하게 판단하는 것은, 인상점에 뜻을 두고 있는 사람에게 중요한 과제이며 기본이기도 하다.

우선 자신의 인상을 점치는 방법을 비롯해 보는 순서와 판별법 등을 익힌다. 거울에 얼굴을 비춰서 비춰진 얼굴을 따라 거울에 선을 그리는데, 얼굴 윤곽이나 각 부분을 본뜨는 것이므로 인상을 객관적으로 볼 수 있다.

① 거울에 얼굴을 비춘다

목 윗부분을 잘 볼 수 있는 크기의 손거울을 준비한다. 얼굴의 일부만 보이는 것은 피한다. 거울에 선을 그릴 사인펜이나 립스틱을 준비한다.

② 윤곽을 그린다

거울을 정면으로 보고 거울 면과 얼굴 면이 평행이 되게 한다. 복합 인상법에 따라 인상을 이루는 이중의 윤곽을 파악한다. 기본이 되는 윤곽은 머리 위에서 귀의 바로 앞, 턱, 목과 턱이 연결된 부분을 잇는 얼굴의 외곽선이다. 이 윤곽을 따라 거울에 선을 그린다. 기본선과 겹치는 안쪽 윤곽은 이마 둘레, 눈썹꼬리, 눈꼬리, 광대뼈, 턱을 잇는 선이다. 이것도 거울에 비춰보며 선을 그린다.

③ 이마 위쪽의 발제 부분

이마 위쪽의 머리카락이 난 모양을 살핀다.

거울에 모양을 그리고 여성형 이마인지, 남성형 이마인지, M자 모양의 이마인지 본다.

④ 눈썹

눈썹 모양을 그려 넣는다. 이마 위쪽의 머리카락 부분에서부터 넓이를 비교하여 눈썹 위치가 높은지 낮은지 판단한다. 또한 얼굴 폭과 비교해보았을 때 균형이 잘 잡혀 있는지, 길이는 긴지 짧은지 보고, 또한 굵기와 털의 양 및 털이 난 모양 등을 본다.

⑤ 눈

눈을 자연스럽게 똑바로 뜨고, 전체 모양과 눈꺼풀 모양에 신경 써서 거울에 눈을 그린다. 얼굴 전체의 균형을 고려하여 눈이 큰지 작은지, 눈꺼풀이 굵은지 가는지, 눈꼬리가 올라갔는지 내려갔는지 본다.

⑥ 검은자위

검은자위의 위치를 그려 넣는다. 이 때 절대로 치켜뜨거나 내려다보지 않도록 주의한다. 검은자위가 눈에 비해 큰지 작은지, 위에 붙어 있는지 아래로 처져 있는지 본다.

⑦ 코

코의 모양을 그려 넣는다. 그리고 다음의 순서로 본다.

- 크기 : 얼굴 전체에 비해 큰지 작은지 본다.
- 길이 : 얼굴 길이에 비해 긴지 짧은지 본다.
- 콧대 : 넓은지 좁은지 본다.
- 코끝 : 둥근지 뾰족한지 본다.
- 콧머리 : 높은지 오목한지 본다.
- 콧방울 : 좁은지 옆으로 넓게 퍼져 있는지 본다.

⑧ 인중

코 밑의 인중을 그려 넣는다. 폭이 좁은지 넓은지, 그리고 홈이 깊은지 얕은지 본다.

⑨ 입술

살짝 다물었을 때의 입술 모양을 그린다. 전체 얼굴에서 입술이 큰지 작은지, 두꺼운지 얇은지, 윗입술과 아랫입술 중 어느 쪽이 두꺼운지, 아랫입술이 나와 있는지 본다. 또한 평소처럼 입을 다물었을 때 '︿모양' 인지, 입술 양끝이 올라가는지 본다.

⑩ 턱

턱의 모양을 본다. 둥근지 뾰족한지, 좁은지 사각으로 넓은지, 주걱턱인지 살펴본다.

⑪ 법령

평소의 얼굴 모양에서는 잘 보이지 않는 경우에 살짝 웃으면 나타난다. 이 위치를 확인하여 그린다. 법령이 있는지 없는지, 어디서 시작하는지, 입을 향해 내려가는 방향은 어떤지 등을 본다.

⑫ 귀

정면에서 보이는 부분을 그린다. 얼굴 전체에 비해 큰지 작은지, 서 있는지 뒤로 젖혀져 있는지, 그 밖에 좌우 균형도 본다. 귀를 잘 보기 위해서는 얼굴을 비스듬히 하거나, 만져서 두께나 단단한 정도를 보는 것도 중요하다.

⑬ 점

점의 위치를 확인하여 그려 넣는다. 어디에 있는지, 모양과 크기는 어떤지 본다.

⑭ 주름

주름을 그려 넣는다.

- 위치 : 이마 · 눈꼬리 · 입가에 주의한다.
- 깊이 : 희미한지, 깊이 새겨진 것인지 확인한다.

이렇게 거울에 그려 넣으면 자신의 인상을 정확히 파악할 수 있으므로 냉정하고 객관적으로 살펴본다

비즈니스 인상학

인상으로 자신을 알고 상대를 알아 비즈니스에 활용할 수 있다면 경영이나 상사 · 부하를 대하는 데 얼마나 도움이 될까? 사고방식과 시각을 포인트별로 알아본다.

:: 세 가지 얼굴형의 인상법

■ 사각형

- 이마 : 낮다.
- 이마 위쪽의 머리카락이 나는 발제 부분 : 직선.
- 눈썹 : 직선이며 털이 거칠고 진하다.
- 눈 : 크고 오목하게 들어간 눈이 매우 날카롭다.
- 입 : 크고 입술이 얇다. 입을 다문 모양이 좋다.
- 턱 : 각져 있다.
- 귀 : 각진 모양이며 단단하다.

가장 생활력과 실행력이 있는 얼굴이다. 꾸물거리는 것이 성격에 맞지 않고 일을 시원스럽게 하며, 게으른 것을 싫어하는 결단력 있는 실행형이다. 반면에 다른 사람을 용서하는 관용은 부족한 편이다. 윗사람을 어려워하지만, 부하에게는 지나치게 엄격해서 호감을 사지 못하는 면도 있다. 이런 장단점을 상대에 따라 적절히 구분해서 활용해야 미래가 열린다.

■ 둥근형

- 이마 : 벗겨지기 쉽다.
- 이마 위쪽의 머리카락이 나는 발제 부분 : 완만한 곡선 모양이다.
- 눈썹 : 부드럽게 완만한 곡선을 그린다.
- 눈 : 조금 작고 온화한 눈으로 따뜻하게 느껴지며 붙임성 있어 보인다.
- 코 : 콧대가 높으나 그다지 높지 않다.
- 입 : 두껍고 입을 다문 모양이 야무지지 않다.
- 턱 : 둥글다.

가장 요령이 좋은 출세형이다. 동작이 조금 둔한 면도 있지만 나름대로 실행력도 있다. 적당히 밀고 당기는 요령을 알고 있어서 외교 · 상업 · 관리직에 뛰어나다. 눈썹이 사각형이면 더 좋은 면이 나타나서 상사와 부하에게 모두 신뢰를 받는다. 단점은 감정에 쉽게 휩쓸리고 결단력이 부족하므로 미덥지 못하며, 약삭빠르고 알 수 없는 사람이라는 인상을 준다.

■ 역삼각형

- 이마 : 넓고 짱구이마이다.
- 이마 위쪽의 머리카락이 나는 발제 부분 : 벗겨져 올라간다.
- 눈썹 : 가늘고 부드럽다. 열어 보인다(초승달형).
- 눈 : 차가운 느낌이며, 작고 가늘다.
- 코 : 잘 생기고 작다. 좁고 높다.
- 입 : 작고 입술이 얇다.

두뇌형으로 상상력은 풍부하지만 실행력이 부족하다. 몸을 움직여서 하는 일을 잘 못한다. 신경이 예민하고 내성적이며 잔걱정이 많다는 단점이 있지만, 반면에 장래의 계획과 기획 등에서 세세한 것까지 신경을 쓰는 치밀함으로 회사에서 중요한 위치에 있게 된다. 말이 많은 편이므로 상사에게는 사랑을 못 받는다. 또한 면도날처럼 날카롭기 때문에 부하에게는 냉정해 보이는 경향이 있다.

:: 얼굴형에 따른 접대 방법

■ 본인이 사각 얼굴인 경우

상사(거래처) – 사각형

① 상사가 급한 성격이므로 조바심하지 않도록 먼저 실행력을 보인다.

② 명령조의 말에는 묵묵히 따른다. 상사의 큰소리는 타고난 것이므로 신경 쓰지 않는다.

③ 서로가 고집이 세고 지는 것을 싫어하므로 자기주장은 80% 만 하고 물러난다.

부하(구입처) – 사각형

① 일에 자부심을 갖고 있으므로 상대의 실력을 존중하고 맡긴다.

② 저돌적으로 추진하는 유형이므로 정보를 너무 많이 주지 않도록 주의한다.

③ 말투가 딱딱해서 날카롭게 느껴지므로, 명령은 가능하면 부드럽고 정감 있게 한다.

상사(거래처) – 둥근형

① 시야가 넓고 보스 기질이 있으므로 무슨 일이든 상담하고 가르침을 청하면 좋다.

② 가정적이며 왁자지껄 시끄러운 분위기를 좋아하므로 가정방문이나 회식을 적극적으로 활용한다.

③ 의식이나 의례 · 격식을 좋아하므로 무례하거나 규칙과 예법에 어긋나지 않도록 한다.

부하(구입처) – 둥근형

① 일반적인 행동도 느린 감이 있어서 신속하게 대응하는 것은 무리이다. 곰곰이 생각하고 처신할 때까지 기다려준다.

② 음식에 대해 잘 알고 접대를 잘 하기 때문에 연회의 접대 역할에 적임이다.

③ 다른 사람의 평가에 신경을 쓰고 좋은 평가를 받고 싶다는 소망이 강하므로 항상 관심을 갖고 있다는 것을 보여준다.

상사(거래처) – 역삼각형

① 주시하면 냉정을 잃으므로 빤히 쳐다보면서 말하면 오해하기 쉽다.

② 앞으로의 전망 등에 대해 가르침을 받아 장래의 자료로 삼는다.

③ 육체적인 일을 잘 못하기 때문에 손과 발이 되어 도와주어야 한다.

부하(구입처) – 역삼각형

① 상처를 잘 입으므로 질책할 때 주의하며 자존심이 상하지 않도록 한다.

② 두뇌형이며 학구적인 기질을 활용하여 논리적으로 따지는 교섭 등에서 도움을 받으면 좋다.

③ 실수를 잘 하는 체질이므로 큰일이라거나 중요한 일이라고 강조하지 않도록 한다.

■ 본인이 둥근 얼굴인 경우

상사(거래처) – 사각형

① 어물어물하면 무능하다는 평가를 받으므로 보고할 때는 결론부터 간단히 말한다.

② 변명을 싫어하는 유형이므로 실패하면 변명하지 말고 곧바로 사과한다.

부하(구입처) – 사각형

① 재바르고 싫은 얼굴을 하지 않으므로 육체노동이 필요한 작업을 맡기면 좋다.

② 일이 힘들수록 보람을 느끼는 유형이므로 명령은 정확하고 엄격하게 한다.

상사(거래처) – 둥근형

① 무례하게 행동하면 감정을 거스르므로 감정을 솔직하게 표현하지 않는다.

② 서로가 미덥지 않아 하므로 의지하지 않는 것이 좋다.

부하(구입처) – 둥근형

① 서로 체질이 같기 때문에 자주 격려하면 더욱 친해진다.

② 질투심과 명예욕이 강하므로 책임감을 느낄 수 있는 일을 맡겨서 명예욕을 북돋운다.

상사(거래처) — 역삼각형

① 우월감을 자극하기 위하여 상대의 머리가 좋다는 것을 인정하고 지시를 따른다.

② 접대를 잘 못하므로 외교 · 교섭 · 접대에는 대신 나간다.

부하(구입처) — 역삼각형

① 벽을 쌓고 내가 없으면 하고 생각하게 한다.

② 먼저 논리적으로 따지면서 교섭을 하고, 나중에 중재하는 두 가지 작전을 쓴다.

■ 본인이 역삼각형 얼굴인 경우

상사(거래처) — 사각형

① 콤플렉스를 갖고 있으므로 머리가 좋다는 것이 드러나지 않게 행동한다.

② 지배욕이나 권력욕이 강하므로 겸손하게 조수 역할을 한다.

부하(구입처) — 사각형

① 무슨 일이나 기꺼이 받아들이므로 일을 완전히 맡긴다.

② 이야기를 잘 이해하지 못하고 쉽게 받아들이는 면이 있으므로 계획한 내용을 확실하게 지시한다.

상사(거래처) — 둥근형

① 꼼꼼한 일에 맞지 않으므로, 그림자처럼 주위에서 있다가 어려운 문제가 생겼을 때 설명해주는 역할을 한다.

② 결혼식이나 장례식에서 나서기를 좋아하므로 상담하거나 의뢰한다.

부하(구입처) — 둥근형

① 지시받은 일을 기본으로 하여 요령 있게 진행하므로, 지시를 한 뒤에는 상대에게 맡긴다.

② 위아래의 중간 역할을 잘 하는데 요령이 좋다고 화내지 말고 윤활유로 활용한다.

:: 인상에 따른 접대 방법

특징

- 눈썹이 일직선이거나 직선에 가까운 모양이며 굵고 진하다.
- 입술이 작거나 남성에게 맞지 않게 핑크빛이다.

대책

- 친형제와 부하 등을 절대로 비판하지 않는다. 칭찬이 포인트이다.
- 질투심이 강하기 때문에 다른 사람과 비교하거나 우위에 서려고 하면 안 된다.

특징

• 앞쪽의 광대뼈가 나와 있다.

대책

• 뚝심이 강해서 거침없이 말하지만 바탕은 나쁘지 않으므로 듣고 흘려버린다.

특징

• 옆얼굴이 뼈가 나와 불룩하다.

대책

• 인내심이 강하고 저항력도 강하므로 욕은 피한다. 앙갚음은 위험하다.

특징

• 입술이 나와 있다.

대책

• 매사에 말이 많으므로 의견을 물어보거나 먼저 시작하게 한다. 이쪽에서 화를 내면 달려든다.

특징

• 눈썹이 흐리다.

대책

• 연장자라면 상사는 물론 부하라도 아부하거나 한 수 아래라는 태도를 취하면 무슨 일이든 원만하게 진행된다.

특징

• 콧방울이 튀어나온 사람.

대책

• 물욕이 강하기 때문에 선물공세를 펴거나 이득이 될만한 것으로 유혹한다.

:: 개운법

명궁에서 이마 위쪽의 머리카락이 난 발제 부분까지를 흔들면서 지압한다. 아픈 곳은 특히 신경 써서 한다. 기분이 상쾌해진다. 또한 기회가 있을 때마다 두 귀를 잡아당기거나 마찰한다. 건강과 개운으로 이어진다.

인상과 골상

인상학이 사람의 얼굴을 중심으로 보는 데 반해, 골상(骨相)은 두개골 특히 뇌를 싸고 있는 머리 부분을 중심으로 해서 본다. 어느 부분이 무엇을 의미하는지 자세히 분류하여 그 부분이 융기하고 발달해 있는지 또는 오목한지를 보며, 보는 위치를 파악해두면 대강은 알 수 있다.

유럽에서는 한때 뇌의 발달이나 발육 부족을 두개골로 판단할 수 있다고 하여, 뇌외과나 정신의학 분야에서 주목을 받고 인기가 높기도 하였다. 특별한 범죄를 저지른 범인의 두개골을 연구에 참고하고 싶다고 신청한 연구가도 있었을 정도이다.

그러나 최근에는 서양의학이 급속히 발전하는 과정에서 서서히 잊혀져, 점학에서도 뇌신경학 방면에서도 관심이 적어졌다. 의학의 진보 과정에서 하나의 흐름으로 파악될 뿐이다. 골상의 역사는 p.241의 「세계의 인상학」을 참조한다.

:: 근대 뇌신경학과 골상

근대 뇌과학 분야에서는 오늘날 문제가 되고 있는 노인의 치매 · 뇌경색의 대부분이 전정부의 위축, 또는 파괴 때문이라고 설명한다. 또, 이로 인해 생활 감정이 결여되거나 모든 일에 무책임하고 반항적이 되며, 발전하려는 마음이 상실되는 등의 증상들이 나타나서 인간다움을 잃을 수도 있다는 것이다. 골상학에서도 전정부는 지능과 도덕 기관이며, 인혜(仁惠, 어질고 자비로움)와 존숭성(尊崇性, 존경하고 숭배함)이 모여 있는 부분이라고 본다.

또한 주목해야 할 부분이 뒷머리인데, 그 아래쪽의 시상굴은 교미행위에 중요한 역할을 하므로 파괴되면 발정행동이 영원히 사라진다는 것이 실험을 통해 확인되었다. 골상에서도 이 부분을 본능기관의 일부로 성(性)과 관계가 있다고 본다.

:: 부위를 나누는 방법과 판단 방법

부위를 나누는 기준이 되는 것은 강경성(强硬性)에 해당하는 곳으로 두 귓구멍을 잇는 정점에 있고, 손가락 2~2.5개 폭이 되는 길이이다. 이곳을 기점으로 하여 이름이 붙여진 부위가 42~45개나 있다.

골상은 다행히 이름이 곧 의미를 나타내므로 판단하기 쉽다. 단, 판단할 때는 인상과 마찬가지로 몇 개 부위를 종합적으로 판단해야 한다.

그 중심이 되는 것이 강경성으로 두개골의 가장 위쪽에 있다.

:: 강경성

실생활에서 가장 중요한 곳으로 실행력의 강약을 나타낸다. 이 부분이 융기해 있으면 뾰족한 머리가 되며, 무턱대고 밀고나가는 추진력이 강한 사람이다. 록히드 사건의 재판에서 오사노 씨의 머리 모양과 추진력의 실례를 볼 수 있다. 고집이 세고 신념을 굽히지 않으며 말도 분명하고 경직된 소리이다.

다음으로 강경성의 추진력과 자기주장이 무엇에 대해 발휘되는지 다른 부분의 모습을 보고 판단한다. 예를 들면, 강경성이 발달해 있고 동시에 바로 옆의 정의성도 크면, 모든 일에서 구분짓는 것을 중시해서 흑백을 확실히 하지 않으면 만족하지 못하며, 전철 안에서의 흡연이나 새치기를 그냥 두지 않고 곧바로 주의를 준다.

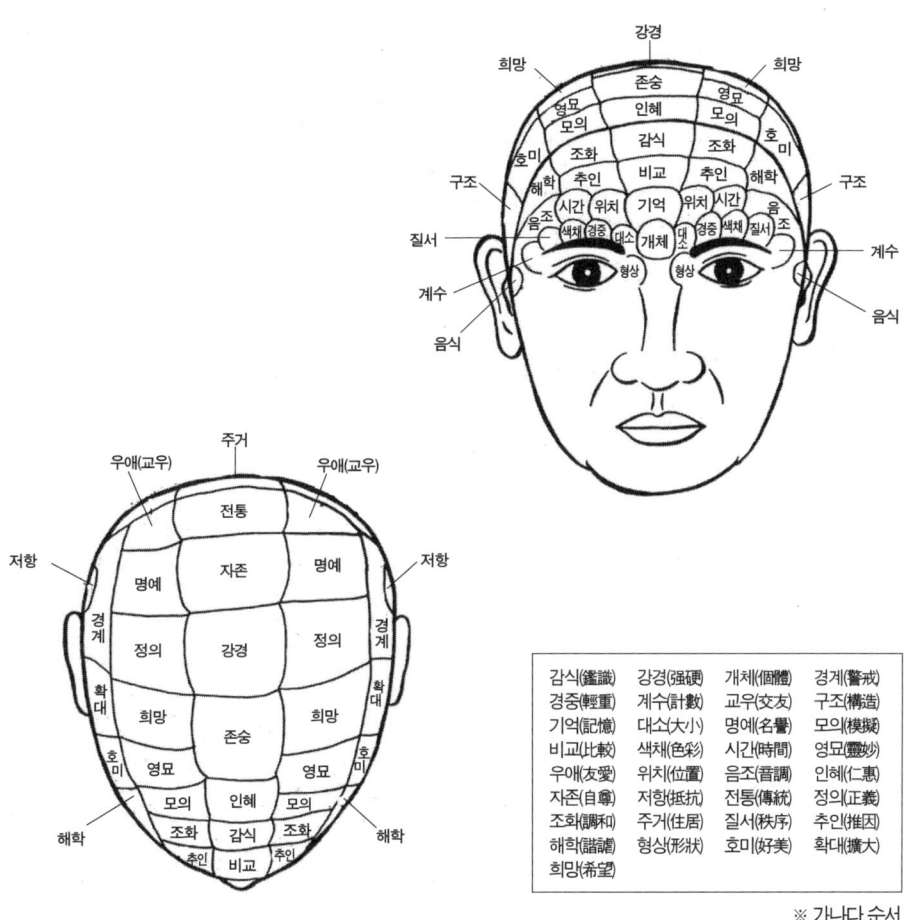

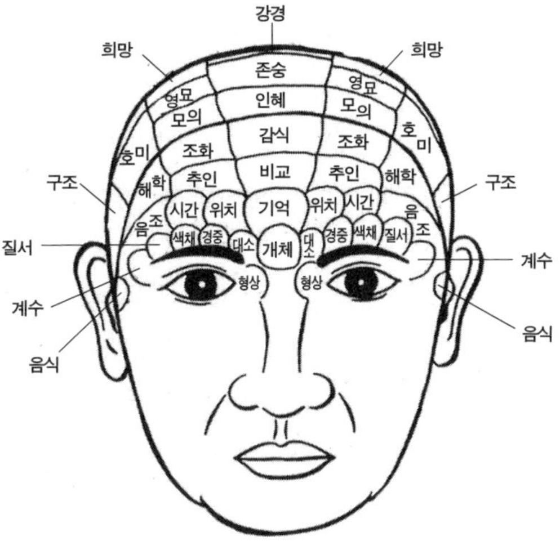

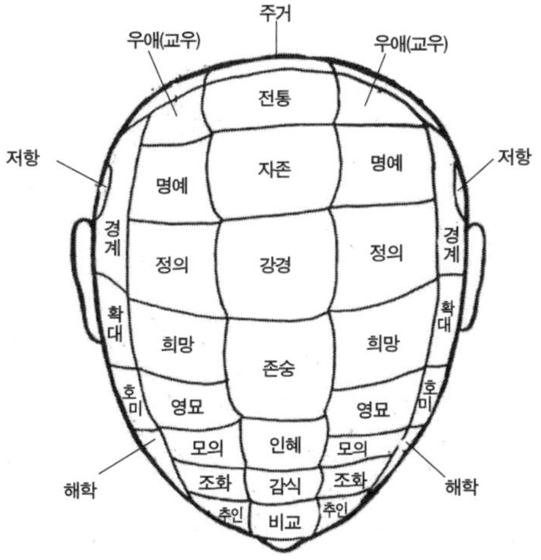

감식(鑑識)	강경(强硬)	개체(個體)	경계(警戒)
경중(輕重)	계수(計數)	교우(交友)	구조(構造)
기억(記憶)	대소(大小)	명예(名譽)	모의(模擬)
비교(比較)	색채(色彩)	시간(時間)	영묘(靈妙)
우애(友愛)	위치(位置)	음조(音調)	인혜(仁惠)
자존(自尊)	저항(抵抗)	전통(傳統)	정의(正義)
조화(調和)	주거(住居)	질서(秩序)	추인(推因)
해학(諧謔)	형상(形狀)	호미(好美)	확대(擴大)
희망(希望)			

※ 가나다 순서

또한 강경성과 귀 주위에 있는 저축성 · 신비성 · 경계성 등의 아랫부분이 옆으로 튀어나온 머리를 가진 사람은 돈을 버는 일에 세심하고 비밀을 지키는 일에서 강경성을 발휘한다.

최근의 이른바 책임감 없는 사람들에게 많이 나타나며, 이런 사람들은 정의감이 발달하지 않은 것을 알 수 있다.

또 하나의 예로 강경성을 중심으로 한 능선 부분의 모양을 보는데, 수행이나 종파의 차이에 따라 머리 모양에 뚜렷한 차이가 있는 것은 승려 세계이다. 명승과 고승의 초상화로 검증해보면 좋다.

자신을 다스리고 좌선으로 깨달음을 얻으려는 선승은 반드시 이 강경성이 발달해 있다.

반대로 홍법대사로 대표되는 진언종의 승려는 강경성보다도 인혜와 존숭성이 발달하여 완만한 타원형이 많이 보인다. 원만한 승려형이다.

또한 강경성이 발달하지 않은 사람은 항상 머리로 생각만 할 뿐 실행하지 않는다. 즉, 실행력이 없는 사람이라고 할 수 있다.

상담자의 운세를 지도할 경우 강경성 부분이 튀어나온 정도를 보고 심하게 독려해야 좋은 사람인지, 또는 독려를 해도 실행력이 부족한 사람인지를 파악하여 적절한 방법을 찾는다.

:: 실례

부모가 희망하는 고등학교에 진학하는 것을 거부하며 요리사가 되려고 하는 중학교 3학년 남학생이 있었다. 그 부모님이 상담을 청해서 먼저 주역으로 감정을 해보니 아들이 원하는 대로 해주는 것이 좋다는 괘가 나왔다. 그래서 그대로 말하였지만 그 부모는 따르지 못하겠다고 하였다. 그래서 "댁에 돌아가셔서 아드님의 귀 앞부분(음식성)을 보아 도드라져 있으면 반드시 요리로 성공할 테니 아드님이 원하는 대로 하게 해주십시오." 라고 자신 있게 말하였다.

그 분은 집으로 돌아가 아들의 귀 앞부분을 살펴본 뒤 과연 음식성이 발달해 있는 것을 보게 되었다. 그래서 안타깝지만 아들이 원하는 고등학교에 보냈다고 한다.

지금 그 학생은 일류 요리사로서 독립할 날만 기다리고 있으며, 부모님에게도 감사해한다고 한다.

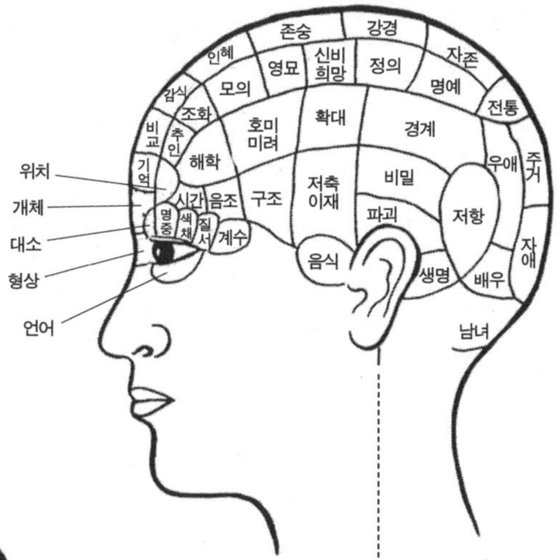

두 귀의 중앙을 이은 머리 꼭대기가 강경성으로 사람이 살아가는 데 가장 중요하다.

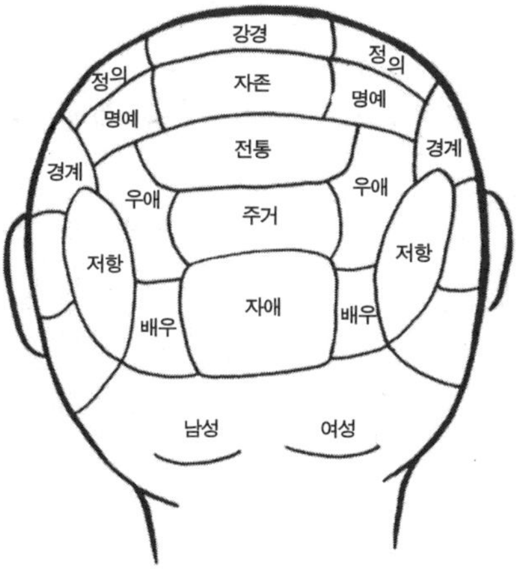

감식(鑑識)	강경(强硬)	개체(個體)	경계(警戒)	경중(輕重)	계수(計數)	구조(構造)	기억(記憶)
남녀(男女)	남성(男性)	대소(大小)	명예(名譽)	모의(模擬)	미려(美麗)	배우(配偶)	비교(比較)
비밀(秘密)	색채(色彩)	생명(生命)	시간(時間)	신비(神秘)	언어(言語)	여성(女性)	영묘(靈妙)
우애(友愛)	위치(位置)	음식(飮食)	음조(音調)	이재(理財)	인혜(仁惠)	자애(慈愛)	자존(自尊)
저축(貯蓄)	전통(傳統)	정의(正義)	조화(調和)	존숭(尊崇)	주거(住居)	질서(秩序)	추인(推因)
파괴(破壞)	해학(諧謔)	형상(形狀)	호미(好美)	확대(擴大)	희망(希望)		

※ 가나다 순서

오다 노부나가의 인상 분석

"두견새가 울지 않으면 당장 죽여버려라!"라는 말로 유명한 오다 노부나가[織田信長].

그 격한 기질과 성격은 노부나가의 인상 중 어디에 나타나 있을까? 흔히 광기라고까지 하는 그의 전투적인 기질이 인상에 나타나 있을까? 현대에 전해지고 있는 그의 초상화를 기초로 하여 인상을 감정해본다.

전해지는 노부나가의 초상화는 목조로 된 것을 포함하여 몇 개가 있는데, 우선 두 장의 초상화를 이용한다. 두 장 중 어느 것이 노부나가의 인상을 더 정확하게 전하고 있는지, 인상 연구가로서는 꽤나 흥미롭다.

오다 노부나가의 초상화 중에서 세상에 가장 널리 알려진 것은 역시 가노 모토히데[狩野元秀]가 혼노 사(本能寺)의 변고 이후 1주기를 기해 그린 것으로 아이치[愛知] 현의 쵸코 사(長興寺)에 보관되어 있다. 눈썹머리를 팔자(八) 형으로 모으고 있는 것이 노부나가의 급한 기질과 신경질적인 단면이 잘 표현되었다고 할 수 있다.

:: 얼굴형

얼굴형은 작은 역삼각형이다. 심성질로 동양적인 인상이다. '십자면법' 에서 갑자면(甲字面)에 해당하고, 목형(木型)에 속한다. '하늘은 있어도 땅은 없는 격' 이다.

이 유형은 일반적으로 미남미녀형에 속하며 귀족적인 얼굴이다. 즉 성장과정이나 집안이 좋다는 것을 나타낸다. "천운을 타고 났지만 다하지 못한다. 만년에는 불행한 삶을 산다." 머리회전이 빠른 수재형으로, 조숙하고 고집이 세며 애정 표현에 서툰 면이 있다.

또한 이런 유형은 키가 크고 마른 체형이다. 머리카락과 수염이 적고 부드럽다. 살결도 곱고 부드우며, 눈은 가늘고 긴 모양으로 생기가 있다. 입은 작고 다문 모양이 좋다. 얼굴이 창백한 형상으로 초상화와 잘 부합한다.

:: 상정의 이마

얼굴 전체를 상 · 중 · 하로 삼등분하여 이마 부분을 '상정(上停)' 이라고 한다. 상정은 초년의 운세를 나타낸다.

노부나가의 이마는 높고 넓으며 가로폭도 넓다. 즉, 부모로부터 훌륭한 자질을 물려받아 지적 능력과 사물에 대한 판단력이 뛰어나다. 또한 대머리로 머리가 벗겨진 것으로 보아 두뇌가 명석하고 독창성과 재능도 있다는 것을 알 수 있다.

:: 중정

중정은 인상에서 말하는 오감 중에서 입을 제외한 네 가지를 모두 포함하고 있는 중요한 부분으로, 인상의 꽃이라고도 하며 중년의 운세를 주관한다.

■눈썹

초상화에서 노부나가의 눈썹은 부드럽고 완만한 곡선이며, 눈썹꼬리로 갈수록 조금씩 굵어진다. 이런 눈썹모양에서는 좀처럼 그의 격한 기질을 찾아볼 수 없으며, 오히려 사려 깊고 순진한 느낌으로 수많은 전력(戰歷)이 있는 사람으로 보이지 않는다.

이 점에서는 다이운인[大雲院]에 소장되어 있는 노부나가 초상화의 눈썹모양이 훨씬 더 잘 어울려 보인다. 미간에 있는 두 개의 주름은 어김없이 그의 히스테리와 급한 성격을 나타낸다.

■눈

눈은 마음을 지배하는 곳으로도 알려져 있다. 초상화 속의 눈은 가늘지도 굵지도 않은 중용이며, 교활함이나 차가움도 나타나 있지 않다. 특히 검은자위가 크고 흰자위가 작은 것이 특징이다. 이 비율은 유아성(幼兒性)을 나타내며, 왕성한 호기심과 싫증을 잘 내는 변덕스러운 성격을 나타낸다.

■코

자신을 나타내는 곳으로 얼굴에 비해 크고 편편한 코는 자기중심적이며 자기 생각대로 일을 관철시킨다.

특히 콧대가 넓은 것은 어려울 때 보좌하는 사람이 있는 유형인데, 유감스럽게도 작은 입과 피부가 이러한 운세를 깨뜨린다.

■귀

특히 둘레가 잘 생긴 귀는 정력적임을 나타내는데, 이러한 노부나가의 귀모양이 심성질의 얼굴형과 맞지 않는다. 인상학에서는 얼굴과 귀의 모양이 어느 연령대가 되면 같아지고, 그 때 비로소 신분이 정해지고 인격이 완성된다고 본다. 쵸코 사에 있는 그림은 어쩌면 노부나가의 신분이 아직 결정되지 않았을 때의 모습일지 모른다.

얼굴형으로 그의 미각 취향을 알아보면, 애주가(진한 맛)이며 동시에 귀는 단맛을 좋아한다는 것을 나타내므로 나이가 들면서 취향이 바뀔 것이라고 생각해볼 수 있다.

:: 하정

하정은 만년의 운세를 나타낸다. 이 부분이 좁은 것은 만년의 운세가 약하며, 동시에 부하운도 없음을 말해준다. 또한 작은 입은 강한 질투심을 나타내는데, 가늘고 높고 날카로운 목소리를 가졌다는 기록을 뒷받침하는 것으로 냉정하고 변덕스런 성격임을 알 수 있다.

작은 입은 소심한 면과 입바른 소리를 하는 독설을 나타내며, 그로 인해 사람들에게 분개나 모반의 원한을 사기도 한다. 아케치 미츠히데[明智光秀]가 모반하게 된 심리적 원인이 노부나가와의 마찰이라는 소문도 있는데, 이 입술이 그런 가능성을 암시한다.

마지막으로 노부나가 인상의 또 하나의 특징이며 중요한 것으로는 얇은 피부가 있다. 이마에 주름이 없는 것이 이 사실을 말해준다. 얇은 피부는 운이 적고 비정한 사람임을 말한다. 또한 비운의 죽음을 예측할 수도 있다.

반면에 히데요시와 이에야스는 모두 이마에 가로 주름이 새겨져 있는 것으로 보아 피부가 두꺼운 편인데, 이는 강한 생명력을 나타낸다.

이와 같이 노부나가의 인상에 대해 대략 알아보았으나 인상을 판단하는 요소는 이것만이 아니므로 더 많은 요소를 이용하여 종합적으로 감정한다.

오다 노부나가와 도요토미 히데요시의 생김새를 초상화로 비교해보면, 공교롭게도 같은 유형인 부분이 많다. 동(動)과 정(靜)의 차이는 있지만, 결국 두 사람이 모두 자신들의 큰 뜻을 이루지 못한 채 생을 마감한다. 또한 자손도 끊기고 만다. 이것은 끝이 좁은 역삼각형 얼굴의 특성 때문이다.

전장에서 보인 노부나가의 전략은 지적이며 번득이는 재능을 엿볼 수 있다. 그러나 전쟁이나 정치적인 전략과 일상생활의 행위에는 큰 차이가 있다. 노부나가는 적을 반드시 전멸시키려고 하는 철저한 성격의 소유자로 비정한 면이 있다. 선교사 루이스 프로이스가 저술한 책 속에 "키가 크고 마른 체형으로 눈썹이 가늘고, 목소리가 크고……"라는 부분이 있는데, 이것이 그런 면을 입증한다.

화가는 초상화를 그릴 때 아마도 크고 편편한 코와 작은 입을 강조해서 그렸을 것이다. 이와 같은 코는 자존심이 강하며 매사에 공격적이고 민감하며 명예심이 강한 것이 특징이다. 이것을 입모양과 함께 생각해볼 때 자녀와의 인연이 희박한 편인데, 이에 대한 것은 고서에도 나와 있다. 확실히 노부나가는 많은 자녀들을 두었지만 그들이 아버지의 업적을 이어받지는 못했다.

만일 초상화에 나타난 대로 법령이 약했다면 절대 대업을 이루지 못하고, 더욱이 좁은 아래턱은 부하에게 공포심을 주고 결코 존경을 받지는 못했을 것이다. 어쨌든 혼노 사의 변고가 없었더라도 만년이 고독했을 상이다.

도요토미 히데요시의 인상 분석

도요토미 히데요시[豊臣秀吉]는 가난한 백성의 아들로 태어나 나중에 관백태정(關白太政) 대신에 오른, 이른바 천하를 얻을 강한 운세를 타고난 사람이다. 노부나가에게 '원숭이 얼굴의 젊은이' 라고 불리던 젊은 날의 기노시타 도키치로[木下藤吉郞, 도요토미 히데요시의 아명]는 어느 날 다리 위에서 하치스카 고로쿠[蜂須賀小六]에게 발을 밟혔다. 이 때 도키치로가 사과하라고 덤벼든 것이 무사의 길로 들어서는 계기가 되었다고 한다. 과연 기승스러운 성격을 보여주는 일화이다.

도요토미 히데요시와 관련해서는 빠른 두뇌회전을 보여주는 일화도 많이 있는데, 긴 창과 짧은 창 중 어느 것이 전투에 더 도움이 되는지 논쟁을 하다가 긴 창을 든 최하급무사들을 지휘하여 멋지게 전문 무사의 세력을 이긴 통쾌한 이야기도 있다. 또한 하룻밤 사이에 스노마타 성(墨俣城)을 축성한 이야기 등도 있다. 청년 시절의 히데요시는 정력적으로 여기저기 돌아다니며 지장(智將)이란 이름에 걸맞는 활동을 보여주었다.

46세에 히데요시는 아케치 미츠히데[明智光秀]를 토벌하여 명실상부한 노부나가의 후계자가 되고, 54세에는 시코쿠[四國]·규슈[九州]·간토우[關東] 지역을 진압하여 마침내 천하를 통일하였다. 그러나 인상의 관점에서 보면, 45세 전후가 운세의 정점이다. 이후는 그 때까지의 여세로 천하를 통일하고 관백의 지위에 오른다.

초상화에 나타난 히데요시는 얼굴이 몹시 여위고 깡마른 체형이다. 얼굴형은 기승스럽고 민첩한 기질을 나타내는 육각형과 현명한 지능·지략을 가진 역삼각형이 기본을 이룬다. 요컨대 무장과 지장의 면모를 동시에 갖추고 있다. 끝까지 적을 궁지에 몰아넣으면서도 결코 적진에 쳐들어가지 않는 전략과, 동작은 신속하지만 오래 지속하지 않는다는 전술은 육각형의 용모에서 기인한다. 그리고 역삼각형의 기질이 육각형의 부족한 부분을 보충하여 결국 작전상 승리를 거두게 된 것이다.

노부나가에 비해 두껍고 큰 입술은 포용력을 나타내며, 부하로부터도 존경을 받았다. 같은 큰 코라도 노부나가와는 달리 상승세가 돋보이는 콧방울은 기운이 강하고 재난을 잘 피하며 부하운도 있다는 사실을 나타낸다. 코에서 입에 걸친 법령은 매우 넓은 편인데, 이것은 만년의 운세가 좋다는 것을 나타낸다. 입과 코 그리고 법령이 좋기 때문에, 운세면에서는 정점인 45세 전후가 지나도 자연적으로 관직에 오르게 되어 있다.

대개 익살스런 모습으로 그려져 있는 것도 히데요시의 '덕(德)' 중 하나라고 할 수 있다. 반면에 노부나가는 가까이 다가가기 어려워 보이며, 이에야스는 막후 인물의 성격을 띠는 삼인삼색의 생김새는 각자의 업적과도 잘 맞는다.

이시다 미츠나리의 인상 분석

도쿠가와 이에야스를 쓰러뜨리고자 세키가하라(關が原) 전장으로 달려갔던 이시다 미츠나리[石田三成]도 지장(智將)이다.

미츠나리는 아명이 사키치[佐吉]이며, 어린 시절 절에서 다도를 맡아보고 있었다. 기노시타 토키치로[木下藤吉郞, 이후의 히데요시]와 만난 것이 바로 이 시기이다. 어느 날 토키치로가 절에 들렀을 때 그에게 내민 첫 번째 차는 미지근한 것, 두 번째 차는 약간 뜨거운 것, 그리고 세 번째 차는 아주 뜨거운 것이었다는 유명한 일화가 있다. 이러한 재기가 토키치로의 관심을 끌어 사키치를 발탁한다.

뒤에 그는 도요토미 5대 행정부서 중 하나의 우두머리가 되고, 히코네[彦根]의 사와야마[佐和山] 성의 성주가 된다. 그리고 천하통일을 앞두고 세키가하라 전투에서 이에야스와 대결전을 치르는데, 결국 이 전투에서 패하여 40세에 처형된다.

미츠나리가 지혜로운 사람임을 보여주는 이야기는 많이 전해진다. 히데요시가 그의 공적을 치하하여 500석의 봉록(토지)을 주려고 하자, 미츠나리는 그 대신에 요도가와[淀川] 강변에 자라는 갈대의 벌채에 세금을 부과할 수 있게 해달라고 하였고, 이것으로 그 몇 배나 되는 돈을 얻어 말과 병사들을 증강하였다. 또한 그가 4만석의 급료를 받을 때 자신의 봉록 중 1만 5천석이나 할애하여 가신인 시마 사콘[島左近]을 맞이하였고, 이후 "미츠나리에게 과분한 것이 두 가지 있는데, 시마 사콘과 사와야마 성이다."라는 말을 들었다고 한다.

히데요시는 잇달아 그에게 중임을 맡겼고 그 때마다 무난히 해냈다. 그만큼 재기가 뛰어났다는 것을 충분히 짐작할 수 있다. 지금으로 말하면 경제관료에 적합한 인물로 결코 전국시대의 맹장이라고 할 수 없다.

처형된 미츠나리의 머리는 산죠[三條, 교토 소재] 대교에 내걸렸고, 뒤에 머리와 몸통을 연결하여 다이토쿠사(大德寺)에 매장하였다. 나중에 알게 된 사실이지만 그의 뼈는 마치 여성의 뼈 같은 선병질(신경질적인 허약체질)의 아름다운 남자였다고 한다.

미츠나리의 얼굴은 역삼각형이 기본으로 약간 넓은 이마와 둥그스름한 뺨, 뾰족한 턱을 갖고 있으며, 재기가 넘치는 것으로 보아 눈썹꼬리가 매우 발달했을 것으로 추측된다. 또한 그의 행동이나 생애로 볼 때, 눈이 가늘고 치켜올라갔을 것이란 생각도 할 수 있다. 냉정하게 관찰하는 눈, 사려 깊은 눈은 결코 퉁방울눈이 될 수 없다. 넓은 미간은 뛰어난 기억력을, 긴 얼굴은 이해심이 깊고 외곬 성격임을 잘 보여준다. 그리고 작은 입을 보면 노부나가와 마찬가지로 마음이 좁고 약간 과묵했을 것으로 생각된다. 코가 붙어 있는 부분이 조금 낮다고 알려진 것으로 봐서는 변덕스러우며, 싫고 좋음이 분명했을 것으로 판단된다.

도쿠가와 이에야스의 인상 분석

노부나가 · 히데요시 · 미츠나리 등 역삼각형의 얼굴을 가진 세 인물의 뒤를 이어 난세에 종지부를 찍고 약 300년에 달하는 태평성대의 토대를 마련한 인물이 바로 도쿠가와 이에야스[德川家康]이다.

매우 당당한 인상의 아랫볼이 볼록한 초상화는 앞의 세 사람에 비해 만년이 여유롭다는 것을 잘 나타낸다.

그러나 영예로운 자리에 오르기까지 그의 여정은 고난으로 점철되는 인고의 세월이었다.

노부나가와 이에야스가 모두 어린 시절을 가문이 몰락한 위기 속에서 지냈지만, 대처 방법에는 큰 차이가 있다. 이에야스는 7세 때 오다[織田] 가의 인질이 되고, 그 후에는 이미가와[今川]에게 옮겨가 10년간 인질생활을 하였다. 그는 차분하게 자신의 입장을 생각하고 선승인 다이겐 셋사이[太原雪齊]에게 학문을 배웠는데 우등생이었을 것으로 추측된다.

다케치요[竹千代]라고 불리던 어린 시절에 이에야스는 새의 울음소리를 훌륭하게 흉내내어 검은 개똥지빠귀를 선물로 받은 적이 있다. 이 때 다케치요는 "내 목소리를 갖지 않고 다른 사람의 흉내를 내는 것은 싫다." 며 그것을 돌려주었다고 한다.

또한 어느 해 단오절에는 아이들이 서로 돌멩이를 던지는 투석놀이를 보게 되었다. 이 때 그는 사람 수가 적은 쪽이 이길 것이라고 하여 그 이유를 물으니, "사람 수가 많은 쪽은 내가 아닌 다른 누군가가 던질 것이라고 생각하여 남에게 의존하게 된다. 그러나 사람 수가 적은 쪽은 모두 필사적으로 던지기 때문에 반드시 이길 것이다." 라고 대답하였다.

어릴 때부터 사람을 보는 눈이 있었던 이에야스는 소년답지 않은 조숙함으로 오다와 이마의 양쪽 가문에 깊은 인상을 남겼다.

폭이 넓은 얼굴, 투박한 코, 야무지게 다문 입술, 눈꼬리가 처진 눈, 아래가 벌어진 법령, 옆으로 넓고 단단한 턱 등 어느 것이나 위압적이며 함부로 대할 수 없는 인물로 느껴진다.

이에야스는 눈썹을 경계로 해서 위쪽은 작고 아래쪽은 큰 것이 특징인데, 이것은 아래쪽으로 내려갈수록 즉 중년과 만년에 운세가 강하고 긴 생명력을 갖는다는 것을 나타낸다. 또한 투박한 코는 일을 끝까지 해내는 의지력과 신념을 상징한다. 모양은 좋지만 입술이 작은 것은 그의 성격이 냉혹함을 말해주고, 눈꼬리가 처진 눈은 여성에게 약하다는 것을 나타낸다. 또한 얼굴의 전체 모양은 영리했을 것으로 판단된다.

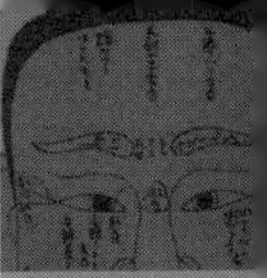

부록

부록으로 〈인상 감정의 실례〉와 〈21세기 인상학 전망〉을 수록하였다. 〈인상 감정의 실례〉는 인상을 감정할 때 구체적으로 도움이 되는 기본적인 내용과 요점을 소개하고, 〈21세기 인상학 전망〉은 과학문명이 도움이 되는 동시에 폐해가 되고 있는 현대를 되돌아보면서 인상학의 새로운 방향을 모색해본다.

인상 감정의 실례 / 21세기 인상학 전망

인상 감정의 실례

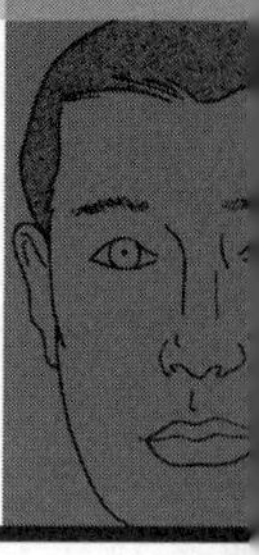

인상책에 있는 내용을 "어떻게 이해하고 어떻게 활용하면 좋습니까?" 라는 질문을 자주 듣는다. 정확히 어떤 코, 어떤 입이라고 적혀 있지만, 인상 판단은 눈이나 눈썹만 가지고 전체를 판단하고 감정할 수는 없다.

『신상전편(神相全編)』에는 다음과 같이 쓰여 있다.

"무릇 그 사람의 용모를 볼 때는 ①가장 먼저 골격을 보고 ②다음에 얼굴모양, 즉 삼정의 길고 짧음…… ④오관 ⑤머리카락 등을 본다(10관법)."

또한 미즈노 난보쿠는 "대체로 사람의 인상을 볼 때는 ①편하게 앉아서 자세를 바로 하고 호흡을 7회 한다. ②먼저 그 사람의 일상생활에서의 행동을 통해 전체적인 상을 본다. ③골격 · 혈색 · 유년(流年, 한평생의 운수를 해마다 풀어 놓은 사주)의 상태를 보고 선악을 판단한다." 고 주장하였다.

한편 메구로 겐류시(目黑玄龍子)는 다음과 같이 말하고 있다. 핵심이 되는 것은 물론 앞에서 말한 '미즈노 난보쿠 상법' 이다. ①사람을 볼 때는 모든 감정을 버리고 하나의 물건을 보듯이 한다. ②함부로 판단해서는 안 된다. 마음을 단전에 두고 사람에게 좌우되지 말며, 약 5분간 유심히 바라본다. ③세 곳을 비교해보고 한 가지 일을 판단한다. ④격물치지(格物致知), 즉 사실을 있는 그대로 본다.

모두가 인상을 보는 자세와 함께 종합적으로 판단해야 한다고 말하고 있다.

그러나 이런 비전(秘傳)의 내용을 읽어봐도 구체적으로 어떤 순서로 봐야 하는지, 또한 종합해서 판단하는 방법을 파악하기가 어려운 것이 사실이다.

실제로 인상을 감정할 때는 어떤 순서로 어떻게 파악하면 좋을까? 한 장의 인물사진으로 실제 인상 감정의 순서를 알아본다.

● 감정 순서

① 약간 어두운 방에서 마주앉는다. 방안에 간접조명을 하거나, 자연광이 비칠 경우 커튼을 쳐서 태양광선이 얼굴에 직접 닿지 않도록 주의한다. (눈을 감는다)

② 자세를 바로 하고 천천히 숨을 고르면서 눈을 뜬다.

● 감정

가장 먼저 할 것은 본 순간에 느끼거나 눈에 띈 점(제1인상)을 잘 기억하는 것이다. 덩치가 크고 키가 큰 사람이구나, 눈이 큰 사람이구나, 피부가 검고 거친 사람이구나 등의 첫인상이 그 사람의 특징으로, 각 부분의 감정이 끝나면 다시 첫인상으로 돌아가서 종합적으로 감정해야 감정이 완전히 끝난다.

다음은 각 부분을 자세히 살펴 들어간다.

겐류시 인상법에서는 다음의 순서로 관찰한다.

① 골격(평생 잘 변하지 않는 것—제1의적 인상)

② 피부 · 머리카락 · 살집(시간이나 습관 등에 의해 서서히 변하는 것—제2의적 인상)

③ 눈매 · 목소리 · 거동 · 복장 등(순간적으로 변하는 것 — 제3의적 인상)

감정은 얼굴형부터 보기 시작한다. 근골질 · 영양질 · 심성질 중 어디에 속하는지 보고, 다음에 얼굴의 중심이며 자신을 나타내는 코를 보면서 어떤 행동력과 감정을 가진 사람인지 판단한다.

만약 다음의 그림 ①과 같이 유아처럼 코가 귀엽고 작다면 사고방식이나 행동이 아이 같다. 원하는 것은 터무니없이 원하며, 뜻대로 안 되면 분해서 발을 동동 구른다.

이런 행동과 사고방식을 자제할 수 있는지는 이마를 본다. 여성의 이마가 그림 ②와 같으면 지성 부분이 좁아서 그다지 깊이 생각하지 않고 생각을 바로 실행해 옮긴다.

코를 중심으로 한 감정 방법

코는 중정에 있고 얼굴 전체로도 중심이며 감정과 실행력을 나타낸다.

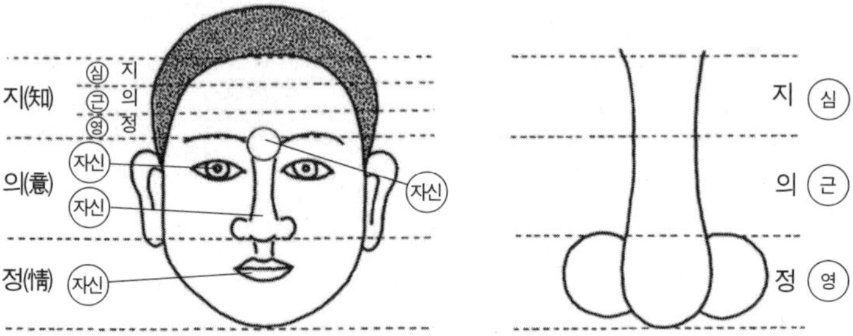

※ ㉦은 심성질, ㉠은 근골질, ㉧은 영양질

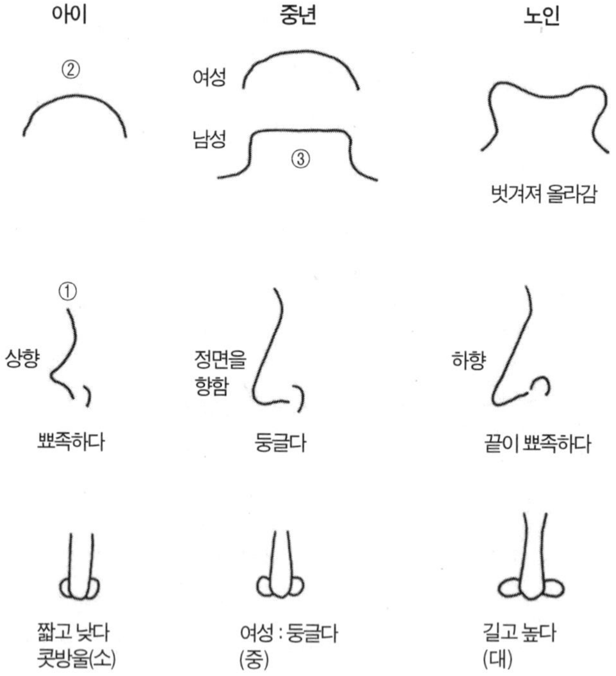

③의 이마라면 시비를 따지고 논리정연하게 이론을 세워서 행동에 옮기지만, 코가 나타내듯이 유치하고 떼를 쓰는 면이 있으며 실행 방법이 깊이가 없다. 얼굴형이 사각형의 근골질이라면 행동력과 실천력이 강하다고 본다.

그리고 다른 사람에게 떼를 쓰는 것으로 보이는지 심술궂게 보이는지는 광대뼈가 튀어나온 모양으로 판단한다. 앞쪽의 광대뼈가 튀어나온 사람은 밝고 행동도 빠르기 때문에 어느새 원하는 것을 손에 넣는다. 한편 옆쪽 광대뼈가 튀어나온 사람은 고약한 방법으로 뒤에서 어느 틈엔가 자기 것으로 만들어버린다.

마지막으로 말할 때 다정한지 냉정한지, 시원시원하고 분명한지는 입모양과 입술의 두께로 알 수 있다.

이와 같이 코는 자신을 나타내며, 삼정으로 초년 · 중년 · 만년운을 본다. 피부의 두께나 목소리의 울림으로도 운을 알 수 있다.

● 실재 인물의 사진 감정

자동차회사 사장인 A씨

1948년 오카야마 현 출생. 59세 남성. 아버지는 샐러리맨. 1965년 오사카 고등훈련학교 졸업과 동시에 자동차회사에 취직. 1969년 회사가 도산하여 퇴사(21세). 같은 해에 독립하여 B판금회사의 도급을 맡음. 1971년 23세 때 자동차공장 개업. 1975년 공장을 회사로 조직화하여 대표이사 사장이 됨.

다음의 사진과 같이 사각형의 근골질로 직선적인 얼굴이 나이가 들면서 아래쪽이 볼록한 형이 되어, 실무 능력과 상인의 면모를 갖추었다고 할 수 있다.

첫눈에 큰 얼굴과 큰 코가 눈에 띄며, 그에 비해 얇고 일자로 다문 입모양이 시선을 끄는데 조화가 안 된 느낌이다. 이 얼굴형과 피부라면 입술도 조금 더 두꺼운 것이 표준이다. 입을 제외하면 피부도 두껍고 거칠어서 대표적인 근육질의 얼굴이다.

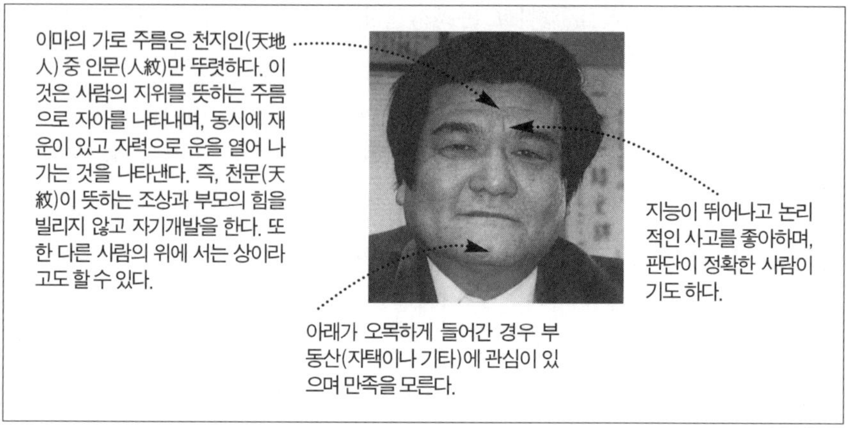
이마의 가로 주름은 천지인(天地人) 중 인문(人紋)만 뚜렷하다. 이것은 사람의 지위를 뜻하는 주름으로 자아를 나타내며, 동시에 재운이 있고 자력으로 운을 열어 나가는 것을 나타낸다. 즉, 천문(天紋)이 뜻하는 조상과 부모의 힘을 빌리지 않고 자기개발을 한다. 또한 다른 사람의 위에 서는 상이라고도 할 수 있다.
지능이 뛰어나고 논리적인 사고를 좋아하며, 판단이 정확한 사람이기도 하다.
아래가 오목하게 들어간 경우 부동산(자택이나 기타)에 관심이 있으며 만족을 모른다.

인상의 삼정을 보면 상정이 가장 짧아서 초년에 고생한다는 것을 알 수 있다. 중년에서 만년으로 가면서 운이 좋아지는데, 중년을 나타내는 중정의 25~45세 후반부터 영양질이 더해져서 완성이 되기 시작한다.

실제 감정에서는 기혈색으로 당면한 운기 또는 문제점을 판단하여 지도한다.

A씨는 업계에서도 무리하게 일을 추진해 나가는 정력가형이다. 경쟁심이 강하고 당당해서 거래처에도 굽히지 않는다. 말하고 싶은 것은 말하는 사람으로 통한다. 근골질의 좋은 면이 보이는 사람이다.

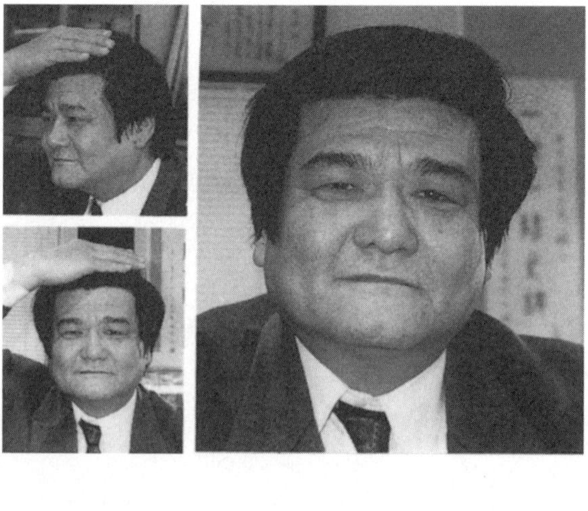

① 얼굴형은 근골질의 아래쪽에 영양질이 더해져서 실행형이지만, 나이를 먹으면서 부드러워지고 재물도 생기는 이상적인 실업가형이다(p.40 참조).

② 피부는 거칠고 두꺼우며 약간 거무스름하다.

③ 이마는 근골질로 힘이 있다. 추리력이 있고 실무형 · 실증형이다(p.63 · 65).

④ 머리카락이 나는 발제 부분이 들쭉날쭉한 것은 윗사람에게 반항적인 상이다. 성실하고 자기주장이 강하다(p.66).

⑤ 눈썹은 직선형이며, 특히 눈썹머리의 털이 서 있는 것은 현재 의욕이 충만한 상태임을 나타낸다(p.71 · 77).

⑥ 무엇보다 큰 코가 먼저 눈에 띄며, 특히 코끝의 상태와 콧방울이 크고 튀어나온 것으로 보아 실행력이 강하고 왕성한 정력가이다(p.93).

⑦ 옆으로 길고 얇은 입술은 말을 심하게 하고 말투가 매몰차다. 또한 일자로 다문 입모양에서 노력형이며 지기 싫어하는 성격과 근성이 나타난다(p.102).

⑧ 얇은 입술에서 느껴지는 냉정함을 두툼하게 살집이 있고 튀어나온 턱이 보완하여 만년운이 좋다(p.119).

⑨ 이 사람의 또 하나의 특징은 아래턱의 오목하게 들어간 부분이다. 이것도 반항과 반골의 상이며, 동시에 중년에 파란을 겪는 상, 재물을 잃는 상, 부모의 가업을 잇지 못하는 상이라고도 할 수 있다. 또는 주거에 만족하지 못하는 상이라고도 할 수 있다(p.117). 반골의 상은 이론적으로 한 가지 주장을 계속하는 사람으로, ④의 특징도 함께 갖고 있는 사람은 뒤로 물러서지 않고 자기주장을 관철시키는 강한 면이 있다. 코가 나타내는 자아도 강한 것으로 보아 기본적으로 강한 성격이다.

⑩ 귀도 얼굴과 같은 모양으로 귓불도 풍부하여 흔히 말하는 복귀이다. 부동산과 인연이 강함을 나타낸다(p.126).

⑪ 목소리는 탁하지만 잘 들리므로 운이 좋은 소리이다.

⑫ 마지막으로 눈은 가는 심성질의 눈이며, 안으로 깊이 들어간 노인형으로 성실함을 나타낸다(p.82~85).

적중도가 높은 특징과 의미

● **광대뼈의 상**

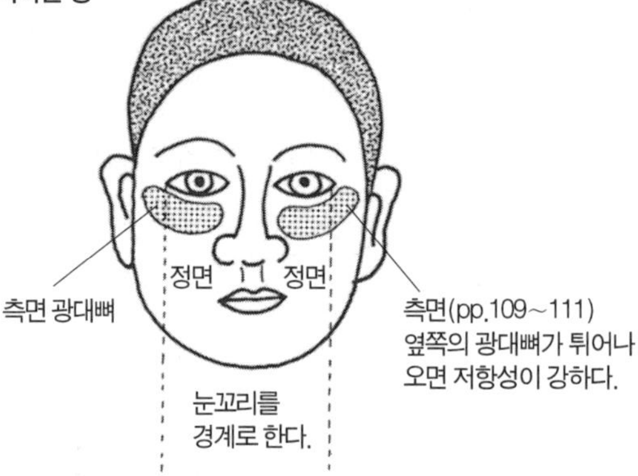

● **윗사람에게 반항하는 상**

① 이마 위쪽의 머리카락이 나는 발제 부분이 삐죽삐죽한 사람

② M자 이마로 한가운데의 머리카락이 아래로 처진 사람

③ 아랫입술이 돌출

말이 많다. 상대의 의견에 일단 수긍을 하지만 '그러나 그것은 이상하다' 고 토를 다는 입술이다.

④ 아래가 오목하게 들어간 턱, 세로 근육

중년에 파산하는 상이라고도 한다. 또한 부모의 가업을 이어받지 않고 독립해서 살아간다. 만년운이 좋다.

①+②+③+④이면 누구에게도 지지 않는 정력이 있고 강인하며, 한 가지 기술이 뛰어난 사람으로 독립해서 살아간다.

단, ②의 입만 있으면 논리적으로 따지기 좋아하는 사람으로 불평하고 트집만 잡기 때문에 사람들이 싫어한다.

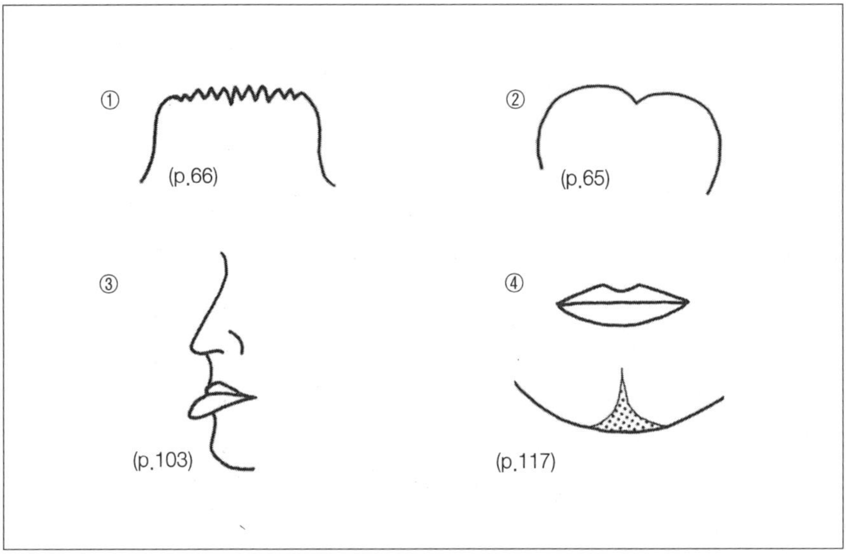

●식록점과 식객의 상

식록점(食祿占)은 식객의 상이라고 하여 집안에 항상 식객이 있다. 현대식으로 말하면 항상 사람을 돌봐야 하는 사람으로 매사에 손해를 본다. 그러나 반면에 이 점이 있으면 다른 사람을 돌볼 수 있는 사람이기도 하다. 또한 그래야 운이 열린다.

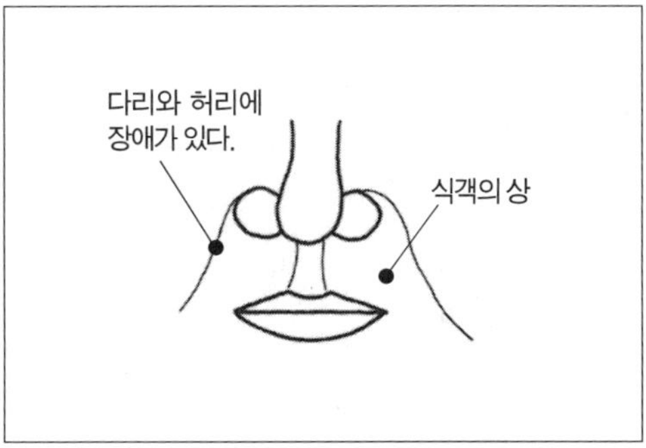

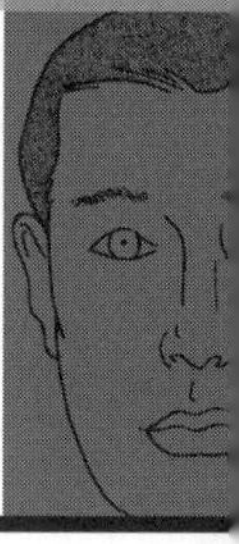

21세기 인상학 전망

일본에서 얼굴에 관한 연구 단체가 나타나기 시작한 것은 1991년 여름이고, 이듬해인 1992년에는 '제1회 얼굴 심포지엄' 이 개최되었다. 1995년에는 '일본얼굴학회' 가 정식 발족되어 지금에 이르고 있다.

학회의 회원은 의사 · 치과의사 · 미용 관계자 · 공학자 · 심리학자 · 예술가 · 인류학자 · 화가 등 다방면의 전문가들로 구성되어 있다.

매년 개최되는 심포지엄에도 각 분야의 전문가들이 참가하고 있으며, 그 범위도 화장품에서부터 의치 · 로봇 · 얼굴 연출 이외에 안경을 선택하는 방법으로까지 확대되었다.

강사 또한 각계의 전문가들이다. 학자는 물론 전자공학과 연극 · 무용 분야의 강사, 화장품 연구소 강사, 교겐(狂言)에서 가무극 '노(能)' 에 사용하는 가면에 대해 이야기하는 사람 등이 있다.

또한 학회가 주최하는 '대안전(大顔展)' 이 1999년 7월21일～10월17일 우에노의 국립과학박물관에서 개최되기도 하였다.

얼굴이 폭넓은 분야에서 과학적 · 학문적으로 받아들여지고 있는 것이다.

그러나 인상이란 단어나 문장, 운명이란 표현은 잘 눈에 띄지 않는다. 이따금 '안상(顔相)' 이란 표현이 사용되고 있는 정도로 얼굴이란 단어 일색이다. 아마도 인상이라고 하면 고리타분해 보이고 미신처럼 들리기 때문일 것이다.

그렇다면 인상학(人相學)과 얼굴학[顔學]의 접점은 없는 것일까?

1500년 전에 쓰여진 『신상전편적 인상법(神相全編的人相法)』도 21세기에 맞춰 과학적 · 학문적으로 증명하기 위한 분석이 필요하다.

다행히 그 시작으로 도쿠가와 시대 말기에 인상학 비전의 하나인 『조청당극

의법(朝晴堂極意法)』이 발표되었다. 이 책은 사람의 얼굴과 몸을 연령과 함께 파악하여 유년 · 중년 · 노년 및 남녀로 분류하고, 감정할 때 연령과 몸 · 얼굴에 나타나는 인상의 연령으로 운명과 성격을 판단하는 획기적인 내용을 담고 있다.

이후 1930년대로 들어서면서 인상 분야의 명인이며 석학인 2대 메구로 겐류시가 인상에 서양인상학의 삼형질론을 도입하였다.

그는 인상을 고정적인 관념이 아니라 마음의 움직임이나 환경에 따라 변화하는 것으로 파악하여 진화인상법 즉 '관면비록(觀面秘錄)'이라고 이름을 붙였다. 이는 감정의 비전으로 감정할 때의 연령을 기본으로 하며 다음과 같이 분류하였다.

- 제1의적 인상(골격) : 평생 변하지 않는 것
- 제2의적 인상(모발, 피부, 손톱, 혈색, 점, 주름, 고정된 표정, 얼굴 생김새, 오관, 살집 등) : 후천적으로 변하는 것
- 제3의적 인상(눈빛, 눈의 표정, 움직임, 복장, 털의 모양, 색채, 옷모양, 소지품, 목소리 등) : 순간적이거나, 또는 시간 · 환경 · 기분 등에 따라 단기간 또는 순간적으로 변하는 것

현재 얼굴학회에서 채택하고 있는 주제와 자료들은 제2의적 인상과 제3의적 인상을 주제로 한 것이 많다.

그래서 금세기의 인상학은 인상을 과학적으로 분석하고 통계를 내서 '이런 사람은 이런 경향이 있으므로 이렇게 되어간다' 라고 집약하고, 그 이유를 도표로 나타내서 한층 더 정확하게 이해할 수 있도록 만드는 것이 최종 목적이며 21세기 얼굴학의 과제가 될 것이다.

예를 들어서 좀더 구체적으로 생각해보자.

색채학에서는 일곱 가지 색깔이 각각 마음에 미치는 영향을 각 분야별로 나누어 설명하고 있다. 컬러 코디네이터는 "당신은 따뜻한 색 계통 — 봄 · 여름형이다."라고 말하고, 좋아하는 색이나 어울리는 색으로 성격까지 판단한다. '관면비록' 식으로는 "당신은 나이에 비해 눈도 아동이고 코도 아동인데, 게다가 붉은 색 같은 원색을 좋아한다."고 판단한다.

의상학에서는 유행을 이끄는 다양한 요소와 디자인을 사람에 맞춰 선택한

다. 이것도 상법에서는 오관과 얼굴(얼굴학)로 찾아낼 수 있다.

의학에서는 살이 잘 찌는 사람 또는 마른 사람을 의학적 · 체계적으로 분석하는데, 상법에서는 입 · 귀 · 코에 살이 쪄서 건강한 사람인지 살이 찌면 병에 걸릴 사람인지 미리 판단한다.

또한 '관면비록' 이나 '진화인상법'은 맥박으로 질환이 생긴 곳이나 범죄 경향까지 판단할 수 있는데, 이것을 통계적 · 체계적으로 분석하고 이를 증명하는 근거까지 해명하는 것이 앞으로 인상과학이나 종합인상학으로 발전하는 길이라고 생각한다.

이런 인상의 과학적 판단에서는 대뇌학과 신경과학이 큰 역할을 하게 될 것이다.

그 선구자라고 할 수 있으며 범죄인류학의 창시자인 이탈리아인 롬브로소는, 범죄자는 신체적 특징을 갖고 있는데 특히 두개골에 그 특징이 나타난다고 발표하였다(1878년). 그리고 그 원인을 원시인으로까지 거슬러 올라가 격세유전(조상이 가진 성질이나 체질 등이 자손에게 나타나는 현상) 때문이라고 설명하였다.

또한 골상학의 갈도 어느 의미에서는 두개골에 의한 과학적 인상학의 제창자라고 할 수 있다.

오늘날 '대뇌생리학' 에서는 다방면에 걸쳐 인간의 행동을 추측하고 설명까지 하기에 이르렀다. 즉, 사고나 질병으로 두개골에서 뇌에 손상이 있으면, 그 장소에 따라 인체의 어떤 부위에 영향을 미치는지 성격으로 파악할 수 있게 되었다. 이는 뇌의 각 부위와 인체의 여러 기능과의 연관성이 확실하게 밝혀진 데 따른 성과인데, 뇌의 각 부분의 역할과 골상이라고 하는 두개골의 각 부분과 그것들이 나타내는 의미를 비교해보면 서로 정확히 들어맞는 부분이 있다. 두개골의 각 부분을 놓고 "이 부분은 이것과 이것을 나타내고, 이렇게 된 사람은 이런 인물이고 이런 성격이다."라고 한 것이 맞는 경우가 많다.

의학에서는 다양한 임상자료나 연구를 통해 이런 단계까지 왔는데, 이것이 과거의 데이터를 축적하여 완성된 골상학과 일치한다는 것이 불가사의한 일이지만 상법의 의학적 · 과학적 증명의 한 예로 생각해볼 수 있다.

21세기의 인상학은 종합과학을 넘어 인간의 과거 · 현재 · 미래를 추측하고 그 원인까지 과학적으로 설명할 수 있을 정도로 발전하리라고 믿는다.

현재 인상 감정에 종사하는 사람들은 다양한 얼굴과 오관 등에 대해 통계를 내서 학문적으로 증명해야 할 책임이 있다고 인식한다. 그래서 생년월일 · 성격 · 병상 · 행동력 · 자손운 등을 통계적으로 설명할 수 있도록 정보를 수집하는데, 단순히 감정 결과에서 얻은 정보뿐만 아니라 의학적 증명이나 감정 이후에 추적 조사한 결과 등도 감정의 근거로 활용할 수 있도록 자료를 폭넓게 수집 · 정리하고 있다.

금세기 인상학의 전망과 과제는 자료 수집만도 언제 끝난다고 기간을 정할 수 없고 극복해야 할 점도 많기 때문에 목적을 이루기까지의 길이 매우 험난하다. 그러나 이것이 인상학의 장래의 전망이라고 할 수 있다. 인상을 어떻게 해석하고 어떻게 해부하며, 그에 대한 접근법을 제시해 나가느냐 하는 문제는 앞으로의 연구에 달려 있다.

1999년 8월15일 이시모토 유후

글을 마치며

이 책은 인상학의 초급부터 고급 과정까지 정리해놓았습니다.

여러 비전(秘傳)들을 바탕으로 하고 실제 인상을 보면서 습득한 결과에 근거를 두었는데, 골자는 '메구로 겐류시 상법'으로 연령별 진화를 보는 상법(相法)과 삼형질론에 초점을 맞춰서 보다 알기 쉽고 이해하기 쉽도록 신경을 썼습니다.

또한 인상에 관한 몇 가지 이야기를 실어서 인상에 쉽게 접근할 수 있도록 하였습니다.

그 밖에 책을 쓰면서 여러 분들의 책을 참고로 하였는데, 이 점에 대해 깊이 감사를 드리며 관용을 부탁 드립니다.

마지막으로 이 책이 세상에 나오는 계기를 만들어주신 신진부츠오라 사(新人物往來社)의 이시이 히사에[石井久惠] 씨에게 감사드립니다. 그는 같은 출판사에서 출판한 별책역사독본(別冊歷史讀本)『일본인의 얼굴(日本人の顔)』의 기획자로, 필자의 살롱을 방문하여 대화를 나눈 것이 계기가 되어『얼굴을 만든다(顔を創る)』,『오다 노부나가의 정체(織田信長の正體)』(별책역사독본)의 원고를 집필하였고, 이 인연으로 인상에 대해 여러 가지 이야기를 나누다가 이 책을 기획까지 하게 되었습니다.

또한 이 책의 발행을 승인하신 편집장 요시나리 이사무[吉成勇] 씨, 자료 정리와 교정 · 잡무 등 모든 일을 도와주신 유후인상학원의 에오카 오사무[江岡修] 씨 · 다케노우치 마사미[竹之內雅見] 씨, 그리고 사무국의 사노 도키코[佐野時子] 씨 및 유후인상교실 여러분에게도 감사를 드립니다.

이 책을 완전히 이해하게 되면 동양인상법의 본질인 '기혈색'과 '화상' 부문으로 들어가서 130부위에 대한 해설을 공부해야 하는데, 여기에 대해서는 나중에 필자의 해법으로 비전을 공개할 계획입니다.

1998년 2월 1일 이시모토 유후

참고문헌

- 『내문면허인상비결 · 겐류시상법(內門免許人相奧秘 · 玄龍子相法)』, 메구로 겐류시[目黑玄龍子] 지음
- 『얼굴의 인류학(顔の人類學)』, 야마자키 기요시[山崎清] 지음
- 『나체의 인간계측학(裸の人間計測學)』, 우타마루 고시로[歌丸光四郎] 지음
- 『안체인상정설(顔體人相精說)』, 황석동[黃石洞] 지음
- 『관상학대의(觀相學大意)』, 도카게[石龍子]
- 『대예언자의 비밀(大予言者の秘密)』, 다카키 아사미츠[高木彬光] 지음

고서

- 『신상전편(神相全編)』, 희이 진박비전(希夷陳摶秘傳)
- 『난보쿠상법(南北相法)』, 미즈노 난보쿠[水野南北]
- 『난보쿠상법일람표(南北相法早見)』, 미즈노 난보쿠[水野南北]
- 『상학변몽(相學辨蒙)』, 이다 기가쿠[井田龜學]

기타 다수

글쓴이

이시모토 유후[石本有孚]

1918년 효고[兵庫] 현 출생. 1934년 오사카 부립 니시노다[西野田] 직공학교(현 니시노다 공업) 졸업. 스미토모신동연구소(住友伸銅硏究所, 현 스미토모 공업주식회사) 입사. 알루미늄 이외의 경금속 연구와 개발에 종사. 이 경험이 나중에 운명학에 몰두하여 공부하는 데 크게 영향을 미침. 1946년 자동차회사인 (주)니소상회(日雙商會)를 설립하여 현재에 이르고 있다. 현재 (유)니소 대표이사.

14세 때 점술가에게 처음으로 손금 보는 법을 배운 것이 계기가 되어 운명학과 관계를 맺게 되었으며, 22세 때 군복무 중에 고참의 명령으로 점대를 이용하여 역점을 보았다. 그로부터 1년 뒤인 23세부터 본격적으로 인상과 역학을 배우기 시작하여, 53세에 오사카 시 미나미 구에 유후 인상학 교실을 개설하여 현재에 이르고 있다. 돈벌이의 수단으로 보는 주역을 부정하고 인도적인 도움에 중점을 두고 있다. 텔레비전과 잡지 등에서 맹활약 중이다.

범일본역학학회와 전심회(傳心會) 회장, 일본점술협회 고문이며, 이 밖에 여러 단체에서 활약하고 있다. 얼굴학회 회원.

인상학 대전

펴낸곳 | 동학사 | 기 획 | 이화진
펴낸이 | 유재영 | 편 집 | 김기숙
옮긴이 | 김영주 | 디자인 | 임수미

1판 1쇄 | 2007년 2월 15일
출판등록 | 1987년 11월 27일 제10-149

주소 | 121-884 서울 마포구 합정동 359-19
전화 | 324-6130, 324-6131 · 팩스 |324-6135
E-메일 | dhak1@paran.com
dhsbook@hanmail.net
홈페이지 | www.donghaksa.co.kr

ISBN 978-89-7190-209-7 13150

* 잘못된 책은 바꾸어 드립니다.